国家出版基金项目
NATIONAL PUBLICATION FOUNDATION

“十三五”国家重点出版物出版规划项目
国家自然科学基金重大项目

应对老龄社会的基础科学问题研究丛书
主编 彭希哲

养老服务机构的“放管服”改革
——浙江案例

张 翔 王佳丽 郑 芝 徐秋涵/著

科学出版社
龍門書局
北 京

内 容 简 介

本书基于作者对浙江省数十家养老服务机构的调研，对养老服务机构的财政补贴、价格管理、公建民营与政府购买服务等相关政策，以及体制机制改革对机构养老服务供给数量、质量、公平性及效率的影响做了细致的分析，提出改供方补贴为需方补贴、公办养老机构实行成本定价、中高档及长期亏损公办养老机构实行公建民营改革、优惠政策对各类养老机构一视同仁等建议。

本书适合关注社会养老服务改革和发展的高等院校及科研机构研究人员、政府相关部门管理人员及养老服务行业的从业人员参考阅读。

图书在版编目（CIP）数据

养老服务机构的“放管服”改革：浙江案例 / 张翔等著. —北京：龙门书局，2021.12

（应对老龄社会的基础科学问题研究丛书 / 彭希哲主编）

“十三五”国家重点出版物出版规划项目　国家出版基金项目　国家自然科学基金重大项目

ISBN 978-7-5088-5888-3

Ⅰ. ①养…　Ⅱ. ①张…　Ⅲ. ①养老院-运营管理-案例-浙江　Ⅳ. ①D669.6

中国版本图书馆 CIP 数据核字（2020）第 251083 号

责任编辑：刘英红 / 责任校对：贾娜娜

责任印制：霍　兵 / 封面设计：无极书装

科学出版社
龍門書局　出版

北京东黄城根北街 16 号

邮政编码：100717

http://www. sciencep. com

三河市春园印刷有限公司 印刷

科学出版社发行　各地新华书店经销

*

2021 年 12 月第　一　版　开本：720×1000　1/16

2021 年 12 月第一次印刷　印张：15 1/4

字数：313 000

定价：148.00 元

（如有印装质量问题，我社负责调换）

丛书编委会

作 者 简 介

张翔，籍贯浙江温州，北京大学社会学博士，浙江大学公共管理学院社会保障与风险管理系副教授，浙江大学风险管理与劳动保障研究所副所长。在《社会学研究》《金融研究》《中国人口科学》《统计研究》《公共管理学报》及 *Sustainability* 和 *The Journal of Chinese Sociology* 等期刊上发表论文二十多篇，出版专著《民间金融合约的信息机制：来自改革后温台地区民间金融市场的证据》，获省部级一等奖 2 项、省部级二等奖 5 项，以及第六届陆学艺社会学优秀成果奖（优秀著作奖）、第五届金融图书金羊奖、中国社会保障学会第二届优秀科研成果一等奖等奖项。任中国社会保障学会青年委员会副主任委员、浙江大学民生保障与公共治理研究中心秘书长。主要研究方向是养老保障和民间金融风险管理。

“应对老龄社会的基础科学问题研究丛书”序

人口老龄化是一个世界性议题，它是人口再生产模式从传统型向现代型转变的必然结果，也是当今社会经济发展和社会现代化的一个重要趋势，并已成为中国社会的常态。在目前的社会经济制度安排下，我们仍对这种前所未有的人口学变化及其所带来的影响缺乏必要和及时的反应、适应和调整，中国人口老龄化的特殊进程亦使得这种挑战更显严峻。

人口老龄化首先表现为人口问题，我们不仅要对人口进行更深入的研究与调控，更要考虑到社会、经济、环境等多元要素对老龄化进程的制约。老龄化的影响已经逐渐渗透到中国社会的各个方面，并与各种历史的、当前的和未来的社会发展要素不断地相互影响，形成一个超复杂的经济社会系统问题。因此，应对老龄社会需要统筹中国社会的各种资源以形成合力，对整个社会的组织和运行进行改革和再设计，以使中国社会在老龄化的背景下继续健康、协调地运行和发展。

为此，国家自然科学基金委员会经过两年的论证，于 2014 年启动了重大项目“应对老龄社会的基础科学问题研究”（71490730）的招标工作。其主要目标有两方面。

其一，立足中国经济、社会和环境的现实，针对中国老龄社会的自身特征，在全球化、市场化、信息化的时代背景下，充分考虑中国人口转变和社会转型的进程，响应城乡统筹、代际和谐发展的时代要求，深入研究面向社会整合和可持续发展的应对中国老龄社会的重大基础科学问题，进行理论创新和前瞻性研究，提出符合中国实践的新理论和新方法。

其二，根据我国转变经济发展方式、保障和改善民生的重大需求，针对老龄化的发生发展规律、现在及未来老年人群体的新特征、老龄社会的社会支持系统与经济形态，以及相关制度安排和政策重构等科学问题展开系统研究，支撑国家宏观决策和治理实践需求，并造就一支在国内外有影响的跨学科研究队伍。

最终，经过选拔和评审，以复旦大学作为牵头单位并联合中国人民大学、北京大学、浙江大学、上海社会科学院所组成的跨学科研究团队承担了这一重大项目，首席科学家为复旦大学的彭希哲教授，经费量 1800 万元，执行期自 2015 年起至 2019 年止。项目涵括 5 个相互独立却又紧密关联的专项课题：

课题一“特征、规律与前景——老龄社会的人口学基础研究”（71490731）由中国人民大学承担，负责人为翟振武教授；课题二“健康老龄化——老年人口健康影响因素及有效干预的基础科学问题研究”（71490732）由北京大学承担，负责人为曾毅教授；课题三“代际均衡与多元共治——老龄社会的社会支持体系研究”（71490733）由浙江大学承担，负责人为何文炯教授；课题四“公平、活力与可持续——老龄社会的经济特征及支持体系研究”（71490734）由上海社会科学院承担，负责人为左学金研究员；课题五“整体性治理——应对老龄社会的公共政策和公共管理体系重构研究”（71490735）由复旦大学承担，负责人为彭希哲教授。整个项目的核心团队成员超过50人，聚集了一批人口学、管理学、经济学、社会学、心理学、医学、生物学、数学、环境科学、信息科学、政治学等领域的一流专家学者，其中不乏教育部长江学者、新世纪百千万人才工程专家等顶尖人才。经过团队成员五年多的鼎力合作，产生了一大批高质量的科研成果，在《中国社会科学》、*The Lancet*、*Demography*、*Governance* 等国内外重要学术期刊发表论文近400篇，由其形成的决策咨询报告多次得到国家领导人批示，获得第八届中华人口奖、第七届高等学校科学研究优秀成果奖（人文社会科学）、第八届高等学校科学研究优秀成果奖（人文社会科学）、第七届中国人口科学优秀成果奖、第三届中国老年学奖、第七届钱学森城市学金奖等各类国家及省部级奖项近60种，并参与资助了两项大型老龄社会追踪调查：CLASS（China Longitudinal Aging Social Survey，中国老年社会追踪调查）和CLHLS（Chinese Longitudinal Healthy Longevity Survey，中国老年健康影响因素跟踪调查）。

为了推动这些成果在更大的范围内共享，促进相关学科领域的发展和高水平研究队伍的建设，为老龄社会相关的制度、政策与法规的设计、制定和运行提供理论指导与方法支撑，项目组和科学出版社合作，论证设计了“应对老龄社会的基础科学问题研究丛书”出版计划，并于2018年入选“十三五”国家重点出版物出版规划项目，2020年获得国家出版基金支持。丛书计划持续出版系列老龄科学研究领域的学术专著，并于2021～2022年推出第一批17部。

作为国家自然科学基金重大项目“应对老龄社会的基础科学问题研究”的重要研究成果集群，本丛书的出版是多方通力合作、协同努力的结果。我们首先衷心感谢国家自然科学基金委员会的大力支持，感谢吴启迪、何鸣鸿、李一军、高自友、杨列勋、刘作仪等基金委时任领导的鼓励与指导，感谢于景元、辜胜阻、汪寿阳、李善同、李树茁、杨泽等学术领导小组专家的指点与建议，感谢吴刚、霍红、方德斌、卢启程、杜少甫、张江华等基金委工作人员的细致工作和周到服务，感谢原新、丁金宏、李娟、林义、黄鲁成、凌亢、冯帅章等专家学者的帮助，感谢复旦大学、中国人民大学、北京大学、浙江大学、上海社会科学院的支持及在管理上提供的便利，感谢复旦大学公共管理与公共政策研究国家哲学社会科学创新基地、复旦大学人口与发展政策研究中心、中国人民大学人口与发展研究中心、北京大学国家发展研究院、浙江大学老龄和健康研究中心、上海社会科学院经济研究所的团队支持，感谢全国老龄工作委员会、中国老龄协会、国家卫生健康委员会、民政部、人力资源和社会保障部、国家统计局及各级政府部门的帮助，感谢兄弟院校和合作科研机构及团队的帮助，感谢项目组全体成员和参与项目工作的博士后及研究生们的辛勤劳动。此外还要感谢科学出版社的认可及支持，尤其是马跃和魏如萍老师对于我们申报"十三五"国家重点出版物出版规划项目和国家出版基金的鼎力协助。我们将再接再厉，为推动建设一个"不分年龄人人共建共治共享"的社会而奋斗。

"应对老龄社会的基础科学问题研究"项目组

2020年12月

目　录

第一章 引 言

1987 年，浙江省 60 岁以上人口超过了总人口的 10%，1991 年浙江省比全国提前了约 10 年正式进入老龄化社会，浙江省也是我国目前高龄化程度较高的省份之一。长期以来，浙江省委、省政府高度重视老龄事业发展。

1984 年浙江省成立了专门的老龄工作机构，老龄事业开始纳入综合协调、统筹发展的轨道，并在探索中不断发展壮大。1997 年和 1998 年，浙江省根据中央统一部署，进行了社会养老保险制度改革和社会医疗保险制度改革，先后实施了职工基本养老保险制度和职工基本医疗保险制度。

进入 21 世纪以来，浙江省先后实施了农村合作医疗制度、城镇居民基本医疗保险制度和城乡一体化的城乡居民基本养老保险制度，在社会养老保障和医疗保障领域率先全国实现制度全覆盖。到 2019 年末，浙江省基本养老保险、基本医疗保险参保率分别达到 96.68%和 99.61%，基本实现了基本养老保险和基本医疗保险人员全覆盖。2001 年，浙江省率先在全国实施城乡一体化的最低生活保障制度。2019 年，全省低保对象 65.50 万人，其中低保老年人 25.18 万人，城乡人均月低保标准达到 814 元。2003 年浙江省开始实施农村五保对象集中供养制度。2010 年末，浙江省农村五保和城镇“三无”对象集中供养率分别达到 96.9%和 99.5%，名列全国前茅。

2000 年以来，浙江省政府先后出台了《关于促进养老服务业发展的通知》（浙政办发〔2006〕84 号）、《关于加快推进养老服务体系建设的意见》（浙政发〔2008〕72 号）、《关于深化完善社会养老服务体系建设的意见》（浙政发〔2011〕101 号）、《关于加快发展养老服务业的实施意见》（浙政发〔2014〕13 号）、《关于发展民办养老产业的若干意见》（浙政发〔2014〕16 号）等重要文件，不断推进社会养老服务体系建设。2015 年 1 月，浙江省人民代表大会高票通过了《浙江省社会养老服务促进条例》，这是我国首部由省级人民代表大会通过的综合性社会养老服务地方性法规。

2019 年，浙江省 98.5%的户籍老人选择居家养老，全省各级养老服务指导中心、居家养老服务中心、居家养老服务站建设不断推进。截至 2020 年 6 月底，浙江省各地建设乡镇（街道）居家养老服务中心 849 家，城乡社区居家养老服务照料中心 2.34 万个。截至 2020 年 6 月底，全省既有住宅加装电梯累计达 1407 台。2020 年，浙江省政府将“生活困难老年人家庭适老化改造 6000 户”列入了民生实事项目。

浙江省各地普遍建立了老年大学（学校）、老年活动中心（站、室）、老年人体育设施，老年人精神生活日益丰富。到2019年末，全省已建立老年电大和分校103所、教学点11 471个，注册学员56.88万人；全省共有老年开放大学（学院）101所，乡镇（街道）老年学校888所，全年在校学员27.88万人次；有老年大学（老干部大学）89所，全年在校学员22.84万人次。全省共有老年体协3万个，有会员381.11万人，经常参加体育活动的老年人有693.36万人。

老年维权工作力度进一步加大，形成了以老年法律法规建设、老年法制宣传教育、老年法律援助服务、老年人来信来访接待处理等为重点的老年权益保护体系。2005年浙江省政府颁布实施了《浙江省优待老年人规定》，各地普遍出台了具体规定，全省城乡老年人享受乘车、门票、长寿保健补贴等优待。

截至2020年6月底，浙江省共有康复医院66家、护理院69家，各地逐步开展长期护理险试点工作，累计参保人员829万，基金支出1.56亿元。养老服务队伍明显壮大：全省各类院校开设了健康管理、康复治疗技术、老年护理等养老服务专业。在2019年全国养老护理员大赛中，浙江省代表队荣获团体总分第一名。2019年底，全省享受高龄补贴的老年人共135.8万人，补贴金额达7.1亿元。2012年到2019年，全省享受养老服务补贴累计达2 149 957人次，累计发放养老服务补贴资金26.6560亿元。2019年浙江省每百万人中百岁老人已达73人，接近联合国长寿地区标准——每百万人中百岁老人75人。

目前，浙江省已经构建了“以居家为基础、社区为依托、机构充分发展、医养有机结合”的养老服务体系。浙江省养老服务体系建设2017年、2018年和2021年三次获得国务院督查激励。截至2020年底，浙江省共有养老机构2485家，床位45.46万张，每千名老年人拥有养老机构床位数40张，其中护理型床位占比超过53%。全面实施养老机构公建民营改革，培育本土品牌企业，现有民办养老机构1580家，占全部养老机构总数的63.58%。敬老院改造提升工程进展顺利，敬老院共799家，敬老院床位总数达12.6万张。

根据《中国社会统计年鉴》的统计数据，2012年到2018年，浙江省每千名老年人口拥有的养老床位数一直位列全国前茅（表1.1）。2018年浙江省65岁以上老年人口占总人口的12.99%，位列全国第八。2018年浙江省每千名老年人口养老床位数达54.17张，位列全国第二，仅次于内蒙古自治区（54.75张），远远超过排名第三的江苏省（39.45张）及其他省份。

表 1.1 全国各省市每千名老年人口养老床位情况（2012～2018 年）

地区	2012 年/张	2013 年/张	2014 年/张	2015 年/张	2016 年/张	2017 年/张	2018 年/张	2018 年 65 岁以上老年人口占比
内蒙古	19.89	22.47	49.00	56.66	58.32	52.17	54.75	9.85%
浙江	33.14	36.54	52.90	51.74	56.29	57.06	54.17	12.99%
江苏	36.73	41.39	38.61	41.02	40.33	40.23	39.45	14.30%
安徽	30.74	31.70	34.95	36.06	35.17	32.04	34.75	13.20%
湖北	28.64	27.16	27.25	30.12	33.02	31.83	32.77	12.49%
北京	39.90	39.25	45.69	28.95	38.22	39.58	31.44	11.25%
广东	9.73	11.16	15.34	19.87	28.22	33.62	31.02	8.26%
青海	10.17	16.18	26.64	31.64	38.37	32.57	30.55	7.58%
甘肃	12.94	19.03	24.75	33.75	34.40	32.41	30.42	11.32%
贵州	9.96	14.20	22.42	35.30	36.80	36.73	30.40	11.34%
河北	18.82	36.77	38.87	40.94	34.98	32.64	30.09	12.69%
四川	29.48	30.09	24.51	30.65	31.43	31.50	28.41	14.99%
上海	32.72	32.08	33.49	27.20	28.89	27.84	27.90	14.95%
山东	28.43	32.59	31.03	37.14	38.50	33.76	27.54	15.16%
黑龙江	18.67	18.66	21.80	27.04	27.33	27.37	27.39	12.21%
江西	24.31	24.83	28.43	30.94	30.15	29.20	26.83	9.73%
福建	11.28	16.64	25.66	24.88	23.24	26.69	26.38	9.49%
重庆	28.35	31.96	25.01	33.18	29.34	25.46	25.14	14.47%
宁夏	8.73	10.22	15.10	30.41	40.72	29.05	24.52	8.99%
广西	7.88	17.64	21.92	25.78	25.59	25.14	23.95	10.03%
湖南	17.27	17.42	16.76	19.21	21.75	23.62	23.85	12.49%
吉林	20.23	19.16	17.82	14.35	25.60	22.86	23.67	12.37%
陕西	14.96	17.34	17.79	23.60	25.47	25.52	23.30	11.16%
天津	19.51	24.55	20.88	23.73	23.06	22.44	22.22	10.92%
河南	20.61	21.51	25.18	24.19	23.48	22.40	21.39	11.06%
山西	12.22	13.02	16.48	16.31	22.21	23.02	20.19	10.32%
辽宁	27.33	28.41	24.31	21.14	22.90	21.43	19.41	14.98%
新疆	13.24	13.56	21.01	24.78	26.62	23.70	16.48	7.16%

续表

地区	2012年/张	2013年/张	2014年/张	2015年/张	2016年/张	2017年/张	2018年/张	2018年65岁以上老年人口占比
云南	9.35	9.22	11.18	19.90	21.62	19.05	15.05	9.57%
海南	11.17	11.08	16.60	17.65	18.02	18.26	11.85	8.21%
西藏	16.32	17.25	27.66	61.95	14.24	17.32	8.20	5.68%
全国	21.48	24.39	27.20	30.31	31.62	30.92	29.15	11.94%

资料来源：《中国社会统计年鉴》（2012～2019年）和《中国统计年鉴2018》。每千名老年人口拥有的养老床位包括养老机构床位和日间照料中心等居家养老服务机构床位，从2012年开始有统计数据。此处排名按2018年每千名老年人口拥有的养老床位数从高到低排列

从养老机构的城乡类型看，浙江省总体呈城市养老机构增加、农村养老机构减少的趋势。城市养老机构数从2014年的604家增加到2018年的899家，农村养老机构数从2014年的1315家减少到2018年的565家。

从养老机构的登记类型看，民办养老机构发展迅速，公办养老机构数量基本稳定。工商登记的民办养老机构和民办非企业单位登记的民办养老机构分别从2014年的18家和590家增加到2018年的81家和803家，事业单位性质的公办养老机构从2014年的602家略微减少到2018年的580家。

从养老机构的规模看，0～99张床位和100～299张床位的中小型机构呈减少趋势，300～499张床位和500张及以上床位的大型养老机构呈增加趋势。0～99张床位和100～299张床位的中小型养老机构分别从2014年的901家和844家减少到2018年的568家和647家。300～499张床位和500张及以上床位的大型养老机构数分别从2014年的108家和66家增加到2018年的156家和93家（表1.2）。

表1.2　2014～2018年浙江省各类养老机构基本情况（单位：家）

各类养老机构数	2014年	2015年	2016年	2017年	2018年
养老机构数	1919	1269	1340	1416	1464
城市养老机构数	604	516	534	576	899
农村养老机构数	1315	753	806	840	565
工商登记养老机构数	18	18	23	41	81
事业单位养老机构数	602	670	659	649	580
民办非企业单位登记养老机构数	590	574	654	720	803
多重登记养老机构数	709	7	4	6	0
0～99张床位养老机构数	901	513	532	558	568
100～299张床位养老机构数	844	595	609	625	647

续表

各类养老机构数	2014 年	2015 年	2016 年	2017 年	2018 年
300～499 张床位养老机构数	108	96	122	139	156
500 张及以上床位养老机构数	66	65	77	94	93

资料来源：《中国社会统计年鉴》相关各期

浙江省不仅在养老机构和养老机构床位数的建设方面名列全国前茅，而且特别注重支持护理型床位和民办养老机构床位的建设。浙江省政府及相关部门多次就护理型床位和民办养老机构床位提出具体的建设目标和支持政策。

2008 年 11 月 14 日浙江省人民政府发布的《关于加快推进养老服务体系建设的意见》（浙政发〔2008〕72 号）提出："到 2012 年，全省非营利性民办养老服务机构床位数占全部床位数的比重力争达到 50%。"2011 年 11 月 14 日浙江省政府发布的《浙江省民政事业发展"十二五"规划》提出："到 2015 年，力争实现每百名老人平均拥有床位数 3 张，其中民办养老服务机构床位数占全部床位数的 50%。"2011 年 12 月 15 日浙江省人民政府发布的《关于深化完善社会养老服务体系建设的意见》（浙政发〔2011〕101 号）提出："到 2015 年……每百名老年人拥有养老服务床位数达到 3 张以上，其中护理型床位占比不低于 40%，民办养老机构床位占比达到 50%以上。"2016 年 7 月 26 日浙江省政府发布的《浙江省民政事业发展"十三五"规划》提出："到 2020 年，全省再增加 12 万张以上的社会养老床位，每千名老人拥有社会养老床位 50 张，其中机构床位不少于 40 张，护理型床位占机构床位比例不低于 50%，民办（民营）机构床位占比达到 70%。"

浙江省政府及相关部门对护理型床位和民办养老机构床位的支持政策取得了良好的效果。根据《浙江省老年人口和老龄事业统计公报》，2015 年浙江省民办养老机构床位数为 190 440 张，占当年全部养老机构床位数的 54.74%，超额完成《浙江省民政事业发展"十二五"规划》提出的 2015 年实现民办养老服务机构床位数占比达到 50%的目标。2019 年末，浙江省民办养老机构床位数为 303 284 张，占全部养老机构床位数——443 468 张的 68.39%，基本达到了《浙江省民政事业发展"十三五"规划》提出的 2020 年民办（民营）机构床位占比达到 70%的预期性目标（表 1.3）。

表 1.3　浙江省 2010～2019 年养老机构建设相关情况

相关情况	2010 年	2011 年	2012 年	2013 年	2014 年	2015 年	2016 年	2017 年	2018 年	2019 年
户籍老年人口数/万人	789.03	823.23	857.69	897.83	945.08	984.03	1 030.62	1 080.08	1 121.72	1 152.61
老年人口/总人口	16.60%	17.25%	17.87%	18.63%	19.44%	20.19%	20.96%	21.77%	22.43%	22.87%
养老机构数/个	1 690	1 869	1 969	2 092	2 236	2 240	2 365	2 183	2 207	2 382

续表

相关情况	2010年	2011年	2012年	2013年	2014年	2015年	2016年	2017年	2018年	2019年
民办养老机构数/个	—	799	878	1 072	1 192	1 208	1 271	1 164	1 345	1 487
养老机构床位数/张	189 143	210 172	247 773	275 098	312 327	347 879	384 226	395 580	422 158	443 468
护理型床位/万张	—	32 919	71 000	84 500	112 100	—	—	—	—	221 954
民办养老机构床位数/张	77 000	90 009	115 865	135 306	159 991	190 440	237 631	227 876	272 169	303 284
民办养老机构床位占比	40.71%	42.83%	46.76%	49.19%	51.23%	54.74%	61.85%	57.61%	64.47%	68.39%
养老机构护理人员/人	—	13 578	14 682	17 755	12 472	14 090	15 919	17 009	18 275	18 611
每千名老年人拥有社会养老床位数/张	24.0	26.0	28.9	30.6	33.0	35.4	37.3	36.6	37.6	38.5

资料来源：2010 年和 2011 年养老机构数和养老机构床位数来自浙江省民政厅，其他数据均来自浙江省老龄工作委员会办公室发布的相关年份《浙江省老年人口和老龄事业统计公报》

浙江省的养老服务机构建设能够取得这样的成绩，既与浙江省委、省政府多年来对养老服务机构建设的高度重视和政策支持密不可分，也和相关部门及地方政府锐意进取、勇于担当的改革首创精神密不可分。虽然《关于加快推进养老服务业放管服改革的通知》（民发〔2017〕25 号）是民政部等 13 部门 2017 年 1 月 23 日发布的，但是浙江省在这个重要文件发布若干年之前，在养老服务领域所推行的一系列政策和改革措施就能较好地体现“放管服”改革的基本精神。

浙江省是全国最早针对低收入失能（失智）老年人实行养老服务补贴政策的省份之一，制定了全国第一个由省级价格管理部门制定的关于养老机构养老服务收费管理的暂行办法。浙江省也是全国最早实行公办养老机构公建民营改革的省份之一，在全国率先提出民办非企业单位性质（以下简称民非性质）养老机构的投资权益保护措施。2015 年 3 月 1 日起正式施行的《浙江省社会养老服务促进条例》是我国首部由省级人民代表大会通过的综合性社会养老服务地方性法规。

因篇幅所限，本书无法面面俱到地研究浙江省在推进养老服务机构建设的所有相关政策，只是试图从养老服务补贴制度改革、养老机构价格管理制度改革、养老机构公建民营与政府购买服务改革及养老机构经营模式创新等四个方面入手，结合笔者自 2010 年以来亲身参与浙江省养老服务补贴制度改革、养老机构价格管理改革前期研究的经历，以及笔者和笔者学生调研整理的数十个公办养老机构和民办养老机构案例，介绍相关改革的起因、经过、绩效及不足，探讨相关改革及经营模式创新对浙江省机构养老服务供给数量、质量、公平性及效率的影响，总结经验，反思不足，以期为我国其他地区的相关改革提供借鉴。

第二章　浙江省养老服务机构的补贴制度改革

第一节　养老机构补贴制度改革的背景

我国的公办养老机构主要有事业单位性质的社会福利院等城镇公办养老机构、街道或乡镇举办的集体所有制养老机构（通常也都是事业单位性质）。政府不仅通过提供低价甚至免费的优质地段土地、房屋及设备设施等为公办养老机构提供建设补贴，而且常常以人工经费补贴、各类固定资产更新专项经费等形式提供年度运营补贴和建设补贴。

与民办养老机构相比，城镇的公办养老机构往往地理位置更好，建设标准更高，配套设施更齐全，服务也更为规范。在获得大量政府建设补贴和运营补贴的同时，公办养老机构的住宿费、护理费等收费标准往往也受到政府价格管理部门的严格管理，收费标准调整手续复杂，很多公办养老机构的收费标准长期维持不变，严重滞后于人工、材料、费用等实际成本上涨的现实情况。

在“高补贴-低价格”政策下，公办养老机构提供的养老服务物美价廉。政府对公办养老机构服务项目实行政府定价的初衷是让低收入的失能、半失能老人获得实惠。但许多经济学家早就指出，所有受到价格管制的稀缺物品都会引发价格以外的竞争（Barzel，1974；Cheung，1974）。所以老年人对公办养老机构床位的竞争可能会使床位的实际配置效果偏离政府的政策初衷。

我国学界普遍认为公办养老机构的服务对象应侧重于高龄、贫困、失能等弱势老年人群。但对公办机构实际定位的调研却发现存在公共养老资源配置不合理的现象。阎青春（2007）指出大量需要机构养老服务的低收入失能老人无法入住，高收入的自理老人却占据了许多床位。何文炯等（2008）调查发现浙江省的公办养老机构存在定位不准、建设档次过高、公共资源配置不公的现象。杨莉（2011）发现武汉市很多失能、半失能老人被公办养老机构拒绝后被迫入住民办养老机构。但他们没有进一步讨论公办养老机构的补贴和价格管理政策与上述现象的关系。

政府“高补贴-低价格”政策的实际效果如何？哪些人是公办养老机构“高补贴-低价格”政策的实际受益人？是穷人还是富人？是失能老人还是自理老人？他们实际享受了多少政府补贴？他们是如何进入公办养老机构的？是按规则排队还是通过“走后门”提前入住？现行“高补贴-低价格”政策应该如何改进才能更好

地让低收入失能、半失能老人获得实惠？本章的案例一和案例二都试图通过案例研究对上述问题作出回答。

本章案例一通过对公办养老机构庆春福利院的个案研究，发现各项建设补贴和运营补贴占其实际运营成本的50%以上，而来自入住老年人的营业收入不到营业成本的一半，入住庆春福利院的老年人绝大多数是经济条件较好的自理老人，失能老人却被排斥入住。对大型公办养老机构春晖福利院（案例二）的个案调查则进一步发现，在“高补贴-低价格”政策下，2007 年之后入住的被调查老年人中，至少有 77.5%的老人不同程度地“走后门”提前入住。部分老人甚至在大量老人排队等待入住的情况下，包间提前入住。这些老人大部分是自理老人，他们的经济条件和社会地位远高于社会平均水平。

近年来，政府为了鼓励社会力量兴办养老机构，陆续推出了针对民办养老机构的建设补贴和运营补贴。

2000 年 2 月 27 日，国务院办公厅转发民政部等部门《关于加快实现社会福利社会化意见的通知》（国办发〔2000〕19 号）规定：“各级政府应根据经济和社会发展的需要，逐年增加对社会福利事业的投入，重点用在一些基础性、示范性社会福利机构的建设上，同时采取民办公助的办法，将一部分资金用于鼓励、支持和资助各种社会力量兴办社会福利机构。”

2005 年 11 月 16 日，民政部发布的《关于支持社会力量兴办社会福利机构的意见》（民发〔2005〕170 号）提出：“有条件的地方要积极争取财政支持并加大彩票公益金投入力度，扶持社会办福利机构的发展。对于处在建设阶段的社会办福利机构，可以按照规模、投资额等，给予相应的资助；对于正式开业的社会办福利机构，可以按床位数和实际收养人数给予一定的运营补贴。”

2006 年 2 月 9 日，国务院办公厅转发全国老龄委办公室和发展改革委等部门《关于加快发展养老服务业意见的通知》（国办发〔2006〕6 号）提出：“要建立公开、平等、规范的养老服务业准入制度，积极支持以公建民营、民办公助、政府补贴、购买服务等多种方式兴办养老服务业，鼓励社会资金以独资、合资、合作、联营、参股等方式兴办养老服务业。”

2008 年 11 月 14 日浙江省人民政府出台的《关于加快推进养老服务体系建设的意见》（浙政发〔2008〕72 号），第一次明确提出省财政对民办养老机构的具体补贴政策，“加大对民办养老服务机构的财政补助力度。用房自建的非营利性民办养老服务机构，床位数达到 50 张（含）以上、取得《社会养老服务机构设置批准书》和《民办非企业单位》证书并投入使用后，由省财政按照核定的床位数给予每个床位 3000 元补助。租用用房且租期 5 年（含）以上的非营利性民办养老服务机构，床位数达到 50 张（含）以上，由省财政按照核定的床位数分 5 年给予每个床位每年 500 元补助”。

本章案例三的时代养老院就是在浙政发〔2008〕72号文件的床位补贴政策激励下出现的一家民办养老机构。通过对时代养老院的案例剖析，我们发现浙江省的床位补贴政策的确提高了民间资本投资创办养老机构的热情，降低了民办养老机构的投资门槛和经营风险，增加了民办养老机构的床位数，但也带来了床位建设重数量轻质量、重建设轻运营的倾向，以及床位空置率较高、新建民办养老机构运营可持续性堪忧等问题。

民办养老机构除了在获得政府补贴方面与公办养老机构存在巨大差距外，在成本核算时，事业单位性质的公办养老机构按现行会计制度规定不计提固定资产折旧，民办养老机构需要将包括固定资产折旧在内的所有成本都通过营业收入（主要是向入住老年人收费）予以覆盖。

虽然两类机构在补贴收入和成本核算方面存在巨大差别，但是在调研中却发现不少公办养老机构处于微利甚至亏损状态，而不少民办养老机构却发展得风生水起。为什么会这样呢？本章的案例四用C市E区一家公办养老机构和四家民办养老机构的比较案例分析对这一问题作出深入探讨。

研究发现，公办养老机构的成本项目中没有场地租金和固定资产折旧，但公办养老机构的人工费用和其他费用支出远高于民办养老机构，各养老机构的伙食费、水电费支出相差不大。民办养老机构通过相对更低的人工成本和其他成本及努力控制固定资产投资规模，降低营业成本，弥补了其与公办养老机构在场地租金和固定资产折旧方面天然的劣势。民办养老机构获得的运营补贴金额非常有限，对其营业盈亏情况几乎没有影响。

第二节　“补砖头”、“补床头”还是“补人头”

案例一　公办养老机构补贴制度初解剖：庆春福利院案例

一、案例背景

A县位于浙江省西部，县域面积1099平方公里，下辖6镇5乡3个街道，以及180个行政村。根据《2011年A县国民经济和社会发展统计公报》，2011年全县实现生产总值88.5686亿元，按可比价格计算比上年增长10.4%。按户籍人口计算全县人均生产总值为26 610元，比上年增长9.6%。第一产业、第二产业、第三产业增加值结构为8.0∶54.2∶37.8。2011年财政收入85 056万元，比上年增长31.9%，全年财政支出161 946万元，比上年增长18.2%。2011年全县城镇居民人均可支配收入18 593元，比上年增长10.8%；农村居民人均纯收入9309元，同比增长16.1%。

截至2011年末，全县户籍人口为334 053人，平均每户3.22人，总人口比上年增长7.3‰，出生率为11.5‰，出生人口性别比为107，全县18岁以下人口66 199人，占总人口的19.8%；18岁至35岁人口85 950人，占总人口的25.7%；36岁至60岁人口134 602人，占总人口的40.3%；60岁以上人口47 302人，占总人口的14.2%。

2011年，全县共有9812人纳入最低生活保障，农村五保对象784人、城镇“三无”对象34人。农村五保集中供养标准为6111元/年。全县农村五保和城镇“三无”对象集中供养率分别达到95.2%和100%。2011年，全县投入运营的养老服务机构有19家，其中社会福利院1家、农村敬老院11家、民办养老服务机构7家。

本章将要介绍的庆春福利院和时代养老院均来自A县。两个案例的调查时间为2011年2月到5月。调查人林腾系浙江大学公共管理学院社会保障与风险管理系的2011届本科生。林腾同学的父亲在A县民政局工作，正因如此，林腾从小经常跟父亲到当地的庆春福利院做义工，对庆春福利院的老人比较熟悉，因此我们将庆春福利院作为研究公办养老机构补贴政策效果的个案。

时代养老院的创办人叫张明明，2009年在浙江省政府对民办养老机构实行床位补贴政策的鼓励下，张明明用自己和亲戚的私人农房创办了一家民非性质的养老机构——时代养老院。我们将时代养老院作为考察民办养老机构床位补贴政策效果的个案。

二、庆春福利院案例

庆春福利院创办于2001年，是隶属于A县民政局的差额拨款事业单位。福利院地理位置优越，距离A县县城中心仅5分钟车程，占地面积13.75亩（1亩≈666.7平方米），建筑面积2800平方米，容积率仅为0.31。庆春福利院的建设资金以政府投入为主，其主体建筑是在原A县血防站建筑的基础上进行装修改建的，一期投资约250万元①。庆春福利院共有带独立卫生间的单人间58间。2011年5月调查时共有58位老人入住，入住率100%。

庆春福利院设院长1人，出纳1人，司机1人，医护人员1人，会计由A县民政局会计兼任，护理人员8人，入住老人与护理人员的比例约为7∶1。

入住老人缴纳的费用包括床位费、伙食费、护理费三部分。伙食费每人每月300元，伙食标准为两菜一汤，包含一荤两素（每周的菜单会提前一周公布）。床位费因房间类型、朝向等，略有差异，平均每个房间（建筑面积约15平方米，含3平方米的洗手间）每月190元②。护理费按护理等级确定，入住老人基本为自

① 其中，浙江省民政厅拨款75万元，B市民政局拨款3万元，A县政府拨款50万元，A县民政局拨款80万元，各机关事业单位和社会各界捐赠约10万元，另有部分企业和个人的小额捐款当时未登记入档案。

② 据笔者调查，估计当地同等区位和装修情况的同类房间市场租金约为每月400元。

理老人[①]，自理老人享受护理等级最低的三级护理，三级护理费为每人每月140元。院方为其提供伙食，以及提供清洗衣物、打扫卫生等服务，入住老人还能免费使用福利院的健身、娱乐设施并享受每月常规身体检查。入住自理老人每月平均费用630元[②]。

庆春福利院2010年的经营收入约为43.8480万元，其中包括伙食费收入20.8800万元（伙食费收入全用于购买食材等支出，没有结余）、护理费收入约9.7440万元、床位费收入13.2240万元（表2.1）。这些经营收入由福利院自行安排。

表2.1　庆春福利院2010年经营收入情况（单位：元）

项目	伙食费	护理费	床位费	总计
人月均收费标准	300	140	190	630
人年均收费标准	3 600	1 680	2 280	7 560
全院年收入总金额	208 800	97 440	132 240	438 480

庆春福利院2010年的主要经营支出项目如下：①护理人员、驻院医生及出纳（共10人）的工资、社保、福利支出总计约28万元，院长、司机和兼职会计属公务员编制，由民政局支付工资；②伙食费支出约21万元；③两辆车辆的费用约5万元（主要用于物资采购、员工出差及紧急情况下接送老人等）；④日常设施、设备维护费等约10万元[③]；⑤水电燃气费约2万元；⑥各种节日庆祝活动费约2万元（表2.2）。

表2.2　庆春福利院2010年经营支出情况（单位：万元）

项目	职工工资	伙食费	车辆费用	日常设施、设备维护费	水电燃气费	节假日活动费	总计
金额	28	21	5	10	2	2	68

从收支情况看，庆春福利院从入住老年人缴费获得的收入远不能维持自身的正常运转，每年A县财政都会给予其一定的运营补贴。2010年庆春福利院获得A县财政补贴20万元。庆春福利院院长、司机和兼职会计的工资及福利等均由A

① 58位入住人员中仅有1位是在建院之初床位大量空余时A县政府委托庆春福利院供养的盲人，是失能者，其余均为自理老人。

② 庆春福利院2001年成立时的收费标准（标准单人间和三级护理）是每人每月370元，2008年4月1日调价为490元，2010年10月1日调为630元。

③ 根据笔者访谈，事实上有部分日常招待费用也被计入此部分费用。

县民政局支付（其中专职的院长和司机两人的年工资、社保、福利总和约为12万元），属于对人工成本的隐性补贴。此外，庆春福利院每年收到政府各部门及社会各界的捐赠款物约5万元。

上述讨论还没有计入政府对庆春福利院250万元建设费用投资的折旧部分。如果按照15年折旧摊销期[①]来计算，每年的折旧额约16.6667万元，即使将前述每年10万元的日常设备、设施服务费全部视为计提的固定资产折旧，仍然存在6.6667万元的隐性补贴，相当于平均每位入住老人每年享受了约1149元的固定支出折旧隐性补贴。

综上，A县财政对每位入住老人每年除了有3448元的运营补贴和2069元的人工费用隐性补贴（此处尚未计入兼职会计的工资福利）外，还有至少1149元的固定资产折旧隐性补贴，这3项补贴就合计达6666元[②]。此外，2010年来自政府单位和社会各界的捐赠款物均摊到每位入住老年人也达862元[③]，每位入住老年人平均获得7528元的补贴和捐赠，与入住自理老人年均缴费金额7560元几乎相等。以上计算在折旧摊销年限和费用计入方面都做了最保守的估计，所以实际各项补贴占人均缴费的比例只会比表2.3中的数据更高。

表2.3　庆春福利院2010年接受补贴和捐赠情况

补贴项目	运营补贴	人工费用隐性补贴	固定资产折旧隐性补贴	捐赠	总计
补贴总额/元	200 000	120 000	66 667	50 000	436 667
人均补贴额/元	3448	2069	1149	862	7528
占人均缴费百分比	45.61%	27.37%	15.20%	11.40%	99.58%

注：因进行了四舍五入，部分数据可能会有出入

上述这些补贴和捐助的直接受益人是实际入住庆春福利院的58位老人，那么是什么样的老年人才能入住从而享受到这些补贴和捐助呢？

入住的58位老人中，男性有14人，占24.1%；入住老人中，年龄最大的96岁，年龄最小的54岁（因工伤双目失明而较早入住），全部入住老人的平均年龄为81.51岁，其中男性平均年龄为81.15岁，女性平均年龄为81.61岁。入住老人中76岁以下的只有10人，不到总人数的20%，而80岁以上的老人有31人，超

① 庆春福利院按非企业管理的事业单位不提取折旧的会计准则做账，不计提固定资产折旧。《民间非营利组织会计制度》没有明确规定民办养老机构的折旧摊销期。笔者调查发现，杭州市目前一般根据不同的固定资产项目确定5年到10年的摊销期，温州市一些民办养老机构则按15年进行摊销。此处暂时按15年摊销期计算。

② 2011年当地的城镇和农村最低生活保障标准分别为每月312元和188元，折合每年分别为3744元和2256元。

③ 庆春福利院优越地段的级差地租还没有完全反映在上述计算中，这其实也是来自政府的一项隐性补贴。

过总人数的一半（表 2.4）。

表 2.4 庆春福利院 2010 年入住老人的年龄结构

年龄	65 岁及以下	66～70 岁	71～75 岁	76～80 岁	81～85 岁	86～90 岁	91～95 岁	96～100 岁
人数/人	1	4	5	17	13	10	7	1
身体状况	失能	自理	自理	自理	自理	自理	自理	自理
占比	1.72%	6.90%	8.62%	29.31%	22.41%	17.24%	12.07%	1.72%

入住老人中除一位因工伤失明而失能的以外，其他老人均能生活自理，他们除了有高血压等常见慢性病之外，没有其他较严重的疾病，只需最低的三级护理服务。失能、半失能老人需要的服务等级更高，对护理人员要求更高，护理风险更大，庆春福利院在入住率 100%并有老年人等待入住的情况下，倾向选择方便照顾、风险相对较小的自理老人。事实上，入住庆春福利院的老人如果出现失能情况，就要搬离庆春福利院，庆春福利院声称无法提供专业的照护服务。

2011 年 5 月，我们对庆春福利院神智较为清醒且愿意配合的 36 位老人进行了访谈，了解了其个人和家庭情况，以及入住经历、对福利院满意程度和流动意向等问题。

访谈发现，除了在庆春福利院成立最初两年入住的 8 位老人之外，其他老人在入住前大都需要排队等候入院。院长在访谈中也告诉笔者："很多老人家属都把自己的联系方式留给我们，一有空位就给他们打电话，一两天就会搬过来住。"可见庆春福利院存在"一床难求"的现象。

在入住时间上，56 位能找到登记入住时间资料的老人平均入住时间为 49.4 个月，入住时间最长的为 11 年。虽然大部分老人都是近四五年内入住的，但是入住 8 年以上的也有将近 25%（表 2.5）。

表 2.5 庆春福利院入住老人已入住时间分布

项目	1 年以内	2～3 年	4～5 年	6～7 年	8～9 年	10～11 年
人数/人	11	16	11	4	6	8
占比	19.64%	28.57%	19.64%	7.14%	10.71%	14.29%

在 36 位被访谈老年人中，除了一位刚入住 2 个月的 77 岁女性老年人表示生活不习惯想要回家外，其他老人都表示愿意继续住下去。庆春福利院 2010 年的床位流动率为 13.79%，主要流动原因是入住老人去世，另外也有部分老人入住一段

时间后由于年老等，健康水平下降，福利院无法满足其护理需求而自行离开。到目前为止没有入住老人是因为对福利院的服务或收费不满意而离开养老院的。

36位老人中，有10人（占27.8%）是机关和事业单位离退休人员；有3人（8.3%）是退伍军人或烈士家属；有13人（36.1%）的子女中至少有一人在政府机关或医院、学校等事业单位任中层以上职位；另有6位（占16.7%）老人的子女中至少有一人经商（以上四种老人中有部分是互相重叠的）。只有8位（占22.2%）老人没有提到上述情况。在入住时间更晚的老人中，很少有来自普通农民或职工家庭的。

三、案例小结

政府对公办养老院进行建设补贴和运营补贴的初衷是想要让受家庭、经济条件等制约，没有能力居家养老的失能、半失能老人获得价格实惠的机构养老服务。如果入住的的确是经济困难的失能、半失能老人，那么无论是通过对供方的“暗补”政策还是对需方的“明补”政策，这些补贴最终都是由弱势老年群体所享受。

但实际上，政府对公办养老机构的各种（隐性）补贴在降低了公办养老院价格的同时，也加剧了老人对低价优质公办机构养老服务资源的竞争。在公办养老机构入住资格审查制度缺失的情况下，容易出现养老公共资源配置不公平和不合理的现象。

我们的调查发现，庆春福利院过低的定价使得其经营收入无法覆盖其运营成本，更不必说覆盖包含固定资产折旧等在内的完全成本。政府通过固定资产投资、人工补贴、运营补贴等各种方式对庆春福利院的建设和经营给予补贴，每年的各类补贴金额甚至与入住老人实际缴纳的金额相当。这些补贴的直接享受者是能最终入住庆春福利院的老人。远远低于成本价的收费标准使得更多的老人愿意入住，很多老人甚至为此长期排队等候入院。过低的收费标准显然大大加剧了公办养老机构“一床难求”的状况。

在公办养老机构“一床难求”的情况下，公办养老机构对入住老人有了更大的挑选余地，个人健康状况和家庭经济、社会条件较好的老人往往能更容易在对低价公共养老资源的争夺中胜出，这使得低收入的失能、半失能老人难以入住优质低价的公办养老机构。我们调查发现，庆春福利院事实上是排斥失能、半失能老人入住的。入住老人的个人健康状况、家庭经济社会条件远高于当地老人的平均水平，而最需要获得政府补贴支持的贫困失能、半失能老人却很少能享受到政府和社会提供的机构养老服务资源。这是一种公共养老服务资源分配不公平的现象。

此外，公办养老机构过低的定价也使得公办养老机构提供的服务相对比较“价廉物美”，那些已经入住的老人更不愿意离开福利院。调查发现庆春福利院的入住老年人极少因为对福利院的价格或服务不满意而离开福利院。以自理老年人为主的入住结构进一步降低了庆春福利院的床位周转率。这是一种公共养老资源配置不合理的现象。

政府直接补贴公办养老机构的补贴政策不仅不公平不合理，而且公办养老机构过低的收费标准使公办养老机构挤占了民办养老机构的部分市场空间，影响了养老服务市场供给的增加。很多老年人宁愿长期排队等待公办机构床位，也不愿意马上入住价格相对较高的民办养老机构，加剧了“公办养老机构一床难求，民办养老机构门可罗雀”的现象。

经济、社会条件较好的老年人本来应该是民办养老机构的主要目标客户群，却能够有更大的机会入住公办养老机构；贫困失能、半失能老人入住养老机构的需求最迫切，而其支付能力最低，本来应该是公办养老机构“兜底”的对象，但却被公办机构拒之门外，面临“民办机构住不起，公办机构住不进”的困境。

因为调研条件的便利，庆春福利院成了我们研究公办养老机构的第一个个案。但庆春福利院毕竟只是浙西小县城中一家只有 58 个床位的小型公办养老机构。大城市中的大型公办养老机构也会存在与庆春福利院类似的现象吗？如果“高补贴-低价格”政策真的会导致能够进入公办养老机构的大多是经济社会条件和身体状况较好的老年人，那么这些老人到底占比有多少？他们又是如何在对公办养老机构床位的激烈竞争中胜出的？为了回答上述问题，从 2012 年到 2014 年，笔者和学生对 C 市一家大型公办养老机构进行了连续三年的跟踪调查。

案例二　公办养老机构补贴的意外效果：春晖福利院案例①

一、案例背景

D 区位于浙江省 C 市市区，面积 69.25 平方公里，下辖 10 个街道。根据《2013 年 D 区国民经济和社会发展统计公报》，2013 年全区实现生产总值 372.39 亿元，按可比价格计算比上年增长 7.9%。按户籍人口计算全区人均生产总值为 116 206 元。第一产业、第二产业、第三产业增加值结构为 0：29.91：70.09。2013 年，全区财政收入为 92.83 亿元，比上年增长 0.2%。

2013 年末，全区户籍人口为 320 458 人，其中男性 161 386 人，女性 159 072 人。全区人口出生率为 10.09‰，人口自然增长率为 6.81‰。2013 年底，全区共有老年人 72 036 人，占户籍人口总数的 22.48%。

截至 2013 年末，全区有养老机构 9 家，床位数 2080 张；集中托老机构 13 家，床位数 1135 张；居家养老服务照料中心 8 家，托老床位 152 张；社区日托机

① 本案例选自张翔和王佳丽、张海彤、李洋发表于《社会发展研究》2017 年第 1 期的《排队还是“走后门”——“高补贴-低价格”政策下公办养老机构的入住规则》。

构床位 35 张；全区床位数共计 3402 张，占全区老年人口的 4.72%。

D 区作为 C 市的老城区，没有农业，近年来随着城市化的推进，工业企业特别是重工业企业也在逐年迁出，第三产业已经占其地区生产总值的 70%以上。

春晖福利院是位于 D 区的一家拥有近 1500 张床位的大型公办养老机构，向来以建设标准高、服务质量好、收费标准低和“入院排队长”而闻名。

2012 年到 2014 年，笔者带领数十名学生对这家公办养老机构进行了长达三年的跟踪调查，运用参与观察、重点访谈、问卷调查等多种方法收集相关资料和数据，调查内容涉及公办养老机构的建设和运营情况、建设和运营补贴政策、服务价格及价格管理政策、入住老年人的经济社会基本情况、入住老年人原有房产的处置、入住老人与子女关系等诸多方面。

在下面的春晖福利院案例中，除了介绍春晖福利院的基本建设和运营情况之外，我们将重点关注这家公办养老机构的实际入院规则：什么样的老年人才能够在激烈的入院竞争中胜出，入住这么一家以“价廉物美”而闻名的公办养老机构？他们是老老实实按照先来后到的规则排队入院，还是有部分老人通过“开后门”提前入院？他们是如何“开后门”入住的？

二、春晖福利院案例

（一）基本情况

春晖福利院是 C 市民政局所属的一家差额拨款的社会福利事业单位，位于 C 市主城区 D 区，距离 C 市市中心不到 6 公里，周边市政配套设施成熟，地理位置十分优越。春晖福利院占地 60 亩，绿化率达到 60%。其土地原属于一家国企，1999 年 C 市政府出资 1750 万元将国企搬迁。春晖福利院按国家级福利院标准设计建造，餐厅、洗衣房、阅览室、健身房、棋牌室、乒乓球室、台球室、电脑室、歌舞厅、便利店等生活娱乐设施，以及医疗护理设施一应俱全。

春晖福利院分三期建设。1999 年竣工的一期工程投资 6600 万元，设床位 500 张；2003 年二期工程开工，投资 3500 万元，2005 年竣工，新增床位 400 张；2009 年三期工程开工，投资 6000 万元，2012 年竣工，新增床位 589 张。截至 2012 年 3 月底我们调查时，春晖福利院的建筑面积约 55 000 平方米，共有 1489 张床位，其中护理型床位 610 张，约占 41%，自理型床位 879 张，约占 59%，单床位建设成本约 11 万元。

截至 2012 年 3 月底共有 1112 位老人入住，其中有 160 位老人一个人包住双人间或三人间（包房者需支付包房内所有床位费和一份护理费），其余床位因装修而暂时空置，实际床位空置率为 0①。

① 以上数据根据春晖福利院网站资料及 2012 年 3 月入住名册整理。

（二）春晖福利院的服务收费标准

春晖福利院服务收费项目有床位费、护理费、伙食费，以及空调费等其他收费。

（1）床位费。春晖福利院的户型分为套间、单人间、双人间和多人间等多种，从1999年到2010年，双人间的床位费分为每月550元、700元和800元三档（因楼层和朝向而异），2011年双人间床位费统一调价为每月850元[①]；单人间床位费从1999年到2004年均为每月900元，2005年到2010年调整为每月1100元和1200元两档，2011年统一下调为每月1100元；春晖福利院自2005年开始设立套间，约50平方米，2005年到2010年套间床位费有每月2000元（一室一厅）和2400元（一室一厅一厨）两档，2011年统一下调为每月2000元，见表2.6。

表2.6　春晖福利院1999年到2011年床位费、护理费和当地平均工资、养老金的比较

项目		1999年	2000年	2001年	2002年	2003年	2004年	2005年	2006年	2007年	2008年	2009年	2010年	2011年
床位费/（元/月）	双人间	550/700/800												850
	单人间	900						1100/1200						1100
	套间	—						2000/2400						2000
基本护理费/（元/月）		0	50	100	150	200						260		310
当地社会平均工资/（元/月）		933	1090	1365	1565	1781	1959	2158	2318	2591	2846	3046	3387	3764
当地社会平均工资涨幅		—	16.8%	46.3%	67.7%	90.9%	110.0%	131.3%	148.4%	177.7%	205.0%	226.5%	263.0%	303.4%
当地职保平均养老金/（元/月）		—	—	—	—	796	888	952	1078	1117	1378	1481	1631	1801
当地职保平均养老金涨幅		—	—	—	—	—	11.6%	19.6%	35.4%	40.3%	73.1%	86.1%	104.9%	126.3%

（2）护理费。春晖福利院开业初期为提高入住率，对自理老人原价每月200元的基本护理费实行优惠，1999年免收基本护理费，之后每年增加50元，2003

① 春晖福利院负责人表示与物价局协商调价非常困难，且持续时间长，春晖福利院2008年曾提出申请但未获批。

年达到 200 元后一直保持到 2008 年，2009 年提高到每月 260 元（最高护理费相应调整为每月 1060 元），2011 年提高到每月 310 元（最高护理费调整为每月 1130 元）。

从表 2.6 中我们可以发现，春晖福利院基本护理费的调整严重滞后于当地社会平均工资和基本养老金的涨幅。2003 年基本护理费为每月 200 元，2011 年仅上涨到 310 元，而同一时期当地社会平均月工资从 1781 元上涨到了 3764 元，当地职工基本养老保险平均养老金从每月 796 元上涨到了 1801 元。床位费的涨幅也很小，部分优质单人间和套间的床位费甚至在 2011 年还向下调整。

（3）伙食费。春晖福利院对护理区的老人实行包餐制，每人每月伙食费 400 元，自理区的老人和员工在食堂刷卡就餐，食堂的人工和水电气等开支由福利院承担，食堂的伙食费收入和食材成本相抵，食堂账目定期公布，接受老人监督。

（4）其他收费项目。春晖福利院除了 8 号楼使用分体式空调外，其他楼使用中央空调，分体式空调按用电千瓦时数收费[①]，中央空调每人每天 5 元电费，视温度开半天或全天。此外福利院还有一些单项收费服务，护理员可以利用空闲休息时间提供单项服务，收入 50%归提供服务的护理员，50%归福利院[②]，部分单项服务收费标准见表 2.7。

表 2.7　2012 年春晖福利院部分单项服务的收费标准

项目	洗头/擦身/洗衣服	洗脚	洗臀/剪指甲	送/喂药	倒便盆	陪散步/就医
价格	5	3	2	100	50	10
单位	元/次	元/次	元/次	元/月	元/月	元/小时

（三）春晖福利院的收支和盈亏情况

春晖福利院的收入大致上可分为营业收入、政府补贴和社会捐赠三部分。营业收入包括床位费、护理费、伙食费，以及空调费等其他收入。政府补贴主要包括人工补贴和基建专项经费补贴两种。C 市政府承诺承担春晖福利院 15 个事业编制人员[③]及 130 个计划内合同制员工总人工成本的 40%。2011 年福利院人工成本为 630 万元，C 市政府实际给予人工补贴 257 万元（包括人员补贴 252 万元及福

① 春晖福利院现行的床位费中包含每人每月 12 吨用水额度和 25 千瓦时用电额度，超出额度部分的水电需要额外缴费。春晖福利院一期在建设时没有安装独立水表和电表，也不另外收取水电费。二期工程的房间装了独立水电表，按基础水电额度制收费。春晖福利院发现未安装水电表的老人用水用电量约为安装水电表老人的 3 倍。因此福利院对一期工程进行了安装独立水表和电表的改造。

② 据了解，由于单项服务收费标准较低，很少有护理员愿意提供单项服务。

③ 中共 C 市委机构编制委员会办公室当初批给春晖福利院 50 个事业编制名额。春晖福利院负责人告诉笔者，福利院是差额拨款事业单位，春晖福利院为了尽量降低管理成本，一直尽可能地少占用编制。

利费补贴 5 万元）。基建专项经费根据当年福利院固定资产投资需求确定，不是每年都有的稳定收入来源。2011 年 C 市政府拨付福利院基建专项经费 503 万元。此外，2011 年有人向福利院捐款 10 万元。社会捐赠也不是每年都有的稳定收入来源。因此后面（表 2.10）在计算春晖福利院的盈亏情况时基建专项经费和社会捐赠均不计入收入。表 2.8 是春晖福利院 2011 年的收入结构表。

表 2.8　春晖福利院 2011 年收入结构表（单位：万元）

收入项目	营业收入					政府补贴		社会捐赠	合计
	床位费	护理费	伙食费	空调费	其他收入	人工补贴	基建专项经费		
金额	836	674	528	75	40	257	503	10	2923
小计	2153					760			

春晖福利院的成本主要包括人工成本、食材成本、水电支出、维修费用、退休人员福利、易耗品、车辆费用、办公费用及专用材料费用等其他支出。2011 年底，福利院共有 167 名职工，其中包括护理员 120 人，食堂员工 15 人，设备维修人员 8 人，行政管理人员 24 人（其中 15 人为事业编制人员）。

2011 年 15 位事业编制员工的人工成本为 120 万元（包括工资、奖金、社保），事业编制员工平均人工成本为 8 万元/年。2011 年合同制员工的总人工成本为 510 万元，合同制员工平均人工成本为 3.36 万元/年。2011 年春晖福利院的人工成本为 630 万元；食材购置成本为 528 万元；水电费（享受民用水电价格）为 159 万元；各类日常简单维修费用为 123 万元，由福利院承担；此外还有退休员工福利、易耗品、车辆费用、办公费用、专用材料费用等其他支出 418 万元。综上，春晖福利院 2011 年的运营成本为 1858 万元（张海彤，2012）。

2011 年春晖福利院进行了较大规模的三期工程基础设施建设，共投入基础设施建设费用 800 万元，其中由政府基建专项经费补贴 503 万元[①]。这 800 万元支出都用于固定资产投资，虽然属于 2011 年发生的支出，但这里不计入当年盈亏的计算。因此，503 万元的政府专项经费补贴虽然是 2011 年的收入，但属于政府对福利院固定资产投资的一次性补贴，在计算盈亏时也不计入收入项。

2012 年调查时，据春晖福利院的计财人员介绍，福利院的土地使用权属于无形资产，发生时一次性记录，不进行摊销。春晖福利院的固定资产主要包括建筑、各类家具电器、医疗器械和活动器具等，由政府投资建设或购入，但是春晖福利

① 按照我国财政部 1998 年开始实施的《事业单位会计制度》（财预字〔1997〕288 号）的规定，作为差额拨款事业单位的春晖福利院不必每年计提折旧，其固定资产更新靠福利院自身的历年盈余和地方财政部门以专项经费的方式进行的补贴。2013 年开始实施的新版《事业单位会计制度》规定事业单位可以计提固定资产折旧。但相关实施细则并未公布。到 2016 年底，春晖福利院仍然不计提固定资产折旧。

院按照我国财政部《事业单位会计制度》（财预字〔1997〕288 号）规定事业单位不计提固定资产折旧，从购置到报废都按原值反映，不进行固定资产摊销。

为了分析春晖福利院的实际完全成本，我们在这里按如下方法对固定资产折旧进行简单估算：固定资产原值为 14 350 万元（政府三期总投资 1.61 亿元减 1750 万元的土地置换费用），预计净残值为 0 元，折旧年限为 15 年，折旧方法为年限平均法，则福利院每年需计提折旧约 957 万元。春晖福利院 2011 年包括固定资产折旧在内的完全成本为 2815 万元。春晖福利院 2011 年的成本结构如表 2.9 所示（张海彤，2012）。

表 2.9　春晖福利院 2011 年成本结构表（单位：万元）

成本项目	完全成本					
	运营成本（不含固定资产折旧）					固定资产折旧
	人工成本	食材成本	水电支出	维修费用	其他支出	
金额	630	528	159	123	418	957

根据成本是否包含固定资产折旧及收入是否包含政府的人工补贴两个维度，我们可以得到四种不同核算方法下的盈亏情况（表 2.10）。春晖福利院实际会计核算时依据的原则是“政府的人工补贴计入收入，成本不包含固定资产折旧”。按此原则，福利院 2011 年的盈余[①]为 552 万元。若扣除政府的人工补贴，其盈余则减少为 295 万元。如果计提固定资产折旧按完全成本计算，即使将政府的人工补贴计入当期收入，福利院也会亏损 405 万元；如果计提固定资产折旧并扣除政府的人工补贴，福利院当年的亏损会增加到 662 万元。

表 2.10　春晖福利院 2011 年四种不同核算方法下的盈亏情况（单位：万元）

项目	完全成本（计提固定资产折旧）2815	运营成本（不计提固定资产折旧）1858
收入（含人工补贴）2410	−405	552
收入（不含人工补贴）2153	−662	295

每位入住老人 2011 年平均实际享受到政府提供的人工补贴 2311 元，加上每

① 春晖福利院对盈余的分配规则是 45%用于员工福利基金，55%用于福利院发展基金。因此，2011 年员工福利基金为 248.4 万元，人均福利经费为 1.49 万元。如前所述合同制员工的平均人工成本为 3.36 万元，如果加上 1.49 万元的人均员工福利，则 143 位直接为老人提供服务的护理人员、食堂工作人员和设备维修人员的总人工成本约为 694 万元，已经超过 2011 年从入住老人处收取的 674 万元护理费。

年人均 8606 元的固定资产折旧隐性补贴，人均享受政府补贴达 10 917 元。这还不算政府低价划拨土地（29.16 万元/亩）带来的隐性租金补贴[①]（张海彤，2012）。

（四）春晖福利院的实际床位分配规则

优越的地理位置、良好的软硬件条件、大量的财政补贴，加上低廉的收费标准，使得春晖福利院的床位严重供不应求。2012 年 3 月底我们第一次调查时，共有 2600 多人在排队申请等待入住，当时排在第一位的老人是 2007 年申请入住的（当时没问是 2007 年几月申请的）。2012 年三期工程竣工，福利院增加了 589 张床位。2013 年 3 月底笔者第二次调查时，新增的 589 张床位都已经住满，当时排在第一位的老人是 2008 年申请的，但排队等待入住的人数反而从 2600 多人增加到 3000 多人。春晖福利院为我们研究"高补贴-低价格"政策下公办养老机构的实际床位分配规则提供了一个很好的机会。下面介绍我们 2012 年到 2014 年三次调查的主要结果。

1. 2012 年的试调查

张海彤和王佳丽同学于 2012 年 3 月到 5 月以志愿者身份在春晖福利院进行调查，平时帮助福利院打电话询问登记申请入住的老人是否愿意入住[②]，同时利用闲暇时间陪春晖福利院的老人聊天，在熟悉后顺便调查这些老人有没有通过"走后门"提前入住的情况。

她们一共访谈了 34 位老人，其中只有 8 人直接承认不是通过排队入住的，有 7 位老人明确否认自己通过"走后门"提前入住，其余老人往往以"当时不是自己办理"或者"忘记了"等理由没有直接回答这一问题。他们发现"走后门"情况是敏感问题，直接问老人难以获得真实情况。这次调查也"被迫"只能成为一次试调查。虽然张海彤（2012）没有直接获得调查问题的答案，但我们发现试调查中老人们都回答了其实际入住时间和入住前的等待时间，老人们对这个问题相对不敏感。

根据已入住老人的实际入住时间和入住前等待时间可以推算出该老人申请入住的时间。因为第一次调查时 2600 多位排队老人中排在第一位的老人是 2007 年申请的，如果被调查老人的申请入住时间晚于 2007 年，我们就可以判定这位老人当时是通过"走后门"入住的。我们将这种方法称为"申请入住时间比对法"。

试调查的 34 位老人中，有 4 人是 2008 年之前入住的，这 4 人中除了 2004 年 10 月底入住的王爷爷承认"走后门"入住外，其他 3 位 2004 年 10 月前入住的老人均表示申请时有空余床位，不需等待即可入住。其余 30 位老人按其推算的申

① 这一隐性补贴难以估算，2016 年末春晖福利院周边 500 米内二手普通商品房市场价格为 2.2 万～2.7 万元/米 ^{2}。
② 张海彤（2012）发现很多排队名单上的老人已经去世或者住到其他养老机构了。

请入住时间可判定均不同程度地存在“走后门”现象，他们的等待时间为 4 年到申请后马上入住不等。因此，34 位老人中虽然只有 8 位老人承认自己“走后门”提前入住，但我们通过申请入住时间和排队情况的比对，发现实际上有 31 位老人“走后门”提前入住，占比达到 91.18%。

34 位老人中，除了郝奶奶是家庭妇女[①]、陶奶奶一直在做临时工[②]以外，其余 32 位老人都是从正式工作单位退休的，其中机关退休人员 5 人（含 2 位离休干部），事业单位退休人员 9 人，国企退休人员 17 人，民企退休人员 1 人（张海彤，2012）。

34 位老人中有 21 位老人为我们提供了自己 2011 年的月养老金金额[③]，他们（含两位无退休金的老人）的平均月养老金为 2919 元，为当地 2011 年企业退休人员月平均基本养老金（1801.14 元）的 162.06%。

21 位老人中有 17 位老人提供了其所住房型和护理等级信息，根据这些信息我们可以知道其床位费和护理费标准，如果伙食费按每人每月 350 元推算[④]，17 人中只有两位老人[⑤]的月养老金不足以支付其当月床位费、护理费和伙食费三项费用，其余 15 位老人的月退休金支付三项费用后的平均余额为 1960 元；月退休金超出三项费用最多的是一位 C 市某委退休的公务员，超出余额高达 3440 元；超出余额最低的是一位住单人间的国企退休职工，其超出余额为 190 元。

34 位老人中有 21 位提供了子女的信息，平均每位老人有 2.81 个子女。只有李奶奶没有子女，她与她妹妹共住一个双人间（张海彤，2012）。

综上，2012 年的初步调查发现，34 位被调查老人中，只有 3 位 2004 年 10 月之前入住的老人没有“走后门”，其他 31 位老人都不同程度地存在“走后门”入住。32 位老人从正式工作单位退休，他们的平均养老金收入远高于当地企业退休人员平均养老金水平，只有 1 位老人没有子女供养。可见，这 34 位老人中的大部分老人并不是最需要得到政府补贴的低收入失能老人。

2. 2013 年和 2014 年的正式调查

1）调查基本情况

2012 年试调研的样本较少且调查的大部分为 2012 年入住的老人，调查内容

---

① 郝奶奶的丈夫是公务员，她随丈夫 2012 年 3 月起入住一间夫妻房，她自述等待时间为一年半。

② 陶奶奶有两儿两女，大儿子做生意，小儿子在工商局工作，两个女儿都已经退休了，子女经济状况都不错，陶奶奶在福利院的各种费用均由子女负担。

③ 未提供养老金金额的 13 位老人中，有 2 位离休干部、1 位机关退休人员、3 位事业单位退休人员、7 位国企退休人员。

④ 春晖福利院 2011 年伙食费收入 528 万元，假设 167 位职工中 32 位管理人员和维修工人每人一周平均吃 6 顿午饭，每顿午饭花费为一位老人一天伙食支出的 50%，135 位护工及食堂工作人员和老年人伙食开支相同，则 1112 位入住老人伙食月均支出 350 元。

⑤ 其中一位就是由四个子女供养的陶奶奶，另一位舒奶奶虽然月退休金为 2000 元，但选择包住一个双人间，每月付双份的床位费和护理费共 2320 元，其经济承担能力应该没问题。

也不够全面。2013 年 3 月，笔者第二次到春晖福利院调研，这次共带来 37 位调查员，每人负责访谈 5 位老人并完成访谈报告和调查问卷。我们共发放问卷 185 份，其中 130 份（占 70.27%）针对 2008 年及以后入住的老人，其余 55 份问卷针对 2008 年前入住的老人。

被调查老人从院方提供的入住老人名册中随机抽取。如果被抽中的老人因外出或身体等原因无法完成访谈，则由调查员在备选名单中寻找同一年份入住的老人。如果实在找不到同一年份入住的老人，则按方便原则由调查员自行完成替补样本的选择。

我们实际回收有效问卷 174 份，回收率为 94.05%。174 位老人中有 173 位回答了入住年份，其中 2008 年及以后入住老人占比为 69.55%。我们获得的一份春晖福利院 2012 年 3 月底全院入住老人名册显示 2008 年及以后入住老人的占比为 70.33%，说明我们调查样本的入住年份结构与总体的入住年份结构非常接近。

2）2013 年 3 月被调查老人的基本情况

174 位被调查老人均回答了年龄、子女数和产权属于自己或老伴的房产套数等问题（表 2.11）。他们的平均年龄为 83.02 岁（2012 年 3 月在册老人的平均年龄为 83.128 岁），人均子女数为 2.6 人，有 6 位老人没有子女。

表 2.11　2013 年 3 月被调查老人的基本情况

项目	有效样本	均值	最小值	最大值	标准差
年龄/岁	174	83.02	59	97	6.161
子女数/人	174	2.60	0	9	1.438
养老金/（元/月）	153	3 165.69	0	9 500	1 532.890
产权属于自己/老伴的房产套数/套	174	1.01	0	5	0.608
产权属于自己/老伴房产的房价/万元	140	120.95	16	334	65.320
产权属于自己/老伴的房产市场租金/（元/月）	102	2 358.31	200	15 000	1 676.985

174 位老人人均拥有 1.01 套产权属于自己或老伴的房产，有 20 位老人目前没有自有产权的房产。楼华好（2013）通过对同一案例的研究发现，相当部分入住春晖福利院的老人通过出售、出租或者赠予子女等方式对其房产做了另一种形式的“以房养老”处置。

174 人中有 153 人[①]回答了月养老金金额问题，他们的月养老金均值为 3165.69

① 未回答养老金金额的 21 位老人中，有 3 人为国家机关退休人员，11 人为事业单位退休人员，4 人为企业退休人员，其余 3 人未回答原工作单位。所以 174 人的实际平均退休金很可能会比 3165.69 元更高。

元，为当地 2012 年企业退休人员平均养老金（2046.17 元）的 154.71%。

174 人中有 140 位老人回答了其房产当时的市价，房产市价均值为 120.95 万元。其中 102 位老人还回答了其房产位置、面积和房龄等信息，我们根据这些信息在淘宝房产网等房产网站上搜索了同一地段且房龄面积类似房产的月租金，估算得到这 102 位老人所持房产当时的市场月平均租金为 2358.31 元。

174 人中有 169 位老人回答了其退休前单位和养老保险类型问题。其中原工作单位为国家机关、事业单位和企业的老人分别占 10.06%、31.95%和 57.99%[①]。169 位老人中有 29.59%的老人领取机关事业单位离退休金，65.68%的老人领取职工基本养老保险养老金，有 4.73%的老人领取城乡居民基本养老保险养老金（表 2.12）。2013 年 3 月被调查老人中领取机关事业单位离退休金的老人占比显著高于浙江省的平均水平[②]。

表 2.12　2013 年 3 月被调查老人的工作单位、养老金类型和房价类型

分类变量项目		人数/人	占比
退休前单位 *N*=169	国家机关	17	10.06%
	事业单位	54	31.95%
	企业	98	57.99%
养老金种类 *N*=169	机关事业单位离退休养老金	50	29.59%
	职工基本养老保险养老金	111	65.68%
	城乡居民基本养老保险养老金	8	4.73%
房间类型 *N*=100	单人间	18	18.00%
	双人间（两人住）	43	43.00%
	套间	8	8.00%
	双人间（包房）	31	31.00%

有 100 位老人回答了其居住房间的类型，住套间、单人间或包住双人间的老人占 57%。根据其房间类型、护理等级和估算的 350 元/月的伙食费，我们推算了其三项入住费用，并与养老金和房产租金两项收入之和进行了比较（表 2.13）。

① 我们根据 2012 年 3 月 1112 位入住老人和 1436 位已离院老人名册，发现记录了原工作单位的 1774 位老人中，原工作单位为机关和事业单位的老人分别为 165 人和 353 人，各占 9.30%和 19.90%，两者共占 29.20%。

② 可供对比参考的是，在浙江省 2010 年老年人口生活状况调查随机抽样的 1435 名浙江省城镇老人中，领取机关事业单位离退休金、职工基本养老保险养老金和城乡居民基本养老保险养老金的老人分别占 17.98%、57.70%和 17.91%（王先益等，2013）。

表 2.13　2013 年 89 位被调查老人养老金与房租收入与三项入住费用的比较

项目	人数/人	余额均值/元	最小值/元	最大值/元
养老金≥床位费+护理费+伙食费	77	1381.3	80	6780
养老金＜床位费+护理费+伙食费	12	−817.5	−1810	−220
养老金+房产市场租金≥床位费+护理费+伙食费	81	2546.3	80	6780
养老金+房产市场租金＜床位费+护理费+伙食费	8	−930.0	−1810	−440

89 位老人养老金均值为 3137.64 元/月，其中 77 人（占 86.52%）的养老金足以支付自己的三项费用，支付后余额均值为 1381.3 元；有 12 人不足以支付，缺口金额均值为 817.5 元。如果收入项包括养老金和房产市场租金两项，上述 89 位老人月收入均值为 4349.34 元，有 81 人可以支付三项费用，占 91.01%，支付后余额均值为 2546.3 元，其余 8 人不足以支付（这 8 人均有子女，且子女数均值为 3.4 人）。

综上，2013 年调查的老人中从国家机关或事业单位退休的人员占比高于普通人群，他们的平均养老金远远超过当地职工基本养老保险平均养老金水平；相当部分的被调查老人拥有价值不菲的自有产权房产，这些房子可给他们带来可观的租金收入。绝大多数老人用养老金收入和租金收入来支付其入住费用绰绰有余。

3）如何入住春晖福利院：排队还是“走后门”

我们 2013 年的问卷中有 4 个与排队有关的问题。

问题 1：您是否严格按照排队规则入住本福利院？

问题 2：您什么时候申请入住本福利院？

问题 3：您申请后等待了多久才入住本福利院？

问题 4：您什么时候入住本福利院？

我们判断老人存在“走后门”提前入住的比对规则是符合如下两条之一者：①老人直接承认未严格排队入住；②老人回答的申请时间或我们根据其入住时间和等待时间推算的申请时间晚于 2008 年。

2013 年的 174 份有效问卷中有回答了问题 1 是否排队和问题 2 申请时间，以及问题 3 等待时间和问题 4 入住时间等排队相关问题的有效问卷 144 份。这 144 位老人中有 47 位是 2008 年之前入住的老人，其中有 4 人直接承认了“走后门”，其余 43 位老人否认或未回答是否“走后门”问题[①]，我们也无法用申请时间推断其是否“走后门”提前入住。我们分析的重点是其余 97 位（占 67.36%）2008 年

① 根据对春晖福利院工作人员和入住老人的访谈，大家认定 2007 年开始出现排队现象。但可惜的是我们之前试调查时没有问当时排第一位的是 2007 年几月份申请入住的，所以无法将申请时间/推定申请时间在 2007 年的老人做进一步的区分。2014 年 3 月我们进行第三次调查时，在前台还发现正在办理入住手续的老人，她告诉我们她是 2007 年第四季度申请入住的（月份记不清了）。所以我们以 2008 年作为比对时点得到的“走后门”信息是最低水平估计。

及之后入住的老人。

这97位老人中直接明确表示未排队的有37人，回答排队入住的有21人，未回答是否排队的有39人。后两类未直接承认“走后门”的60位老人中，有30位回答了申请时间，其中9位申请时间在2008年以前，无法判断其是否“走后门”；其余21位申请时间在2008年以后，因此可以判断他们都是通过“走后门”提前入住的。

30位没有回答申请时间的老人都回答了入住时间和等待时间，其中4位老人的申请时间在2008年之前，难以判断其是否排队；其余26位老人的申请时间在2008年之后，可以判断他们都是通过“走后门”提前入住的。

174人中共有140人回答了等待时间，其平均等待时间约为13.97个月，最长等待时间为96个月，最短等待时间为0个月，即申请后马上入住。

综上所述，在我们2013年3月调查的97位2008年之后入住春晖福利院的老人中，有37位老人直接承认“走后门”提前入住，有17位老人根据其回答的申请时间可以判断其通过“走后门”提前入住，有24位老人可以根据其回答的入住时间和等待时间推算其申请时间，进而判断其通过“走后门”提前入住。所以至少有78位老人通过“走后门”提前入住，占97位老人的80.41%。如果以排队相关问题有效问卷数144份为基数，则至少有82位老人通过“走后门”提前入住，占56.94%（表2.14）。

表2.14　144位回答排队相关问题老人是否排队的判断结果

相关问题		2013年	2012年	2011年	2010年	2009年	2008年	2008年前合计	2008年后合计	合计
平均等待时间/月		26.5	23.5	23.4	30.5	19.5	1.1	1.1	21.35	13.97
排队问题有效问卷数/人		8	39	17	15	9	9	47	97	144
是否排队	承认未排队人数/人	4	15	8	4	3	3	4	37	41
	回答排队人数/人	1	9	2	7	0	2	21	21	42
	未回答人数/人	3	15	7	4	6	4	22	39	61
申请时间	回答人数/人	1	11	4	8	4	2	19	30	49
	判断未排队人数/人	0	6	4	2	3	2	0	17	17
	未回答人数/人	3	13	5	3	2	4	24	30	54
等待/入住时间	回答人数/人	3	13	5	3	2	4	24	30	54
	判断未排队人数/人	2	11	4	2	1	4	0	24	24
判断结果	未排队人数/人	6	32	16	8	7	9	4	78	82
	未排队者占比	75.00%	82.05%	94.12%	53.33%	77.78%	100%	8.51%	80.41%	56.94%

2014 年 3 月我们又进行了第三次调查。2014 年调查问卷的内容与 2013 年问卷基本一样，但 2014 年的问卷全部针对 2008 年及以后入住的老人，并保证不和 2012 年已调查的老人重复。38 位调查员共发放问卷 176 份，回收问卷 150 份，回收率 85.23%。

王佳丽（2014）将 2013 年[1]和 2014 年两次调查的数据合并后获得 2007 年以后入住的可分析其入住方式的老人数据共 253 份。她发现其中有 108 位老人直接承认自己是“走后门”提前入住的；在未直接承认“走后门”提前入住的 145 位老人中，至少有 82 位老人可通过“申请入住时间比对法”及辅助信息判定其为“走后门”提前入住。所以在 253 位 2007 年后入住春晖福利院的老人中，至少有 190 位老人不同程度地“走后门”提前入住，占 253 位 2007 年以后入住老人的 75.10%。

如果我们把 2012 年试调查数据的 27 位[2]2007 年以后入住老人的数据也合并进来，2012 年到 2014 年的三次调查我们一共得到排队相关问题有效数据 280 份，按照“申请入住时间比对法”，我们发现至少有 217 位老人不同程度地通过“走后门”提前入住，占 280 位 2007 年后入住老人的 77.50%。

4）“走后门”入住老人和排队入住老人对比情况

王佳丽（2014）用 2013 年和 2014 年的调查数据对比了 253 位 2007 年后入住的“走后门”入住老人和排队老人的平均等待时间，发现从 2007 年到 2014 年两类老人的平均等待时间基本呈增加趋势，但排队入住老人的平均等待时间大大高于“走后门”入住老人的平均等待时间，且两者的等待时间差距日益扩大（图 2.1）。

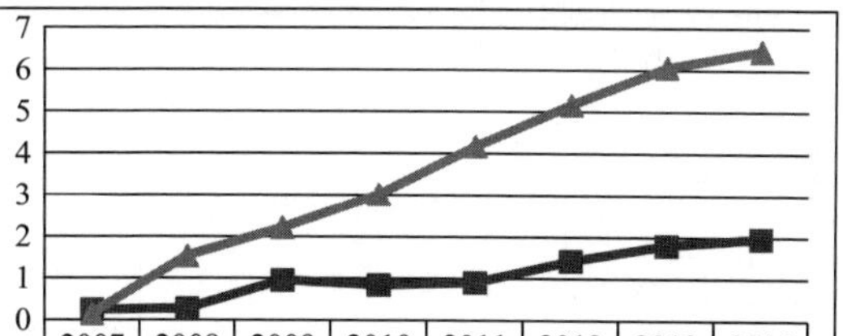

	2007	2008	2009	2010	2011	2012	2013	2014
“走后门”入住老人平均等待时间/年	0.25	0.28	0.96	0.85	0.91	1.43	1.8	1.97
排队入住老人平均等待时间/年	0.15	1.54	2.22	3.02	4.17	5.17	6.06	6.46

图 2.1　2007～2014 年“走后门”入住老人与排队入住老人的平均等待时间

[1] 王佳丽（2014）将 2013 年的 174 份数据中去除了 2007 年之前入住春晖福利院的老人样本，因为无法分析他们是否存在“走后门”问题，她留下的 2013 年有效样本为 139 份。另外，王佳丽在判断部分 2007 年底入住的老人是否存在“走后门”提前入住时，还利用了福利院工作人员提供的辅助信息。

[2] 2012 年调查的 34 位老人中有 5 位在 2013 年也被抽中，去除这 5 份样本后，2012 年的有效合并数据为 29 份。其中有 2 位老人在 2004 年入住。其中一位 2004 年 10 月入住的老人直接承认了“走后门”，另一位 2004 年 9 月入住的老人表示当时有空床位可即刻入住。其余 27 位 2007 年后入住的老人按“申请入住时间比对法”均可判定其为“走后门”提前入住的。

5）包房入住老人的基本情况

我们发现在数千人排队等待入住春晖福利院的同时，不仅存在“走后门”提前入住的情况，而且有的老人会“包房”入住，甚至有的老人包房后还自雇保姆。

包房的老人需要支付房间内所有床位的费用及自己的一份护理费。春晖福利院刚开业时大量床位空置，当时如果有老人提出要包房，福利院会乐见其成。另一种常见的包房情况是原来夫妻双方合住一个双人间，其中一方去世后另一方不愿意与他人合住而要求包房，在床位不紧张的情况下春晖福利院通常也会答应其要求。但是，我们也发现在大量老人排队等待入住的情况下，还有不少老人通过“走后门”包房入住。按照前文的分析，一个 2011 年包住标准间的老人实际上享受了两份固定资产折旧隐性补贴共 17 212 元，加上一份人工补贴 2311 元，即使不算隐性租金补贴，其 2011 年也实际享受了 19 523 元的政府补贴。

笔者从春晖福利院获得了一份 2012 年 3 月底入住老人的完整名册。名册上记录了 1112 位入住老人的房型、护理等级、入住时间、原工作单位、是否自雇保姆入住等信息。1112 人中共有 48 位老人住套间，160 位老人包住一个双人间或三人间，合计 208 人，占 1112 人的 18.71%。表 2.15（王佳丽，2014）列出了 208 位包房和住套间老人的入住时间。可以看到，2007 年开始出现排队后每年还是有不少人包房，仅在三期工程完工后开始入住的 2012 年 1 月到 3 月就有 37 人包房入住，而 2012 年 3 月在排队等待入住的有 2600 多人。名册数据显示有 55 位老人不仅包房，还自雇保姆照顾起居。

表 2.15　208 位包房和住套间老人的入住时间

项目	2006 年前	2006 年	2007 年	2008 年	2009 年	2010 年	2011 年	2012 年	总计
包房/住套间人数/人	51	29	22	15	16	21	17	37	208

名册数据还显示，在 208 位包房和住套间的老人中，只有 4 位老人是特级护理区的失能老人，其中的 1 位为特一级，3 位为特三级，其余老人都是照护等级为一级到三级的普通自理老人（王佳丽，2014）。

三、案例小结

春晖福利院由政府全额投资，地段优越，环境优美，配套齐全，服务规范。政府不仅投入了低价划拨的土地、高标准的建筑和设备设施等资源，而且每年还补贴其人工成本，此外还会不定期地提供基建专项补贴以更新其固定资产。

春晖福利院的收费标准受到政府价格管理部门的严格管制，调整幅度大大滞后于当地社会平均工资涨幅。春晖福利院的收费标准并不算很低，其营业收入补偿其营业成本而有余，但是如果计提固定资产折旧的话就会产生亏损，如果扣除政府人工补贴，则其亏损额进一步扩大，远远没有达到完全成本定价的水平。

"高补贴-低价格"政策下的春晖福利院提供的养老服务可谓物美价廉。但我们的个案研究却表明，"高补贴-低价格"政策下数千名老人宁愿长期排队等候也不愿马上入住价格相对较高的民办养老机构，在对春晖福利院床位的激烈竞争中出现了"走后门"提前入住的现象。在春晖福利院2007年后入住的被调查老人中，至少有 77.5%的老人不同程度地通过"走后门"提前入住。部分老人甚至在大量老人排队等待入住的情况下，包间提前入住，这些老人大部分都是自理老人。入住老人的经济条件和社会地位远高于社会平均水平。最需要得到政府保障的低收入失能老人反而在竞争中更容易被排斥在外。显然春晖福利院宝贵的公共养老资源没有得到公平合理的配置。

公办养老机构现行的"高补贴-低价格"政策也挤占了民办养老机构的市场。民办养老机构受公办养老机构低收费标准的制约难以提价，影响了民办养老服务供给的增加。此外，公办养老机构的收费标准调整不够灵活，动态调整机制缺失。在社会平均工资日益增长的背景下，如果不能非常灵活地及时调整服务收费标准，老年护理人员以四五十岁非专业人员为主的现状就难以改变，保证和提高养老服务质量也就无从谈起。现行的价格管理只能管住养老服务的名义价格，却无法保证其服务质量，从而导致其质量下降而实际价格上涨（张海彤，2012；张翔和王佳丽，2015）。

本书对春晖福利院的调查虽然只是一个个案研究，但我们调查所反映的问题在同处于"高补贴-低价格"政策下的公办养老机构中可能都不同程度地存在。现行的公办养老机构"高补贴-低价格"政策并不能保证公办养老机构的公益性，反而容易产生诸多弊端。因此，有必要对其进行深入反思和切实改进。

笔者主张用对低收入失能老人的需方补贴代替对养老机构的供方补贴，由低收入失能老人自行选择购买居家养老服务或机构养老服务。这样公办和民办养老服务提供机构就可以按为低收入失能老人提供的服务量平等地竞争获得政府的补贴（张荣燕，2011；杨一心和张翔，2013a，2013b）。在用需方补贴代替供方补贴的同时，公办养老机构应分步实行运营成本定价和完全成本定价（张翔和王佳丽，2015），最终实现以"需方补贴-成本定价"政策取代"高补贴-低价格"政策，重新定义公办养老机构服务的公益性。

案例三　民办养老机构床位补贴的意外效果：时代养老院案例①

一、案例背景

很长一段时期，我国的养老机构主要是公办的社会福利院和敬老院。近年来，随着老龄化进程的加速，各级政府开始意识到支持社会力量兴办民办养老机构的必要性和紧迫性，一系列支持民办养老机构发展的政策陆续出台。

2000 年 2 月 27 日，国务院办公厅转发民政部等部门《关于加快实现社会福利社会化意见的通知》（国办发〔2000〕19 号）提出：“各级政府应根据经济和社会发展的需要，逐年增加对社会福利事业的投入，重点用在一些基础性、示范性社会福利机构的建设上，同时采取民办公助的办法，将一部分资金用于鼓励、支持和资助各种社会力量兴办社会福利机构……”

2005 年 11 月 16 日，民政部在《关于支持社会力量兴办社会福利机构的意见》（民发〔2005〕170 号）中提出：“各地要采取多种形式，打破所有制界限，加大对社会办福利机构的资金投入，充分调动社会力量参与社会福利事业的积极性，同时，要广开渠道，充分利用彩票公益金、慈善资金和社会捐赠资金发展社会办福利机构。有条件的地方要积极争取财政支持并加大彩票公益金投入力度，扶持社会办福利机构的发展。对于处在建设阶段的社会办福利机构，可以按照规模、投资额等，给予相应的资助；对于正式开业的社会办福利机构，可以按床位数和实际收养人数给予一定的运营补贴，也可以在社会办福利机构内安置城市‘三无’对象、农村五保对象、低保对象和生活困难的老年人、残疾人、孤儿和弃婴，并按当地标准支付其生活、照料服务等费用。”

2006 年 5 月 23 日，浙江省人民政府办公厅颁发《关于促进养老服务业发展的通知》（浙政办发〔2006〕84 号），提出：“加大财政对养老服务业的投入。各级政府要将养老服务业纳入当地经济和社会发展规划，加大对养老服务事业投入，在继续安排好养老机构建设资金的同时，根据需要适当安排一部分资金用于养老机构补助、购买服务和贷款贴息。”但这个文件尚未提出具体的补贴政策。

2008 年 11 月 14 日，浙江省政府出台《关于加快推进养老服务体系建设的意见》（浙政发〔2008〕72 号），第一次明确提出省财政对民办养老机构的具体补贴政策，“加大扶持力度，大力推进民办养老服务机构发展。通过建设资金补贴、公建民营、税费优惠、政府购买服务等优惠扶持措施，促进非营利性民办养老服务机构的发展。到 2012 年，全省非营利性民办养老服务机构床位数占全部床位数的比重力争达到 50%。积极扶持鼓励社会兴办养老服务企业，培育多种服务方式

---

① 本案例选自张翔和林腾发表于《社会保障研究》（武汉）2012 年第 4 期的《补“砖头”、补“床头”还是补“人头”——基于浙江省某县养老机构的个案调查》。

和不同收费水平的服务行业供给主体，满足不同层次、不同类型的养老服务需求……加快发展民办养老服务机构。加大对民办养老服务机构的财政补助力度。用房自建的非营利性民办养老服务机构，床位数达到50张（含）以上、取得《社会养老服务机构设置批准书》和《民办非企业单位》证书并投入使用后，由省财政按照核定的床位数给予每个床位3000元补助。租用用房且租期5年（含）以上的非营利性民办养老服务机构，床位数达到50张（含）以上，由省财政按照核定的床位数分5年给予每个床位每年500元补助。床位数在50张以内和已建成投入使用的非营利性民办养老服务机构，是否给予补助及具体补助办法、标准，由所在县（市、区）政府确定”。

2009年3月27日，为贯彻落实《浙江省人民政府关于加快推进养老服务体系建设的意见》（浙政发〔2008〕72号）精神，浙江省财政厅和民政厅联合颁布《浙江省民办养老服务机构省级专项补助资金使用管理办法》（浙财社字〔2009〕50号），明确了“民办养老服务机构省级专项补助资金，是指从省级财政预算和省级福利彩票公益金中安排，用于我省民办养老服务机构新增床位补助的专项资金”。2008年及以后年度，一次性新增床位数达到50张以上（含，下同），取得《社会养老服务机构设置批准书》和《民办非企业单位证书》，并投入使用的非营利性民办养老服务机构，按核定的新增床位数，一次性给予每个床位3000元的补助。2008年及以后年度，租用场地新增床位数达到50张以上，且租用期5年以上，并取得《社会养老服务机构设置批准书》和《民办非企业单位证书》的非营利性民办养老服务机构，按核定的新增租用床位数，每年给予每个床位500元的补助，补助时间最长不超过五年。“新增床位补助主要用于改、扩、新建民办养老服务机构所需费用支出。租用场地新增床位补助主要用于补助民办养老服务机构租赁养老服务用房所需费用支出。”

那么，浙江省2008年的床位补贴政策对民办养老机构的发展产生了什么样的影响？按床位数发放建设补贴和租赁补贴存在哪些问题？如何进一步完善养老机构补贴政策以更好地促进养老机构的发展？这是下面时代养老院案例所关心的主要问题。

时代养老院是浙江省A县一家典型的落实浙江省2008年民办养老机构床位补贴政策而新建的民办养老机构。我们试图通过对时代养老院的个案调查，对浙江省2008年的民办养老机构床位补贴政策的实施效果进行分析，并提出进一步完善补贴政策的建议。

二、时代养老院案例

为了了解浙江省2008年民办养老机构床位补贴政策的实施效果，笔者调查了一家典型的因受到床位补贴政策激励而新创办的民办养老机构——时代养老院。该民办养老机构负责人张明明多次接受访谈介绍他的创办经历。

时代养老院负责人张明明20世纪90年代曾担任其所在村的党支部书记，因工作关系，张明明与其所在镇的民政助理员有工作联系。他于2009年9月中旬获悉了浙江省民政厅颁布的《浙江省民办养老服务机构省级专项补助资金使用管理办法》等相关政策。

张明明告诉笔者，在刚得到消息的时候，他简直不敢相信政府会出台这么大力度的民办养老机构补助政策。在确认该消息无误之后，张明明认为这是一个稍纵即逝的机会，“因为每个地区政府审批的养老机构床位总数肯定是有限的，如果被别人抢了先机，以后就很难再有这样的机会了”。张明明认为自己曾担任村党支部书记，和该镇其他村干部有一定的联系，在招收老人方面会有一定的便利，而自己和亲戚宅基地上的几幢私人房屋也处于闲置状态。“退一万步讲，就算自己办不下去，转手给别人，算上拿到的补贴，也不会亏到哪里去。”这就是张明明创办时代养老院想法的由来。

张明明马上着手开办时代养老院。张明明和亲戚的个人投入包括个人及亲戚宅基地上的私人房屋及约40万元的资金（主要是张明明的个人积蓄）。该养老院用地全部为个人的宅基地，总占地5000平方米，建筑面积约2000平方米，包括一层楼住宅两幢，三层楼住宅四幢（其中两幢一层住宅、两幢三层住宅分别属于张明明的哥哥和父亲），共58个房间，140个床位，另外还有水房、厨房等临时建筑若干间。为开办养老机构，张明明在原有建筑的基础上作了一定的改建和装修。时代养老院的硬件条件比较简陋，房间内没有配备单独的卫生间，娱乐健身设施也相对缺乏。

2009年12月时代养老院初步建成，张明明随即申请并获得了政府的床位补贴。政府按照每张床位3000元人民币的标准，给予其140张床位的补贴，分两次发放，共42万元。第一笔补贴28.2万元在政府实地考察合格并批准该机构成立时发放，第二次补贴13.8万元于该机构成立半年之后发放。张明明告诉林腾，所有补贴都用于房屋装修、购买家具等，没有结余。

当地民政局还给养老院捐赠了电视机、录音机、磁带、书籍、衣被、奶粉、大米等实物，折合人民币约1万元。此外，时代养老院还收到当地几家民营企业的奶粉、粮油等捐赠物资，折合人民币约5000元。到2011年9月底，时代养老院收到政府有关部门和社会各界的补贴与捐赠共计人民币43.5万元。

时代养老院设院长一名，即张明明本人，负责养老院日常运转，招收老人入住，兼任出纳，月工资700元；食堂工作人员一名，负责做饭、洗碗等杂务，月工资700元；兼职会计一名，负责每月做账，月工资200元。此外在农忙或服务人员请假时需要雇用零工帮忙，工资每天50元，平均一个月需要请6次零工。

截至2011年9月底，时代养老院入住的老年人共22位，其中五保老人16位，健康自费老人3位，瘫痪自费老人3位。

16位五保老人均为本镇老人，其入住费用由当地政府向该机构全额支付，按季度发放，供养标准为每人每年 5596 元，其中包括生活医疗费用 4276 元，工作服务费用 1080 元，设备维持费用 240 元。另外每年会发放少量实物补助，如衣被、粮油、洗衣粉等。五保老人有小病小痛的普通医疗需求就电话联系镇卫生院的医生出诊，费用由养老院支付，如病情严重需要住院治疗，费用由政府报销。调查时五保老人的医药费开支较少，平均每月全院的医药费支出约 500 元（含药费）。普通老人生病时养老院会帮助联系医院，医疗费用由老人或其家属承担。

入住的自费老人家庭条件都不是很好，健康自费老人的收费为每人每月 400 元，其中包括床位费、伙食费及水电费，时代养老院暂不提供洗衣服或送饭等服务。瘫痪自费老人的收费也是每月 400 元，时代养老院暂不提供专业护理服务，照顾瘫痪老人的两位护工由三位瘫痪老人自行合资雇用，护工与老人同吃住，养老院收护工每人每月 400 元的伙食床位费。

入住的五保老人基本上是一些刚申请的新五保老人。很多附近村镇的老人原来虽然符合五保标准，但因为当地没有敬老院，无法集中供养，他们就没有申请。当他们看到时代养老院开办后五保老人能享受较好的养老服务，就去申请成为五保老人，然后入住了时代养老院。

三名自费老人也都来自普通的农村家庭，只有入住的瘫痪老人家庭条件相对较好一点（至少有能力自费雇用护理人员），但因为该地的公办养老机构不愿意接收瘫痪老人，长期排队无果后被迫选择民办养老机构。

时代养老院每月的营业收入包括 6 位自费老人和 2 位看护缴纳的费用 3200 元及政府对 16 位入住五保老人的补贴 7461 元，共约 10 661 元。此外偶尔还会收到一些企业的少量实物捐赠，由于部分捐赠物品不实用，捐赠也不稳定，其价值此处忽略不计。

笔者根据时代养老院一年多来的账目对其营业支出情况做了大致的估计（表 2.16）：工作人员工资每月 1900 元；电费每月 300 元，用水为地下水，不需要水费；米、菜、油盐食料等伙食费每月 4000 元（养老院种部分青菜）；五保老人医药费每月约 500 元；招待费每月 500 元；另外过年过节的红包或其他突发状况产生额外开支（如 2010 年冬天连降大雪温度较低，养老院为每位老人提供热水袋等保暖工具）平摊到每月约为 200 元。

表 2.16　时代养老院每月支出情况

支出项目	工资	电费	伙食费	医药费	招待费	其他	总计
金额/元	1900	300	4000	500	500	200	7400

综合以上营业收支情况，时代养老院每月有 3261 元左右的盈余。但如果成本计入固定资产折旧的话，结果就大为不同。时代养老院的土地属于农村宅基地，

土地使用权转让难以估价，故在本案例中不予考虑。

房屋、设备设施等其他固定资产总价值约为 140 万元（5 幢房屋的历史造价和改建费用约 110 万元，购置家具、电器、棉被等共花费约 30 万元），如果按 15 年进行折旧摊销，平均每年的折旧费为 93 333 元，每月折旧费为 7778 元。可见，若全额算上固定资产折旧，时代养老院每月净亏损 4517 元。

当然这些房屋本已建好并闲置，机会成本较低，如果固定资产折旧只考虑实际投入的 82 万元（含政府补贴）的话，那么每月折旧 4556 元，每月亏损 1295 元。如果只考虑张明明本人投入的 40 万元，则每月折旧 2222 元，每月能实现盈利 1039 元的微利（略高于 2009 年末 40 万元的一年期定期存款利息 1000 元）。

三、案例小结

从时代养老院的案例我们可以发现，浙江省 2008 年推出的民办养老机构床位补贴政策的确提高了民间资本投资创办养老机构的热情，大大增加了民办养老机构的床位数。正如时代养老院负责人张明明所言：“如果不是有床位补贴政策，我根本不会想到利用闲置的农房兴办养老机构。”

床位补贴政策大大降低了民办养老机构的投资门槛，降低了创办初期的经营风险。业内人士告诉笔者，养老院的入住人数一般会呈现“前低后高，不断加速”的趋势。在开业的头几年，入住人数少，但固定资产折旧等许多固定支出无法削减，所以头几年（通常是三年）会有很大的概率陷入经营亏损状态。

以时代养老院为例，如果没有政府 42 万元的建设补贴，张明明就需要投入 82 万元，以其开业两年多以后的入住率情况看，时代养老院每月还亏损 1295 元。按照其成本结构，每增加一位普通自费老年人入住，时代养老院需要额外增加劳动力成本（1900/24）79.17 元，电费（300/24）12.50 元，伙食费（4000/24）166.67 元，招待费（500/24）20.83 元，其他支出（200/24）8.33 元，合计每增加一位普通自费老年人入住，时代养老院需要增加变动成本 287.50 元。同时每位普通自费老年人入住会给时代养老院每月增加收入 400 元。

据此计算可知，时代养老院在当时 24 人入住的基础上，再额外招收 12 位普通自费老年人入住，即可弥补每月 1295 元的亏空，实现扭亏为盈。在有了政府 42 万元的建设补贴后，时代养老院虽然只有 24 人入住，仍然可以每月实现盈利 1039 元。

时代养老院虽然条件较为简陋，但的确为那些原先因为当地没有集中供养机构而放弃五保户资格申请的困难老人提供了集中供养的场所。这些新申请的五保老人说明时代养老院的出现的确增加了他们享受机构养老服务的机会。

但是，我们应该看到浙江省 2008 年出台的民办养老机构床位补贴政策存在一些明显的弊端。

首先，只看床位数不管建设标准的床位定额补贴政策，至少诱导了部分新建民办养老机构盲目增设低建设标准的床位，导致床位空置率较高。因为政府给的补贴是按照床位数计算，有些民办机构在条件允许的情况下会尽可能多地设置床位。张明明告诉笔者，如果不是实行按床位发建设补贴的话，他即使投资办养老机构，也未必会办这么多张床位的养老机构。

时代养老院开办两年多，140 张床位仅入住 24 人（含 2 位看护人员），入住率仅为 17.14%。笔者认为主要有两方面的原因：一是时代养老院地处农村，装修和设施较为简陋，对城镇老年人没有吸引力，而农村老年人本来入住养老机构的意愿就相对较低；二是与床位补贴政策有关，按床位数发放补贴的政策刺激了民间投资者在条件允许的情况下尽量多设床位，在土地和房屋问题较为容易解决的农村地区尤其如此。

在政府按床位数发放定额补贴的政策下，单床位建设标准高的民办养老机构，其盈亏平衡点也更高。换言之，简单地按床位数而不考虑单床位建设标准的床位定额补贴政策更加鼓励投资建设低标准的民办养老机构。单床位投资仅 5857 元的时代养老院就是其中的一个典型代表。

其次，由于入住率不高，部分民办机构的经营者继续经营的激励不足，而且不少经营者对民非性质养老机构的退出政策障碍认识不足。时代养老院的负责人原本对办养老机构并不感兴趣，真正吸引他的是床位补贴。

张明明也意识到退出障碍问题："如果哪一天不办了，不可能就直接关门请老人离开，在收养了许多五保老人的情况下尤其如此。"但他也认为："退一万步讲，就算自己办不下去，转手给别人，算上拿到的几十万补贴，也不会亏到哪里去。"

张明明显然没有意识到他如果停办或转让养老院会面临的潜在法律纠纷。按照现行的法律规定①，时代养老院作为一家民办非企业单位，张明明投入时代养老

① 1998 年 10 月 25 日国务院颁布实施的《民办非企业单位登记管理暂行条例》规定："民办非企业单位不得从事营利性经营活动……民办非企业单位的资产来源必须合法，任何单位和个人不得侵占、私分或者挪用民办非企业单位的资产。民办非企业单位开展章程规定的活动，按照国家有关规定取得的合法收入，必须用于章程规定的业务活动。民办非企业单位接受捐赠、资助，必须符合章程规定的宗旨和业务范围，必须根据与捐赠人、资助人约定的期限、方式和合法用途使用……"2004 年 4 月 22 日浙江省政府发布并自 2004 年 7 月 1 日起施行的《浙江省民办非企业单位管理暂行办法》进一步细化了相关规定："本办法所称民办非企业单位，是指企业事业单位、社会团体和其他社会力量以及公民个人利用非国有资产举办的，从事非营利性社会服务活动的社会组织。本办法所称非营利性社会组织，是指提供公益性社会服务，不以营利为目的，且盈余不在举办者及成员中分配的社会实体。""举办者投入民办非企业单位的资产、民办非企业单位接受捐赠资助的资产、民办非企业单位的收益和积累资金属于民办非企业单位所有，由民办非企业单位用于章程规定的事业，不得在出资人中分红。任何单位和个人对民办非企业单位投入和捐赠资助的资产不得抽回。民办非企业单位存续期间，所有资产由民办非企业单位依法管理和使用，任何单位和个人不得侵占。民办非企业单位不得为任何单位和个人提供担保。""民办非企业单位申请注销登记的，应当于办理注销登记前，在业务主管单位和其他有关机关的指导下，成立清算组织，按照清算程序完成清算工作。清算期间，民办非企业单位不得开展清算以外的活动。民办非企业单位的剩余财产按照章程规定用于资助非营利性公益组织，任何单位和个人不得侵占、私分、挪用。剩余财产的处理，应当接受业务主管单位、登记管理机关和其他有关机关的监督。"

院的所有资金、物资包括他和亲戚宅基地上面的私人农房等资产，都属于民办非企业单位的财产。如果不再继续经营，他作为时代养老院的创办者，也没有资格和权利取回其投入时代养老院的资金、财物和房产，他也不能通过转让经营权来实现退出，时代养老院的剩余财产只能按照章程规定，在业务主管单位、登记管理机关和其他有关机关的监督下，由主管部门（民政部门）负责清算等后续工作，用于资助同类非营利性公益组织。

如果当初张明明对相关法律法规有所了解，让农房的所有者和时代养老院签订一个房屋租赁协议，则相关的房产就不属于举办者投入养老院的财产，就可以避免农房归属的可能法律纠纷。但张明明之前已经按照自建房屋的补贴标准领取了每张床位 3000 元的补贴，显然张明明等的私人农房是他们投入时代养老院的财产，而不是作为农房所有者租赁给时代养老院。当然，这不完全是床位补贴政策不合理带来的问题，但的确是类似于时代养老院这样的新建农村民非性质养老机构退出养老服务业时可能会面临的一个潜在问题。

最后，政府对两类机构的补贴差距依然悬殊，对民办养老机构的补贴门槛要求过高。公办机构从建设到运营一直得到政府财政的大力支持，而民办机构只在成立初期接受政府的一次性建设补贴，水电费优惠等运营补贴往往难以落实。从补贴额度看，案例一庆春福利院仅固定资产投资额就达到平均每张床位 43 103 元，这还不算之后运营期间每年每床位 3448 元的运营补贴，2069 元的人工成本隐性补贴；而民办养老机构的补贴只有每张床位一次性的 3000 元建设补贴或连续五年每年 500 元最多 2500 元的租金补贴。

此外，浙江省 2008 年的民办养老机构补贴政策针对的民办养老机构有三个限制条件，必须满足才能申请补贴：①必须是 2008 年之后一次性新增的床位；②不管是自建还是租赁场地，新增床位必须要达到 50 张（含）以上；③必须是民非性质的养老机构。

上述规定把 2008 年之前已经建好，甚至运营多年的民办养老机构排除在补贴范围之外，这对许多已经营多年，为政府分担了许多养老服务供给责任的民办养老机构而言是不公平的。上述规定把许多床位数不到 50 张的小型民办养老机构排除在外，但在浙江很多农村地区因为居住分散，可能二三十张床位甚至更少也会有规模效应，如嵊州的家庭养老院模式（董红亚，2010），这些农村家庭式养老机构能为解决农村养老服务问题作出巨大的贡献，却得不到补贴。上述规定也把许多工商登记的公司制民办养老机构排除在外，不利于“鼓励社会资金参与兴办养老服务业，形成能满足各类老年群体多层次、多样化服务需求的养老服务新格局”。

案例四 民办和公办养老机构的收支结构：E 区养老机构比较案例[①]

民办养老机构除了在政府补贴方面与公办养老机构存在巨大差距外，在成本核算时事业单位性质的公办养老机构按现行会计制度规定不计提固定资产折旧，民办养老机构则是包括固定资产折旧在内的所有成本都需要通过营业收入（主要是向入住老年人收费）予以覆盖。

虽然两类机构在补贴收入和成本核算方面存在巨大差别，在调研中却发现不少公办养老机构处于微利甚至亏损状态，而不少民办养老机构却发展得风生水起。为什么会这样呢？

2010 年，笔者到某市调查一家公办的老年公寓。该养老机构是民政局下属的一家差额拨款事业单位，其建设成本由民政局拨款承担，成本核算时不需要计提固定资产折旧，其运营成本则由养老院的经营收入承担。

傅院长告诉笔者入住的普通自理老人连吃住带护理大约每月收费 700 元，一共收住了一百余位老年人，2009 年经营收入约 105 万元。傅院长给笔者细数各项支出，不算固定资产折旧，这家公办养老机构刚刚盈亏相抵。如果想更新固定资产（如更换旧洗衣机），就得向民政局打报告申请专项固定资产补贴。

笔者问傅院长："当地有没有类似档次的民办养老机构？他们收住同类老人的收费标准大概是什么水平？"

傅院长回答说："民办养老院收住同类老人收费每月也就不到 1000 元。"

笔者大为意外，又问："民办养老机构补贴几乎没有，固定资产折旧都需要从老年人收费中得到补偿，而公办养老机构不计提折旧，还可以得到政府的建设和运营补贴。为什么公办养老机构仅能勉强维持，而民办养老机构的收费标准仅仅高一点就能生存和发展？"

傅院长的回答也很坦率："因为我这里有 8 个事业编的工作人员，院长、副院长、院长助理、会计、出纳、司机一应俱全……按每人每年 5 万元的人工成本，每年仅这 8 个人的人工一项就需要 40 万元，这笔钱要从老年人的缴费中出。"

笔者追问："如果这家老年公寓改为民办机构，还是由您做院长，您估计需要几个管理人员？"

傅院长伸出三个指头："三个，三个足够了！一个院长，一个管内务，一个管外勤。现在很多民办机构，一个院长加一个能干的副院长就够了！"

笔者再追问："那你下一步打算怎么办呢？"

傅院长回答说："我打算通过扩大规模来消化（管理成本）。明年我们的分院就要落成了，150 张床位。到时候我派 4 个管理人员去那边做院长、副院长，

① 本案例来自张翔指导的浙江大学公共管理学院社会保障与风险管理系 2012 届本科生王佳丽同学本科毕业论文《公办民营养老机构的成本结构》，案例分析部分做了较大修订和补充。

给他们升官。我这边留下 4 个，每年就能有 20 万元的盈余，到时候装个修啥的就方便多了……”

傅院长的话给了笔者很大的启发。公办养老机构在补贴和成本核算方面存在体制优势下仅能勉强维持运转，一定是在某些成本项目上开支远远高于民办养老机构，其“成本虚低”的优势很大程度上被其另一些方面“成本虚高”的劣势所抵消。

那么，公办养老机构和民办养老机构的收支结构各有何特点？这些收支结构的不同特点又会给两类机构的经营业绩带来什么样的影响？哪些因素会导致其与民办养老机构的经营业绩产生差异？

笔者试图在下一案例中对 E 区两类共 5 家养老机构的收支结构进行对比，试图解释以下现象：公办养老机构由政府划拨土地和投入大量资金兴建房屋、添置设备并负责运营，事业单位性质的公办养老机构不计提折旧且得到政府大量补贴，但很多公办养老机构却只能勉强维持收支平衡；民办（公办民营）养老机构需要租用土地和房屋，其所获运营补贴也明显弱于公办养老机构，其包括固定资产折旧在内的全部成本需要由营业收入覆盖，但却有相当部分民办养老机构能够维持收支平衡甚至实现盈利。

一、案例背景

E 区为 C 市老市区，面积 200 平方公里，下辖 10 个街道。根据《2012 年 E 区国民经济和社会发展统计公报》，2012 年全区实现生产总值 387.8 亿元，按可比价格计算比上年增长 10.6%，第一产业、第二产业、第三产业结构为 0.2∶32.4∶67.4；全区完成财政总收入 86.0 亿元，地方财政收入 52.9 亿元，财政总支出 33.5 亿元，剔除省市补助支出 4.5 亿元后净支出为 29.0 亿元。2012 年，市区居民人均总收入 41 842 元，人均可支配收入为 37 511 元，农民人均纯收入为 21 529 元。

2012 年末，全区户籍人口 362 816 人，同比增长 3.4%，其中非农业人口 35.5 万人。2012 年底，全区 18 岁以下人口 58 527 人，占总人口的 16.13%；18 岁至 35 岁人口 84 110 人，占总人口的 23.18%；36 岁至 60 岁人口 148 387 人，占总人口的 40.90%；60 岁以上人口 71 792 人，占总人口的 19.79%。

C 市 E 区在养老机构改革方面起步较早，力度较大。2010 年，E 区区委出台了《进一步改善民生的若干意见》（E 委办〔2010〕97 号），大力支持社会力量兴办养老服务机构，积极推动养老服务行业的发展：“E 区民办养老机构在享受浙江省政府规定的每床位 3000 元的建设补贴以外，硬件设施符合建设部、民政部关于《老年人建筑设计规范》和《老年人福利基本规范》标准，床位数达到 50 张以上的，新建每张床位一次性补助 8000 元；改（扩）建床位数达到 50 张以上的，每张床位给予补助 5000 元”，并“对接收 E 区户籍老人入住的养老机构，给予每人每月 50 元寄养补助”。“三无”、五保对象无论入住公办或民办养老机构，其入住费用全部由政府支付给相关机构，购买托底养老服务。

截至2011年底，E区共有养老机构14家，床位数2482张，平均每百位老人拥有床位3.8张，是C市第一个达到每千位老人38个床位的区。E区的14家养老机构中，仅"白驹老年公寓"为承担兜底任务的公建公营养老机构，其余13家为民办养老机构，其中5家为公建民营的民办养老机构。

2011年12月～2012年11月，为了完成浙江省物价局"浙江省养老服务收费管理"课题，笔者带领王佳丽、胡悦等同学对C市E区唯一一家公办养老机构白驹老年公寓和5家公建民营民办养老机构中的松林苑、彩虹老年公寓、健桥老年公寓、银树老年公寓4家机构（另一家是集医院、康复机构和养老机构三位一体的康乐医养结合养老集团，财务指标难以直接对比）进行了调研。

二、E区民办和公办养老机构收支结构比较案例

（一）白驹老年公寓

白驹老年公寓创建于1989年，是一家自收自支事业单位性质的公建公营养老机构，政府曾先后三次投资115万元、300万元、500万元进行修建和装修，白驹老年公寓承担着为E区机构养老服务兜底的任务。

白驹老年公寓位于市中心，闹中取静，地段优越，成立之初仅有27个房间，56张床位，经二次扩建床位数达到130张；第三次扩建后，床位数达到149张。白驹老年公寓设有双人间及针对失能老人的三人间、四人间，房间里均有独立卫生间，并配备了电视、空调、热水器、电话、储物柜、紧急呼叫系统等设备。白驹老年公寓没有医务室，老人有就医需要可到附近的医院就医或者请医生上门服务。

2011年底，老年公寓共入住126位老人，其中自理老人62人，失能老人64人，失能老人占比50.79%。白驹老年公寓按E区民政局要求预留了部分备用床位，除去预留床位后，白驹老年公寓的实际入住率接近100%。时任E区民政局项局长告诉我们："白驹老年公寓地段优越，入住困难，老人通常要托关系才能入住。"

入住老人的收费包括护理费、床位费和伙食费。2011年，白驹老年公寓自理老人护理费分220元/月、250元/月和300元/月三档；半失能老人护理费为500元/月；失能老人护理费为800～1000元/月；床位费为600元/月；伙食费为360元/月。

2011年，白驹老年公寓共有工作人员34人，包括院长1人，财务人员1人，传达室2人（负责监控），食堂人员4人，办公室人员2人，护工24人。其中，

财务人员和一位护工为事业编制人员①。

2011 年白驹老年公寓营业收入 228.1600 万元，其中床位费和护理费收入共计 173.7280 万元，伙食费收入 54.4320 万元，营业收入明细②见表 2.17。

表 2.17　白驹老年公寓 2011 年营业收入明细表（单位：万元）

收入项目	护理费	床位费	伙食费	总计
金额	173.7280		54.4320	228.1600

白驹老年公寓提供的财务报表显示，2011 年白驹老年公寓的营业成本为 224.3825 万元，主要支出项目如下：①人工费用（包括员工工资、奖金和社保费用），共计 116.5638 万元，其中护工平均月工资 2000 元；白驹老年公寓为包括 2 名事业编制人员在内的 16 名符合年龄政策的员工缴纳五项社会保险费，共计 7.0454 万元③。②伙食费共计 54.4320 万元。③水电费共计 10.7871 万元。④修理费，由于白驹老年公寓从开办至今经过三次扩建和整修，建筑和设备较新，故修理费用较少，共计 0.1765 万元。⑤其他费用④共计 42.4231 万元，其中包括退休人员补贴支出为 10.3764 元，事业编制人员住房公积金支出 2.7000 元，接待费用 6.4141 万元。具体支出明细见表 2.18。

表 2.18　白驹老年公寓 2011 年营业成本明细表（单位：万元）

成本项目	人工	伙食	水电	修理	其他	总计
金额	116.5638	54.4320	10.7871	0.1765	42.4231	224.3825

白驹老年公寓的水电费、通信费、有线电视费均享受浙江省相关优惠政策。2011 年白驹老年公寓还获得 E 区政府固定资产专项补贴 461.0924 万元并已全部用于房屋翻修。白驹老年公寓是事业单位，不需计提折旧。固定资产专项补贴和固定资产折旧都不计入盈余计算。白驹老年公寓 2011 年的盈利为 3.7775 万元。

---

① 白驹老年公寓的护工分为特护工和一般护工，20 名特护工负责老人的日常护理工作，4 名一般护工负责室内外的卫生工作，包括老人居住房间的卫生清洁。白驹老年公寓原来共有 8 个事业编制人员，包括现任院长在内的 6 人已先后退休，编制名额只减不增，现院长属于聘任制员工。

② 白驹老年公寓 2011 年还有临街店面租金收入 4.9341 万元，属于营业外收入。考虑到安全问题，2012 年年初收回出租房并改建为老人日托所和社区食堂，所以后面计算盈余时将不计入此项收入。

③ 白驹老年公寓的事业编制人员参加职工基本养老保险，退休的事业编制人员会有退休金补贴。

④ 其他费用一般指通信费、交通费、办公费、活动费等支出，但白驹老年公寓还包括退休人员补贴、事业编制人员住房公积金及接待费用等支出。

（二）松林苑

松林苑由几位北京市、C市及海外股东共同出资创办于2002年，是一家民非性质的公建民营养老机构。松林苑位于松林街道的A社区，周围环境优美，门口有池塘、凉亭和小区健身设备，占地面积4300平方米。松林苑的场地是2002年松林苑以每年50万元的价格向E区松林街道租赁的，租赁期20年，双方还约定租赁费用每五年提价1万元，2011年的租金为51万元，2012年即将上涨为52万元。

承租后，松林苑投资100万元用于装修和添置设备。松林苑共四层楼，一楼为食堂、阅览室、棋牌室、健身室、门卫室等，二到四楼为老人住房，共有6个单人间、55个双人间、10个三人间①，共计床位146张。所有房间均有独立卫生间和阳台，另有床、电视、空调、电话、储物柜、紧急呼叫系统等基本设施。

松林苑面向全国接收老人，老人类型以失能老人为主。2011年底，松林苑共入住老人138名，其中自理老人20人，失能老人118人，男女比例约为3∶7；空置8张床位，入住率94.52%。入住老人平均年龄82岁。入住老人流动率很低，主要流动原因是入住老人去世。

松林苑不设医务室，有就医需要的老人可至距离松林苑2～3分钟路程的社区医疗卫生服务站。松林苑麻院长表示松林苑如果自设医务室，不能使用医保卡，且需要为医务室配备医生、护士等，成本高昂。松林苑设有老人民主管理委员会和老人伙食委员会，负责讨论松林苑简单的日常事宜并制定每周菜单。

入住老人的收费包括护理费、床位费和伙食费。床位费具体标准为：单人间为1200元/月（只供自理老人入住），双人间分750元/月、850元/月和950元/月三档，三人间为650元/月。根据老人身体状况的不同划分护理级别，自理老人护理费分250元/月、300元/月和350元/月三个等级，失能老人的护理费用从特一级到特七级分为500～1100元/月7个等级，级差为100元。伙食费为350元/月，每餐一荤一素。此外，免费提供临终关怀服务。

松林苑有工作人员31人，其中护工17人，护工均为家庭条件较差的外地员工，年龄基本在50岁以上，个别护工年龄达60岁。

2011年松林苑的营业收入为294.60万元，其中护理费收入约为106.32万元，床位费收入约为130.32万元，伙食费收入为57.96万元，具体明细见表2.19。

表2.19　松林苑2011年营业收入明细表

项目	护理费		床位费	伙食费	总计	
收费标准/（元/月）	自理老人	失能老人	650～1200	350	自理老人	特护老人
	250/300/350	500～1100			1250～1900	1500～2400

① 单人房仅限有意愿且身体较为健康的老人居住。双人房可供夫妻居住（当时共有五对夫妻）。

续表

项目	护理费	床位费	伙食费	总计
年收入总额/万元	106.32	130.32	57.96	294.60

注：在计算年营业收入时，自理老人护理费按每人每月 300 元计；松林苑特六级和特七级失能老人各只有 1 人，大部分失能老人为特三级和特四级，即收费分别为 700 元/月和 800 元/月，此处失能老人护理费按 700 元/月计。床位费为：（6×1200+104×800+28×650）×12=1 303 200 元

2011 年松林苑的主要支出如下：①租金 51 万元。②人工费用，院长 1 名，月薪 3000 元；退休人员兼职的会计 1 名，月薪 1800 元；出纳 1 名、办公室人员 3 名、护理部主任 1 名、食堂人员 3 名、修理人员 1 名、采购人员 1 名、门卫 1 名、保洁人员 1 名，月薪均为 2000 元。护理人员共 17 名，月薪根据护理老人的级别在 2000～3000 元/月浮动，平均月薪约 2500 元。另每位员工年终奖金 1500 元。松林苑 2011 年工资及奖金开支为 90.2100 万元。松林苑为 5 位符合养老保险缴纳条件的员工缴纳了养老保险，2011 年共计 1.2873 万元，为不符合养老保险缴纳条件的员工购买了两份商业意外保险，还为每位员工购买了每年每份 160 元的商业意外保险，共 0.9120 万元。2011 年松林苑各项保险费用支出为 2.1993 万元。松林苑的年人工费用为 92.4093 万元。③伙食费支出与伙食费收入持平，均为 57.9600 万元。④水电费 2011 年约为 7 万元。⑤日常设备维护、修理费约为 10 万元。⑥固定资产折旧按 15 年折旧期共计 6.6667 万元。⑦其他费用，包括通信费、有线电视费、政策性养老机构综合责任保险费及其他开支在内，约为 10 万元。综上，2011 年松林苑经营支出共约 235.0360 万元，具体支出明细见表 2.20。

表 2.20　松林苑 2011 年营业成本明细表（单位：万元）

项目	租金	人工	伙食	水电	维护、修理	固定资产折旧	其他	总计
金额	51.0000	92.4093	57.9600	7.0000	10.0000	6.6667	10.0000	235.0360

松林苑的水费、电费、通信费、有线电视费均享受浙江省相关优惠政策标准，免营业税，但须缴纳所得税①。2011 年松林苑按每位老人 300 元的标准获得政府的运营补贴 4.14 万元。综上，松林苑 2011 年约盈利 63.7040 万元。

（三）彩虹老年公寓

彩虹老年公寓是一家民非性质的公建民营养老机构。2006 年，C 市 E 区彩虹街道为促进养老服务社会化工作，腾出街道原有出租房并租赁部分房屋，投入近 200 万元，按照 C 市三级院标准设计修缮房屋，然后通过公开招标方式甄选养老

① 这不符合《浙江省人民政府办公厅关于促进养老服务业发展的通知》（浙政办发〔2006〕84 号）的规定。

机构的承办人。程敏迪女士以 15 万元/年的租赁费中标，与彩虹街道签订了为期五年的租赁合同[1]。2006 年 12 月 18 日彩虹老年公寓正式开业。

彩虹老年公寓地处 C 市市中心，占地面积 1520 平方米，共有三层楼，66 张床位，房型有双人间和三人间（护理间），房内均有独立卫生间。开办前，彩虹街道已为其配置了床、电视、空调、热水器、电话、储物柜、紧急呼叫系统等设备。程院长只需购置一些简单的办公用品即可开业。

老年公寓首批入住老人有 16 位，随着入住老人的不断增加，老年公寓在第二年就实现了盈利。2011 年底，老年公寓共入住老人 66 位，入住率 100%，其中 9 位特护老人，57 位自理老人。入住老人流动率很低，主要流动原因是入住老人去世。在接收老年人时，彩虹老年公寓会优先考虑本街道的老人，并尽量接收自理老人。对入住后逐渐失能的自理老人，老年公寓会相应增加护理等级，并保证特护老人所居住的每个房间均配有一名专门护工。

入住老人的收费包括护理费、床位费和伙食费。床位费因房间朝向不同略有差异，分 580 元/月和 680 元/月两个等级。根据老人身体状况的不同，自理老人护理费用有 380 元/月、430 元/月和 480 元/月三个等级，特护老人护理费用为 1200 元/月。2011 年伙食费为 360 元/月，伙食标准为一荤一素。此外，免费提供临终关怀服务。开办至今，入住价格曾两次调整，每次价格调整均比较滞后，且调价幅度都被控制在 50 到 100 元的范围内。

老年公寓有包括院长在内的工作人员 15 人，除程院长年龄为 47 岁外，其他工作人员年龄均高于 50 岁。院内 8 位护工均为外地人员，接受过政府培训。

2011 年彩虹老年公寓的营业收入约为 116.8200 万元[2]。其中包括护理费收入约 42.3720 万元，床位费收入约 45.9360 万元，伙食费收入 28.5120 万元[3]，具体明细见表 2.21。

表 2.21　彩虹老年公寓 2011 年营业收入明细表

项目	护理费		床位费	伙食费	总计	
收费标准/（元/月）	自理老人	失能老人	580/680	360	自理老人	特护老人
	380/430/480	1200			1320～1520	2140～2240
年收入总额/万元	42.3720		45.9360	28.5120	116.8200	

2011 年彩虹老年公寓的主要支出如下：①租金 2011 年为 15 万元。②人工费用。

① 彩虹老年公寓得到彩虹街道认可，调查时已确定续签，但 2012 年调查时租金待议，续约合同尚未签订。
② 2011 年入住自理老人 57 位，失能老人 9 位，营业收入共为 116.8200 万元。
③ 伙食方面按收支持平计算，本案例后面两家民办养老机构也均如此。

彩虹老年公寓院长年薪 10 万元；院长助理 1 名，负责管理老年公寓日常事务，年薪约 5.5 万元；兼职会计 1 名（已退休人员）和门卫 1 名，月薪均为 2000 元；护工 8 名，每人月薪 2500 元，包吃住；厨房人员 2 名，月薪 3000 元；配送饭菜人员[①]1 名。全院人工费用为 51.5 万元。程院长因同时身为养老院旁边一家幼儿园的园长，有事业编制身份，无须缴纳社保费用。此外，老年公寓为院长助理和厨师两人缴纳养老保险费用，2011 年共需 0.5149 万元[②]。③伙食费支出与伙食费收入持平，2011 年共支出 28.5120 万元。④水电费约 5 万元。⑤日常设备维护、修理费约 5 万元。⑥其他费用，包括通信费、有线电视费、政策性养老机构综合责任保险费及其他开支约为 5 万元。综上，2011 年彩虹老年公寓经营支出共约 110.5269 万元[③]。具体支出明细见表 2.22。

表 2.22　彩虹老年公寓 2011 年营业成本明细表（单位：万元）

项目	租金	人工	伙食	水电	维护、修理	其他	总计
金额	15.0000	52.0149	28.5120	5.0000	5.0000	5.0000	110.5269

彩虹老年公寓的水费、电费、通信费、有线电视费均享受浙江省相关优惠政策。收支相抵，彩虹老年公寓 2011 年营业利润为 6.2931 万元。另外，彩虹老年公寓 2011 年获得 E 区户籍老人寄养补助 1 万元，所以其 2011 年的盈余为 7.2931 万元。

（四）健桥老年公寓

健桥老年公寓创办于 2009 年 1 月，其前身为公办的 E 区健桥镇老年公寓。原公办养老机构有二十余年历史，共有床位 53 张，当时有 27 位“三无”老人入住，不对外开放，“三无”老人的所有入住费用均由镇政府承担。

2009 年 1 月原养老机构进行公建民营改革，麻院长以 13.5 万元/年的租金租下原公办养老机构的房产，以 10 万元/年的租金租下紧邻的厂房并投资 60 万元用于装修和添置设备，创办了现在的健桥老年公寓。健桥老年公寓也接受政府托安养的残疾人入住，合民办养老机构及民办公助残疾人爱心托管中心为一体。

健桥老年公寓位于健桥镇老街西侧，只有一辆小型巴士公交车经过附近，地

① 彩虹老年公寓应彩虹街道要求还提供居家养老服务，为 7 个社区有需要的老年人配送饭菜。为此，老年公寓雇用一名配送饭菜人员负责其中两个社区的饭菜配送工作，月薪 500 元左右。由于此部分业务自行维持收支平衡，故本案例不将其工资计入彩虹老年公寓经营支出。

② 根据《关于做好 2011 年 F 市社会保险费年中结算有关工作的通知》（F 社险综〔2011〕23 号）的规定，2010 年浙江省全社会单位在岗职工年平均工资为 30 650 元，月缴费基数下限为 1532.5 元，上限为 7662.5 元。浙江省 F 市养老保险单位缴费比例为 14%，则单位为每人的年缴费金额为 1532.5×12×14%=2574.6 元。此处两人开支共为 5149.2 元。

③ 彩虹老年公寓租赁后未追加固定资产投资，所以每年没有固定资产折旧支出。

理位置较为偏僻。健桥老年公寓占地面积 2000 平方米，建筑面积 3100 平方米，容积率 1.55，院中有 600 平方米的活动空地，空地上有配套简单的健身设施。

老年公寓有两层楼，房间多为三人间，调查时共有床位 63 张。2012 年 4 月麻院长又投资 40 万元新建房屋扩大残疾人爱心托管中心规模。新建的残疾人爱心托管中心有 169 张床位。

公寓内设食堂、医务室、浴室、洗衣房，每个房间均有卫生间，且配有床、电视、空调、电话、储物柜、紧急呼叫器等基础设施。医务室只有一位政府帮助联系的卫生站医生挂名服务。老人可去 200 米外的健桥镇卫生站就医。

承办之初原公办养老机构的 27 位“三无”老人全部继续入住，后逐渐去世离院，2012 年调查时只剩下 4 位了。原公办养老机构有两名工作人员分别于 2009 年和 2010 年退休。2011 年，老年公寓 63 张床位共入住老人 27 名，残疾人 36 名，入住率 100%。考虑到安全问题，老人住在一楼，残疾人住在二楼。白天，老人和残疾人会参加老师讲授的书画、唱歌等课程。

入住“三无”老人的费用由镇政府承担，供养标准为每人 1000 元/月；其他老人按照护理等级收费，特级护理为 2200 元/月，一级护理为 1800 元/月，二级护理为 1600 元/月，三级护理为 1300 元/月；残疾人托管费用为 1200 元/月，其中 350 元为伙食费，伙食标准为一荤一素。

调查时，老年公寓没有特级护理老人入住，有一级护理老人 6 人（其中有 4 位“三无”老人），二级护理老人 10 人，三级护理老人 11 人，失能老人占比 59.26%。一级护理老人有夜间陪护。残疾人收费标准虽然统一，但会根据残疾等级进行不同程度的护理。入住残疾人的流动率很低。

健桥老年公寓共有工作人员 13 人。6 名护工的年龄均超过 50 岁，既有外地人，也有健桥镇本地人，均接受过政府培训。

2011 年健桥老年公寓的总营业收入约为 97.32 万元。其中来自老人的收费总额为 45.48 万元，来自残疾人的收费总额为 51.84 万元，具体明细见表 2.23。

表 2.23　健桥老年公寓 2011 年营业收入明细表

护理类型	一级护理老人		二级护理老人	三级护理老人	残疾人
收费标准/（元/月）	1000	1800	1600	1300	1200
年收入总额/万元	4.80	4.32	19.20	17.16	51.84
	45.48				

健桥老年公寓 2011 年在老人方面主要支出如下：①租金，共计 23.5 万元，其中分摊到老年部分的租金为 10.0714 万元。②人工费用。健桥老年公寓共设院长一人，年薪 8 万元；主任、副主任各一人，负责管理老年公寓日常事务及会计

工作，月薪1800元；老师和食堂人员各两人，月薪均为1800元；护工6人，其中3人负责老人护理，每人基础月薪1600元，每月奖金200元，包吃住。院长表示，护工基本可以拿到全部奖金。全院2011年工资总额为33.92万元。核定其中6人为老年公寓员工，则工资支出为15.6554万元。此外，健桥老年公寓共为7位员工缴纳养老保险费1.8022万元，其中3名为老年公寓员工，则照顾老人护工的养老保险费为0.7724万元。健桥老年公寓2011年照护老年人的人工费用共计16.4278万元。③伙食费支出按照每人每月350元计算，则每年用于老人的伙食费支出为11.34万元。④水电费共计6.6万元，分摊到老年公寓2011年的水电费用约为2.8286万元。⑤固定资产折旧按15年折旧期每年4万元，分摊到老年公寓部分共计1.7143万元。⑥日常设备维修费约5万元，分摊到老年公寓部分的修理费约为2.1429万元。⑦其他费用，包括通信费、听视费及其他开支约2万元，分摊到老年公寓部分约为0.8571万元。

综上，2011年健桥老年公寓供养老年人和残疾人的经营成本分别约为45.3821万元和57.9001万元。具体支出明细见表2.24。

表2.24 健桥老年公寓2011年营业成本明细表（单位：万元）

项目	租金	人工	伙食	水电	维修	固定资产折旧	其他	总计
老年人	10.0714	16.4278	11.3400	2.8286	2.1429	1.7143	0.8571	45.3821
残疾人	13.4286	19.2944	15.1200	3.7714	2.8571	2.2857	1.1429	57.9001
合计	23.5000	35.7222	26.4600	6.6000	5.0000	4.0000	2.0000	103.2822

健桥老年公寓的水电费享受浙江省相关优惠政策[1]，但通信费、有线电视费无优惠待遇。健桥老年公寓2011年无政府补贴、社会捐赠或评优奖金收入。

综上，健桥老年公寓老年人部分2011年营业收入45.48万元，营业成本45.3821万元，无其他补贴收入，收支几乎持平[2]，盈余0.0979万元。

（五）银树老年公寓

银树老年公寓成立于2009年9月28日，属某养老服务集团下属的一家工商登记的公司制公建民营养老机构。该养老机构的房屋场地系向所在街道租用，每年40万元的租金直接由集团总部支付。

---

① 此优惠待遇在健桥老年公寓院长于2010年8月申请后才得以享受。

② 其残疾人托安养部分收入为51.84万元，成本为57.9001万元，亏损6.0601万元。健桥老年公寓2011年整体上亏损5.9622万元。需要指出的是，其收住的4位一级护理“三无”老人的收费为1000元/月，低于其收住普通一级护理老人1800元/月的市场价，收住4位“三无”老人给其带来“政策性”亏损为3.84万元。如果扣除这部分政策性亏损，健桥老年公寓的养老部分盈利为3.9379万元，则健桥老年公寓在2011年整体上亏损2.1222万元。

银树老年公寓地理位置十分偏僻，交通不便，周边环境较差。2009年承办初期，街道方面称这一地区将在两年后修好路。但在2012年调查时，路尚未修好。

银树老年公寓共7层楼，一层为大厅和食堂，2～7层为住房。院内有简单的读报场地，院外有自由活动的空地和雨棚，无其他娱乐及健身设施。承租房屋后，养老集团投资60万元装修房屋、购置设备。院内所有房间均有独立卫生间，配备床、液晶电视、空调、电话、储物柜、紧急呼叫系统等基本设施。

银树老年公寓共有69个双人间，158张床位，采取包间入住的形式。2011年入住老人36人，入住房间35间，其中一个房间为夫妻共同居住，缴费床位数70张，入住率为44.30%。院长表示电话咨询及前来参观的顾客有七八百名，但大部分没入住，通过询问发现大部分是因为位置偏远、交通不便没有入住。

银树老年公寓面向C市招收老人，并只接收自理老人入住。入住协议中规定，若老人失去自理能力，可在家人同意的情况下转到旗下其他养老机构居住。入住老人年龄基本在75岁以上，年龄最大的为91岁。老人流动率很低，主要流动原因是入住老人去世。银树老年公寓没有医务室，主要是因为医务室成本高昂。银树老年公寓与街道卫生站建立了联系，每半个月为老人进行基本身体检查。若有需要，银树老年公寓会联系老人家属将老人送往卫生站或医院治疗。

银树老年公寓根据房间大小统一收取全部费用，价格分1100元/月、1170元/月、1300元/月和1400元/月四个等级，以1300元/月为主。其中3名五保人员一年共10万元的入住费用由政府承担。2011年银树老年公寓的营业收入约为59.92[①]万元。

2011年银树老年公寓的主要支出如下：①租金2011年为40万元。②人工费用。银树老年公寓共有工作人员7名，均为外地人。除院长外，所有员工年龄均在50岁以上。院长月薪为2300元；厨师和门卫各1名，月薪均为1800元；另有一名机动人员，上午在厨房工作，下午打扫卫生，月薪为1500元；卫生人员3名，每人负责一层楼的卫生工作，月薪为1500元。松林苑不为员工购买社会养老保险。银树老年公寓2011年人工费用为14.28万元。③伙食费年开支为12.7750万元。④水电费。银树老年公寓没有实行一户一表，其收取的床位费中包括水电费，结果很多入住老人自带电饭锅、小冰箱等电器，加上水费按企业标准缴纳，2011年的水电费支出较高，约10万元。⑤日常设备维护、修理费。2011年修理费开支约10万元。⑥固定资产折旧按15年折旧期，2011年共计4万元。⑦其他费用2011年约为2万元。综上，2011年银树老年公寓经营支出共计93.0550万元，具体支出明细见表2.25。

① 银树老年公寓内入住的房间基本为1300元/月的房间，则来自非五保人员的年收入为499 200元，计入五保人员托养收入后，总收入为59.92万元。

表 2.25 银树老年公寓 2011 年营业成本明细表（单位：万元）

项目	租金	人工	伙食	水电	修理	固定资产折旧	其他	总计
金额	40.0000	14.2800	12.7750	10.0000	10.0000	4.0000	2.0000	93.0550

银树老年公寓的通信费、有线电视费享受浙江省相关优惠政策，税收按企业标准缴纳。2011 年银树老年公寓获得 1.75 万元的运营补贴。综上，银树老年公寓 2011 年亏损 33.135 万元，算入运营补贴后仍然亏损 31.385 万元。

（六）五家养老机构的比较分析

综上，E 区 5 家养老机构 2011 年的基本情况如表 2.26 所示。

表 2.26 2011 年 E 区 5 家养老机构的基本情况

项目	白驹老年公寓	松林苑	彩虹老年公寓	健桥老年公寓	银树老年公寓
开办时间	1989 年	2002 年	2006 年	2009 年	2009 年
机构类型	公办公营	民办	民办	民办	民办
单位性质	事业单位	民非	民非	民非	企业
地理位置	城区	城区	城区	镇	城郊
累计固定资产投资/万元	915	100	0	100	60
租金/（万元/年）	—	51	15	10.0714	40
床位数/张	149	146	66	63	158
入住人数/人	126	138	66	27	36
员工人数/人	34	31	15	6	7
护工人数/人	24	17	8	3	3
单床位投资金额/万元	6.1409	0.6849	0	1.5873	0.3798
单床位租金/（万元/年）	—	0.3493	0.2273	0.1599	0.2532
入住率	84.56%	94.52%	100%	100%	44.30%
失能老人占比	50.79%	85.51%	13.64%	59.26%	0
老人数：护工数	5.25	8.12	8.25	9.00	12
营业收入/（万元/年）	228.1600	294.6000	116.8200	45.4800	59.9200
营业成本/（万元/年）	224.3825	235.0360	110.5269	45.3821	93.0550
营业利润/（万元/年）	3.7775	59.5640	6.2931	0.0979	−33.1350
当年固定资产补贴/万元	461.0924	0	0	0	0

续表

项目	白驹老年公寓	松林苑	彩虹老年公寓	健桥老年公寓	银树老年公寓
当年其他补贴/（万元/年）	—	4.14	1.00	0	1.75
盈余/亏损/（万元/年）	3.7775	63.7040	7.2931	0.0979	–31.3850

注：①营业收入主要为入住老人缴费，营业支出包括租金、人工费用、伙食费、水电费、修理费、固定资产折旧及其他费用等。营业利润=营业收入–营业支出；盈余=营业利润+其他补贴。另固定资产补贴用于公办养老机构固定资产投资，故不计入年度盈余/亏损统计范围。②白驹老年公寓根据政府要求预留了较多备用床位，其实际入住率接近 100%；银树老年公寓虽然仅入住 36 人，但 36 人住 35 个房间（共 70 张付费床位），其入住率按缴费床位数计算。③健桥老年公寓合养老机构和残疾人托管中心为一体，收支统一记账。表中营业收入和营业成本相关数据以老年人与残疾人人数为权重进行了分摊。如果算上残疾人托安养部分收入，健桥老年公寓 2011 年的总营业收入 97.32 万元，总营业支出 103.2822 万元，亏损 5.9622 万元

（1）从成立时间来看，4 家民办养老机构均成立于 2000 年之后。

（2）从固定资产投入来看，公办养老机构白驹老年公寓的土地、房屋、装修和设备费用均由政府承担，其单床位固定资产投资达到 6.1409 万元，而民办养老机构的固定资产投资额则因承租建筑及配备设施情况不同而不同，彩虹老年公寓租赁的院舍无须固定资产投资，达到了“拎包入住”的水平，松林苑和银树老年公寓的单床固定资产投资分别为 6849 元和 3798 元，健桥老年公寓的单床位固定资产投资为 1.5873 万元，但也仅为公办的白驹老年公寓的 25.85%。

（3）从租金水平看，松林苑的年单床位租金为 3493 元，高于其他三家民办养老机构。

（4）从入住率看，除银树老年公寓因受地理位置影响入住率较低外，其余 4 家养老机构的实际入住率均接近或达到 100%。

（5）从收住对象看，公办养老机构的健康老人与失能老人占比基本持平；民办养老机构在入住老人选择上各有特色，彩虹老年公寓与银树老年公寓主要接收健康老人，而松林苑以接收失能老人为主。

（6）从补贴来看，公办养老机构所获补贴金额显著高于民办养老机构，民办养老机构不仅补贴金额少，还存在补贴不到位现象[①]。

（7）从营业利润和盈余水平看，公办的白驹老年公寓基本盈亏持平，4 家民办养老机构差异较大，包括从盈利水平较高、略有盈余、盈亏持平到亏损较大不等。

表 2.27 是 5 家养老机构的收费标准明细，可以发现养老机构大部分按护理费、床位费、伙食费等分项目收费，但也有按老人护理等级收费（健桥老年公寓）或按房间大小分档收费（银树老年公寓）的。

① 调研发现，当时健桥老年公寓尚未拿到浙江省政府和 E 区政府的建设补贴，而松林苑只拿到部分补贴。

表 2.27　5 家养老机构每月收费标准明细表（单位：元/月）

机构名称	护理费					床位费	伙食费
	自理老人			半失能	失能		
白驹老年公寓	220	250	300	500	800～1000	600	360
松林苑	250	300	350	500～1100		650～1200	350
彩虹老年公寓	380	430	480	1200		580～680	360
健桥老年公寓	根据护理等级统一收费，分 1300 元/月、1600 元/月、1800 元/月、2200 元/月四档						
银树老年公寓	根据房间大小统一收费，分 1100 元/月、1170 元/月、1300 元/月、1400 元/月四档						

表 2.28 为 5 家养老机构月最低收费与月最高收费比较情况。总体上看，公办白驹老年公寓的收费标准与其他 4 家民办养老机构差别并不太大。差别最大的松林苑最高收费标准 2400 元/月也仅比白驹老年公寓的最高收费标准高 22%，其他民办养老机构的月收费标准大致上比白驹老年公寓高 10%，银树老年公寓因只收自理老人，其最高收费标准仅为公办的白驹老年公寓最高收费标准的 71%。

表 2.28　5 家养老机构月最低收费与月最高收费比较情况

机构名称	月最低收费标准		月最高收费标准	
	金额/元	与白驹老年公寓之比	金额/元	与白驹老年公寓之比
白驹老年公寓	1180	1.00	1960	1.00
松林苑	1250	1.06	2400	1.22
彩虹老年公寓	1320	1.12	2240	1.14
健桥老年公寓	1300	1.10	2200	1.12
银树老年公寓	1100	0.93	1400	0.71

注：①以白驹老年公寓为例，最低收费=220（健康老人护理费）+600（床位费）+360（伙食费）=1180 元，最高收费=1000（全护理老人护理费）+600（床位费）+360（伙食费）=1960 元；②松林苑 1250 元/月的床位仅供健康老人住，其最高收费中床位费以 950 元计

表 2.29 为 5 家养老机构 2011 年经营状况比较明细表。我们发现，除松林苑外，其他三家民办养老机构的人均营业收入均低于公办的白驹老年公寓；除银树老年公寓外，其他三家民办养老机构的人均营业成本均低于公办的白驹老年公寓；民办机构获得的其他补贴微乎其微，松林苑和彩虹老年公寓的人均营业利润和人均盈利都高于白驹老年公寓，健桥老年公寓和银树老年公寓则都低于白驹老年公寓。

表 2.29　5 家养老机构 2011 年经营状况比较明细表

项目		白驹老年公寓	松林苑	彩虹老年公寓	健桥老年公寓	银树老年公寓
营业收入	金额/万元	228.1600	294.6000	116.8200	45.4800	59.9200
	人均/万元	1.8108	2.1348	1.7700	1.6844	1.7120
	占比	100%	117.89%	97.75%	93.02%	94.54%
营业成本	金额/万元	224.3825	235.0360	110.5269	45.3821	93.0550
	人均/万元	1.7808	1.7032	1.6747	1.6808	2.6587
	占比	100%	95.64%	94.04%	94.38%	149.30%
营业利润	金额/万元	3.7775	59.5640	6.2931	0.0979	–33.1350
	人均/万元	0.0300	0.4316	0.0954	0.0036	–0.9467
	占比	100 %	1438.67%	318.00%	12.00%	–3155.67%
其他补贴	金额/万元	0	4.1400	1.0000	0	1.7500
	人均/万元	0	0.0300	0.0152	0	0.0500
盈余	金额/万元	3.7775	63.7040	7.2931	0.0979	–31.3850
	人均/万元	0.0300	0.4616	0.1105	0.0036	–0.8967
	占比	100%	1538.67%	368.33%	12%	–2989.00%

注：“人均”表示单位入住老人带来/承担的平均营业收入、成本、利润、补贴及盈余/亏损，由各养老机构各项目总额除以入住老人数得到；“占比”表示各养老机构相应人均数据占公办白驹老年公寓相应人均数据的比率。因白驹老年公寓只有固定资产补贴，无其他补贴，故其他补贴不设“占比”项

综合起来看，尽管民办养老机构的人均营业收入与公办养老机构相比相对较低，但除了银树老年公寓外，民办养老机构在营业利润方面却没有表现出明显的劣势，这要归功于民办养老机构相对较强的成本控制能力。

表 2.30 列出了 5 家养老机构的成本结构。

表 2.30　2011 年 5 家养老机构成本结构比较表

项目		白驹老年公寓	松林苑	彩虹老年公寓	健桥老年公寓	银树老年公寓
租金	金额/万元	0	51.0000	15.0000	10.0714	40.0000
	占营业成本比例	0	21.70%	13.57%	22.19%	42.99%
	人均/万元	0	0.3696	0.2273	0.3730	1.1429
	与白驹差额/万元	—	0.3696	0.2273	0.3730	1.1429

续表

项目		白驹老年公寓	松林苑	彩虹老年公寓	健桥老年公寓	银树老年公寓
人工费用	金额/万元	116.5638	92.4093	52.0149	16.4278	14.2800
	占营业成本比例	51.95%	39.32%	47.06%	36.20%	15.35%
	人均/万元	0.9251	0.6696	0.7881	0.6084	0.4080
	与白驹差额/万元	—	−0.2555	−0.1370	−0.3167	−0.5171
伙食费	金额/万元	54.4320	57.9600	28.5120	11.3400	12.7750
	占营业成本比例	24.26%	24.66%	25.80%	24.99%	13.73%
	人均/万元	0.4320	0.4200	0.4320	0.4200	0.3650
	与白驹差额/万元	—	−0.0120	0	−0.0120	−0.0670
水电费	金额/万元	10.7871	7.0000	5.0000	2.8286	10.0000
	占营业成本比例	4.81%	2.98%	4.52%	6.23%	10.75%
	人均/万元	0.0856	0.0507	0.0758	0.1048	0.2857
	与白驹差额/万元	—	−0.0349	−0.0098	0.0192	0.2001
修理费	金额/万元	0.1765	10.0000	5.0000	2.1429	10.0000
	占营业成本比例	0.08%	4.25%	4.52%	4.72%	10.75%
	人均/万元	0.0014	0.0725	0.0758	0.0794	0.2857
	与白驹差额/万元	—	0.0711	0.0744	0.0780	0.2843
折旧费用	金额/万元	0	6.6667	0	1.7143	4.0000
	占营业成本比例	0	2.84%	0	3.78%	4.30%
	人均/万元	0	0.0483	0	0.0635	0.1111
	与白驹差额/万元	—	0.0483	0	0.0635	0.1111
其他费用	金额/万元	42.4231	10.0000	5.0000	0.8571	2.0000
	占营业成本比例	18.91%	4.25%	4.52%	1.89%	2.15%
	人均/万元	0.3367	0.0725	0.0758	0.0317	0.0571
	与白驹差额/万元	—	−0.2642	−0.2609	−0.3050	−0.2796
总计	金额/万元	224.3825	235.0360	110.5269	45.3821	93.0550
	人均/万元	1.7808	1.7032	1.6747	1.6808	2.5849
	与白驹差额/万元	—	−0.0776	−0.1061	−0.1000	0.8041

注：“人均”的计算方法均同表 2.29，“占营业成本比例”指对应支出项目占营业成本的百分比，“与白驹差额”指 4 家民办养老机构的各项人均费用与白驹老年公寓对应各项费用之差

通过表 2.30，可以发现以下几点。

（1）租金是各民办养老机构营业成本的重要项目。彩虹老年公寓租金占总营业成本比率最低为 13.57%，松林苑和健桥老年公寓分别达到了 21.70%和 22.19%，银树老年公寓这一比率高达 42.99%；而公办的白驹老年公寓没有此项成本。

（2）人工费用通常为占比最大的成本项目。除银树老年公寓以外的三家民办养老机构人工费用占总营业成本均超过 35%，公办的白驹老年公寓这一比率更是超过了 50%。

（3）除银树老年公寓外，各养老机构的伙食费、水电费占营业成本比率差距并不大①。

（4）除银树老年公寓外，民办养老机构的人均修理费均在 700 元到 800 元；而白驹老年公寓因政府三次大规模整修后建筑和设备较新，日常修理费用极低。

（5）固定资产折旧在各民办养老机构的营业成本中占比不大。彩虹老年公寓租赁的可以拎包入住的场地设施，没有固定资产投资②，松林苑、健桥老年公寓和银树老年公寓固定资产折旧占营业成本比率分别为 2.84%、3.78%和 4.30%，这可能和民办养老机构精打细算的固定资产投资决策有关。公办的白驹老年公寓不需要计提固定资产折旧，但如果仅将政府对其最新一期 500 万固定资产投资按 15 年期计提折旧 33.3333 万元，则固定资产折旧将占其当年 257.7158 万元营业成本的 12.93%。

（6）白驹老年公寓的其他费用营业成本占比达到 18.91%，显著地高于民办养老机构 1.89%～4.52%的水平。

综上，公办养老机构因为体制和政策原因，其成本项目中没有租金和固定资产折旧，但其人工费用和其他费用支出远高于民办养老机构。下面我们将对人工费用和其他费用两个成本项目做进一步的分析。

1. 两类养老机构人工费用对比分析

表 2.31 将各养老机构人工费用分为护工成本和非护工成本进行具体分析。公办的白驹老年公寓护工占员工比率明显高于民办养老机构。民办养老机构的单位老人护工成本明显低于公办的白驹老年公寓，这主要是由单位护工照顾老人人数的差异引起的。

① 银树老年公寓未实行一户一表，床位费中包含水电费，结果许多老人带电饭锅等电器入住，电费支出大。

② 彩虹老年公寓所在街道投资了近 200 万装修场地，每年 15 万租赁费刚好能够覆盖每年约 13.3333 万元的固定资产折旧。

表 2.31 2011 年各养老机构用工情况比较表

机构名称	白驹老年公寓	松林苑	彩虹老年公寓	健桥老年公寓
入住老人数/人	126	138	66	27
护工人数/人	24	17	8	3
员工人数/人	34	31	15	6
护工数：员工数	70.59%	54.84%	53.33%	50%
老人数：护工数	5.25	8.12	8.25	9.00
老人数：非护工人员数	12.60	9.86	9.43	9.00
失能老人占比	50.79%	85.51%	13.64%	59.26%
护工月平均收入/元	2000	2500	2500	1800
护工工资占总工资比例	49.41%	55.19%	46.14%	39.45%
单位老人护工成本/（元/年）	4571	3696	3636	2400
单位老人非护工人工成本/（元/年）	4680	3001	4245	3684

注：表中护工月平均收入及护工工资均包括社保缴费在内。总体而言，公办养老机构为护工缴纳社会保险费用相对较多。另外银树老年公寓只有保洁人员，没有真正意义上的护工，所以不列入表格进行比较

比如松林苑，其“失能老人占比”比白驹老年公寓高出近 35 个百分点，但每名护工却要多照顾近 3 位老人，虽然松林苑的护工月工资比白驹老年公寓的高 500 元，但其单位老人护工成本反而较白驹老年公寓低 875 元。彩虹老年公寓的护工月工资和松林苑一样，虽然其失能老人占比大大低于松林苑，但其单位护工照顾老人人数及单位老人护工成本与松林苑非常接近。健桥老年公寓单位护工照顾 9 位老人，其护工工资更低，所以其单位老人护工成本为 2400 元，为白驹老年公寓单位老人护工成本的 52.50%。

从表 2.31 可以看出，公办养老机构的非护工成本也远高于民办养老机构。公办的白驹老年公寓的非护工人员中，有事业编制人员 2 名，年薪 8 万元；这与民办养老机构非护工人员通常不足 3 万元的年薪形成鲜明的对比①。公办养老机构事业编制人员的高人工成本大大增加了公办养老机构的管理成本②。

综上，民办养老机构人工费用低于公办的白驹老年公寓的主要原因有两个：①民办养老机构通过减少雇用护工数量，在提高护工工资水平的同时让每位护工照顾更多老人来降低护工成本；②公办养老机构事业编制人员工资明显高于民办

① 白驹老年公寓负责人反映，虽然事业编制人员工资高于合同制员工，但工作效率却明显低于后者。

② 这一现象在案例二的春晖福利院中也同样存在。春晖福利院共有事业编制人员 15 人，年薪 8 万元，这使得占春晖福利院总员工数 8.98%的事业编管理人员的工资占比为 17.91%。

养老机构非护工人员的工资，大大增加了管理成本。

2. 两类养老机构其他费用对比分析

表 2.30 显示，白驹老年公寓的人均其他费用支出达 3367 元，明显高于民办养老机构，这是公办养老机构人均成本高于民办养老机构的重要原因①。

其他费用一般包括通信费、交通费、易耗品支出、办公费等。笔者在访谈中得知，公办养老机构有一些民办养老机构没有的其他费用支出项目。

白驹老年公寓每年需为已退休的 6 位事业编制员工支付退休补贴约 10 万元；并为在职的 2 名事业编制员工缴纳住房公积金共计 2.7 万元②。这实际上是事业编制人员另一种形式的人工费用。白驹老年公寓每年还需支付接待费用 6 万多元。白驹老年公寓冯院长告诉我们，民政局有时会带领导来视察工作，顺便把不便安排的招待费用由养老机构方面负担③。其他费用还包括为老人举办活动的相关费用，2011 年白驹老年公寓此项开支约为 10 万元④，当然这项费用是提高入住老人生活质量的合理开支。相比之下，民办养老机构这一项目的开支相对少许多。

综上，公办养老机构和民办养老机构经营状况存在差异的原因有：①在职事业编制人员和已退休事业编制人员的存在大大增加了公办养老机构的人工成本和管理费用；②公办养老机构其他费用支出庞大，其中包括接待费、车辆费等并非必要支出；③民办养老机构缺少政府补贴扶持，为了弥补租金成本和固定资产折旧，民办养老机构通过提高护工工资，以及让单位护工照顾更多的老人、减少老人活动费用支出、延长修理周期等方式来降低成本。

下面我们在考虑成本结构差异的情况下比较两类机构的利润率情况。因为公办的白驹老年公寓不需要缴纳租金和计提固定资产折旧。我们参照彩虹老年公寓租赁经营的做法，假设白驹老年公寓需要每年支付相当于其最新一期 500 万元固定资产投资按 15 年折旧期计提固定资产折旧⑤水平的租金 33.3333 万元，对白驹老年公寓的利润率进行模拟计算。白驹老年公寓的 2011 年营业收入 228.1600 万元维持不变，营业支出增加 33.3333 万元租金，达到了 257.7158 万元，营业亏损达到 29.5558 万元，占营业收入的 12.95%。

公办的白驹老年公寓没有其他补贴收入，在需要每年支付 33.3333 万元租金

① 案例二中的春晖福利院 2011 年在进行两栋楼改建时，自行承担基建费用 297 万元，并计入其他费用。但即使扣除此项支出，其余 418 万元的其他费用仍需每位入住老人在 2011 年承担近 3800 元，这一数字与白驹老年公寓相近，均远高于公办民营养老机构。

② 案例二中的春晖福利院 2011 年也有退休人员补贴支出 40 万元。

③ 案例二中的春晖福利院则有 2 台公车，每年还需开支一定的车辆费用。

④ 案例二中的春晖福利院 2011 年的这一项开支约为 18 万元。

⑤ 政府曾先后三次投资 115 万元、300 万元、500 万元对白驹老年公寓进行修建和装修。假设前两次 415 万元的固定资产已经提取固定资产折旧满 15 年。

租赁营业场所设施的假设情况下，其模拟营业利润率 1 和模拟营业利润率 2 均为 −12.95%。松林苑的营业利润率高达 20.22%，彩虹老年公寓也有 5.39%的营业利润率，健桥老年公寓基本盈亏持平，银树老年公寓严重亏损。因为民办养老机构获得的其他补贴收入非常有限，所以四家民办养老机构包含其他补贴的营业利润率和不包含其他补贴的营业利润率基本差不多。可见，白驹老年公寓各种营业利润率均远远落后于松林苑和彩虹老年公寓，如果不是因为体制和政策原因而不需要缴纳租金及计提固定资产折旧，公办的白驹老年公寓将陷入严重亏损状态（表 2.32）。

表 2.32　5 家养老机构利润率比较表

机构名称	白驹老年公寓	松林苑	彩虹老年公寓	健桥老年公寓	银树老年公寓
现行规则下的营业利润率	1.66%	20.22%	5.39%	0.22%	−55.30%
模拟营业利润率 1	−12.95%	20.22%	5.39%	0.22%	−55.30%
模拟营业利润率 2	−12.95%	21.32%	6.19%	0.22%	−50.89%

注：现行规则下的营业利润率和模拟营业利润率 1 的差别在于后者情况下公办的白驹老年公寓的营业成本中包括每年缴纳 33.3333 万元场地设施租金，计算公式都是“营业利润率=年营业利润/年营业收入”；模拟营业利润率 2 指营业收入中还包括其他补贴收入，计算公式是“包含其他补贴营业利润率=（年营业利润+其他补贴收入）/（年营业收入+其他补贴收入）”

（七）四家民办养老机构的比较分析

现行政策下，不仅公办养老机构和民办养老机构在利润率方面有很大差别，4 家民办养老机构盈利情况差异也很大。表 2.33 为 2011 年 4 家民办养老机构经营状况明细表。同为民办养老机构，为什么在盈利状况上会产生如此差异呢？

表 2.33　2011 年民办养老机构经营状况明细表

机构名称		松林苑	彩虹老年公寓	健桥老年公寓	银树老年公寓
模拟营业利润率 2		21.32%	6.19%	0.22%	−50.89%
入住老人人数/人		138	66	27	35
失能老人占比		85.51%	13.64%	59.26%	0
营业收入	金额/万元	294.6000	116.8200	45.4800	59.9200
	人均/万元	2.1348	1.7700	1.6844	1.7120
	占比	120.61%	100%	95.16%	96.72%

续表

机构名称		松林苑	彩虹老年公寓	健桥老年公寓	银树老年公寓
营业成本	金额/万元	235.0360	110.5269	45.3821	93.0550
	人均/万元	1.7032	1.6747	1.6808	2.6587
	占比	101.70%	100%	100.36%	158.76%
其他补贴收入	金额/万元	4.1400	1.0000	0	1.7500
	人均/万元	0.0300	0.0152	0	0.0500
	占比	197.37%	100%	0	328.95%
盈余	金额/万元	63.7040	7.2931	0.0979	−31.3850
	人均/万元	0.4616	0.1105	0.0036	−0.8967
	占比	417.74%	100%	3.26%	−811.49%

注：此表中"占比"表示各养老机构相应人均数据占"彩虹老年公寓"相应人均数据的比例

从单位老人年营业收入来看，松林苑单位老人营业收入达到 2.1348 万元，其他 3 家养老机构单位老人营业收入基本在 1.7 万元左右[①]。由表 2.27、表 2.28 可知，松林苑的收费标准与彩虹老年公寓针对同类型老人的收费标准并无很大差距，可见定价并不是造成松林苑显著盈利的主要原因。

除定价以外，接收老人类型也会影响一家养老机构的营业收入。彩虹老年公寓内 86.36%的老人为健康老人，而松林苑有 85.51%的老人为失能老人。由于失能老人的收费标准要大大高于自理老人，所以当失能老人占比较高时，总营业收入就会有显著提高。前文中除松林苑外的民办养老机构的单位老人年营业收入均低于公办养老机构，也很大程度是因为这个原因。

从人均营业成本来看，除银树老年公寓外，其他民办养老机构基本接近，都在 1.7 万元/年左右。银树老年公寓的人均营业成本为彩虹老年公寓人均营业成本的 1.5876 倍，高出 9840 元，这主要有两方面原因：①银树老年公寓因位置偏僻等原因，入住人数较少（入住率仅为 44.30%），故单位老人承担的租金成本高于其他养老机构约 8000 元；②银树老年公寓未实行一户一表，其床位费包括所有水电费支出，导致很多老人携带电热油灯、电饭锅等高电耗电器入住，因此其年人均水电费开支高于其他养老机构约 2000 元[②]（表 2.30）。

① 银树老年公寓定价在 4 家公办民营养老机构中最低，但院中 3 位五保老人每年可向政府报销 10 万元，这在很大程度上弥补了银树老年公寓与彩虹老年公寓的收费标准差距。健桥镇地理位置较为偏僻，当地平均生活水平等各项成本低于 C 市市区，其收费标准也较低。

② 银树老年公寓的负责人告诉我们他们正在进行一户一表改造，部分改造过的房间电耗仅为改造前的 1/5。

银树老年公寓的工资成本虽低，但却亏损严重。健桥老年公寓的人均营业成本略高于彩虹老年公寓，相差部分也主要体现在租金上，这是由于健桥老年公寓尚未装修完毕，因装修无法入住的部分房租也要由入住老人承担。松林苑人均营业成本也与彩虹老年公寓十分接近。

表 2.34 为各民办养老机构护工情况表。其中，健桥镇当地生活水平较 C 市市区低，故其护工月收入较低。值得注意的是“老人数：护工数”和“失能老人占比”两栏数据。健桥老年公寓和松林苑所接收的失能老人比例显然高于彩虹老年公寓，但每名护工照顾的老人数却并没有明显减少，健桥老年公寓的数字不减反增。健桥老年公寓和松林苑并没有因接收较多失能老人而增加护工人数，反而通过增加单个护工照顾的老人数来减少成本，故松林苑的“单位老人年护工工资”并没有显著增加，所以盈利情况较好。

表 2.34　2011 年 3 家民办养老机构护工情况表

机构名称	松林苑	彩虹老年公寓	健桥老年公寓
护工人数/人	17	8	3
员工人数/人	31	15	6
护工数：员工数	54.84%	53.33%	50%
老人数：护工数	8.12	8.25	9.00
失能老人占比	85.51%	13.64%	59.26%
护工月平均收入/元	2500	2500	1800
单位老人护工工资/（元/年）	3696	3636	2400

从单位老人年补贴金额来看，由于补贴金额有限，不足以对各养老机构的盈利状况产生重要影响。

综上，关于不同民办养老机构的盈利差异我们可以归纳出以下结论。

（1）地理位置对民办养老机构的入住率和盈利有较大程度的影响。比如，银树老年公寓的入住率受到其地理位置偏僻的负面影响较大。

（2）失能老人占比较高的养老机构更可能盈利。松林苑的情况就较为典型地体现了这一结论。

（3）养老机构的管理规范与否也会在一定程度上影响其盈利水平。例如，银树老年公寓院长缺少管理经验，每月 2300 元的工资也无法对其起到激励作用，另外银树老年公寓床位费包含了水电费支出，老人随意使用水电，结果导致部分老人水电费支出较大。可见，管理经验及绩效激励也是十分重要的。

上述案例分析的结论也可以得到胡悦（2012）对浙江省 2008 年民办养老服务

机构基本状况调查的 242 家民办养老机构问卷调查数据定量分析的支持。他有如下发现。

（1）机构的地理位置对养老机构盈利与否有显著的影响，城区的养老机构更可能盈利，这主要是通过影响入住率的形式间接影响养老机构的盈利状况。

（2）盈利民办养老机构的一大特点是其护工的使用效率比不盈利的民办养老机构高，从一个护工照顾的老人数量上能得到直接体现，即一个护工照顾更多老年人的机构更可能盈利，这主要是通过降低人工成本的方式减少民办养老机构的总成本，从而盈利。

（3）入住老年人中完全不能自理老人占比高的机构更可能盈利，利润率也更高。以招收完全自理老人为主的养老机构虽然在人工成本上能节省一部分护工成本，但在降低成本的同时收入也相对较低，总体上也并没有实现盈利。

（4）民营养老机构起步阶段入住率普遍不高，但成立时间达到 2 年以后入住率会有一个较为明显的提升。

（5）在利润率上，成立时间在 5 年以上的养老机构的利润率会比成立时间在 5 年以内的机构有明显的提高。

从胡悦（2012）的以上结论可见，对民办养老机构而言，机构的地理位置、成立时间、机构控制成本的能力与人员的使用效率等更容易左右一家养老机构的经营情况，而其主要的影响路径是通过影响入住率、收入情况及成本控制的支出情况来最终影响民营机构的盈亏状况的。民办养老机构在没有过多政府补助的情况下，要自主生存必须提高自身的床位设备、人员等的使用效率，用有限的投入创造尽可能多的效益，从而在成本收益上达到平衡乃至盈利。

三、案例小结

综上所述，公办养老机构和民办养老机构的收支结构存在很大差异。因为体制和政策原因，公办养老机构的成本项目中没有场地租金和固定资产折旧，但公办养老机构的人工费用和其他费用支出远高于民办养老机构，各养老机构的伙食费、水电费占营业成本比率差距不大。民办养老机构通过相对更低的人工成本和其他成本及努力控制固定资产投资规模，降低营业成本，弥补了其与公办养老机构在场地租金和固定资产折旧方面天然的劣势。民办养老机构的运营补贴金额非常有限，对其营业盈亏情况几乎没有影响。

（1）租金是各民办养老机构营业成本的重要项目，而公办的白驹老年公寓没有此项成本。彩虹老年公寓、松林苑、健桥老年公寓和银树老年公寓租金占营业成本比率分别为 13.57%、21.70%、22.19%和 42.99%。

（2）固定资产折旧在各民办养老机构的营业成本中占比不大，而公办的白驹老年公寓没有此项成本。彩虹老年公寓、松林苑、健桥老年公寓和银树老年公寓固定资产折旧占营业成本比率分别为 0%、2.84%、3.78%和 4.30%。这和这些机构非常谨慎的固定资产投资决策有关，四家机构的单床位固定资产投资金额分别为 0 元、6849 元、15 873 元和 3798 元，而公办的白驹老年公寓单床位固定资产投资金额为 61 409 元。假设白驹老年公寓将其最新一期 500 万元固定资产投资按 15 年折旧期计提固定资产折旧 33.3333 万元，则固定资产折旧将占其营业支出 257.7158 万元的 12.93%。

（3）民办养老机构无论是人工费用占营业成本比率还是人均人工费用都远低于公办的白驹老年公寓。民办养老机构通过提高护工工资水平，同时让每位护工照顾更多老人来降低护工成本。从老人数与护工数比率看，松林苑、彩虹老年公寓和健桥老年公寓分别为 8.12、8.25 和 9.00，银树老年公寓干脆没有护工只有保洁人员，而公办的白驹老年公寓只有 5.25。从单位老人护工成本看，松林苑、彩虹老年公寓和健桥老年公寓分别为 3696、3636 和 2400 元，而公办的白驹老年公寓为 4571 元。民办养老机构管理人员薪酬仅略高于护工工资，远低于公办养老机构事业编管理人员的薪酬水平，这也大大降低了管理人员的人工费用。

（4）民办养老机构的其他费用营业成本占比在 1.89%到 4.52%之间，显著低于公办白驹老年公寓 18.91%的水平。已退休事业编制人员的退休补助和在职人员的住房公积金是白驹老年公寓独有的其他费用项目，白驹老年公寓的接待费、车辆费和老年人活动经费也远高于民办养老机构。

（5）各养老机构的伙食费、水电费占营业成本比率差距不大。除了银树老年公寓由于水电费包含在床位费中，电费开支较大之外，其他养老机构的水电费和伙食费开支对经营业绩影响差别不大。

（6）对民办养老机构而言，2011 年获得的运营补贴金额有限，对经营业绩没有多大影响。松林苑、彩虹老年公寓和银树老年公寓 2011 年分别获得了运营补贴 4.14 万元、1 万元和 1.75 万元，仅占其营业收入的 1.41%、0.86%和 2.92%，而健桥老年公寓没有获得运营补贴。

第三节　浙江省养老服务补贴制度的改革实践

浙江省养老服务方面的补贴制度经历了从“补供方”到“供方和需方并重”的发展过程。

2000 年 2 月 27 日，国务院办公厅转发民政部等部门《关于加快实现社会福利社会化意见的通知》（国办发〔2000〕19 号）提出：“必须从长远和全局出发，广泛动员和依靠社会力量，大力推进社会福利社会化，加快社会福利事业的发展……各级政府应根据经济和社会发展的需要，逐年增加对社会福利事业的投入，重点用在一些基础性、示范性社会福利机构的建设上，同时采取民办公助的办法，将一部分资金用于鼓励、支持和资助各种社会力量兴办社会福利机构……"

2005年11月16日，民政部在《关于支持社会力量兴办社会福利机构的意见》（民发〔2005〕170号）中明确提出："各地要采取多种形式，打破所有制界限，加大对社会办福利机构的资金投入，充分调动社会力量参与社会福利事业的积极性，同时，要广开渠道，充分利用彩票公益金、慈善资金和社会捐赠资金发展社会办福利机构。有条件的地方要积极争取财政支持并加大彩票公益金投入力度，扶持社会办福利机构的发展。对于处在建设阶段的社会办福利机构，可以按照规模、投资额等，给予相应的资助；对于正式开业的社会办福利机构，可以按床位数和实际收养人数给予一定的运营补贴，也可以在社会办福利机构内安置城市'三无'对象、农村五保对象、低保对象和生活困难的老年人、残疾人、孤儿和弃婴，并按当地标准支付其生活、照料服务等费用。"这一文件将"民办公助"一词具体化为对建设阶段社会办福利机构的资助（即建设补贴）和对正式开业的社会办福利机构的运营补贴。

2006年2月9日，国务院办公厅转发全国老龄委办公室和发展改革委等部门《关于加快发展养老服务业意见的通知》（国办发〔2006〕6号），提出"发展养老服务业要按照政策引导、政府扶持、社会兴办、市场推动的原则，逐步建立和完善以居家养老为基础、社区服务为依托、机构养老为补充的服务体系。要建立公开、平等、规范的养老服务业准入制度，积极支持以公建民营、民办公助、政府补贴、购买服务等多种方式兴办养老服务业，鼓励社会资金以独资、合资、合作、联营、参股等方式兴办养老服务业……引导和支持社会力量兴建适宜老年人集中居住、生活、学习、娱乐、健身的老年公寓、养老院、敬老院，鼓励下岗、失业等人员创办家庭养老院、托老所，开展老年护理服务，为老年人创造良好的养老环境和条件"。民办公助、政府补贴成为和公建民营、购买服务并列的鼓励社会资金兴办养老服务业的方式之一。

根据国办发〔2006〕6号文件精神，2006年5月23日浙江省人民政府办公厅颁发《关于促进养老服务业发展的通知》（浙政办发〔2006〕84号），提出"要建立公开、平等、规范的养老服务业准入制度，积极支持以公建民营、民办公助、政府补贴、购买服务等多种方式兴办养老服务业，鼓励社会资金参与兴办养老服务业，形成能满足各类老年群体多层次、多样化服务需求的养老服务新格局……加大财政对养老服务业的投入。各级政府要将养老服务业纳入当地经济和社会发展规划，加大对养老服务事业投入，在继续安排好养老机构建设资金的同时，根据需要适当安排一部分资金用于养老机构补助、购买服务和贷款贴息"。这个文件明确了对养老机构的具体税费优惠政策[①]，但尚未提出具体的养老机构补贴、购买服务和贷款贴息政策。

2008 年 11 月 14 日，浙江省政府出台《关于加快推进养老服务体系建设的意见》（浙政发〔2008〕72 号），第一次明确提出省财政对民办养老机构的具体补贴政策：“加快发展民办养老服务机构。加大对民办养老服务机构的财政补助力度。用房自建的非营利性民办养老服务机构，床位数达到 50 张（含）以上、取得《社会养老服务机构设置批准书》和《民办非企业单位》证书并投入使用后，由省财政按照核定的床位数给予每个床位 3000 元补助。租用用房且租期 5 年（含）以上的非营利性民办养老服务机构，床位数达到 50 张（含）以上，由省财政按照核定的床位数分 5 年给予每个床位每年 500 元补助。床位数在 50 张以内和已建成投入使用的非营利性民办养老服务机构，是否给予补助及具体补助办法、标准，由所在县（市、区）政府确定”。

2009 年 3 月 27 日，为贯彻落实《浙江省人民政府关于加快推进养老服务体系建设的意见》（浙政发〔2008〕72 号）精神，浙江省财政厅和民政厅联合颁布《浙江省民办养老服务机构省级专项补助资金使用管理办法》（浙财社字〔2009〕50 号），明确了“民办养老服务机构省级专项补助资金（以下简称专项资金），是指从省级财政预算和省级福利彩票公益金中安排，用于我省民办养老服务机构新增床位补助的专项资金”。2008 年及以后年度，一次性新增床位数达到 50 张以上（含，下同），取得《社会养老服务机构设置批准书》和《民办非企业单位证书》，并投入使用的非营利性民办养老服务机构，按核定的新增床位数，一次性给予每个床位 3000 元的补助；“2008 年及以后年度，租用场地新增床位数达到 50 张以上，且租用期 5 年以上，并取得《社会养老服务机构设置批准书》和《民办非企业单位证书》的非营利性民办养老服务机构，按核定的新增租用床位数，每年给予每个床位 500 元的补助，补助时间最长不超过五年”。“新增床位补助主要用于改、扩、新建民办养老服务机构所需费用支出。租用场地新增床位补助主要用于补助民办养老服务机构租赁养老服务用房所需费用支出。”

2011 年 12 月 15 日浙江省政府颁布的《关于深化完善社会养老服务体系建设的意见》（浙政发〔2011〕101 号）不仅提高了对民办养老机构的床位补贴金额，降低了申请补助的门槛要求，而且第一次建立了直接面向低收入失能、半失能老人的养老服务补贴制度，补贴政策开始从“补供方”转向“供方和需方并重”。

① 浙政办发〔2006〕84 号文件规定：“暂免征收社会福利院、敬老院、养老院、老年公寓等养老机构企业所得税、养老服务收入营业税，以及老年服务机构自用房产、土地、车船的房产税、城镇土地使用税和车船使用税；营利性养老机构要照章纳税，如纳税确有困难的，按税法管理权限，报经税务部门批准，可给予减免照顾；减免养老机构行政事业性收费（国家法律法规另有规定的除外）；养老机构缴纳水利建设专项资金确有困难的，可报经税务部门批准，予以减免照顾。”

浙政发〔2011〕101号文件规定："省财政设立社会养老服务体系建设专项资金，重点用于养老服务补贴、养老服务机构建设、居家养老服务设施建设和鼓励发展民办养老服务机构等，并向农村和欠发达地区倾斜。从2012年起，省财政对用房自建、床位数达到20张及以上、符合有关部门规定资质条件的非营利性民办养老服务机构，按核定床位一次性给予每张床位6000元补助；对租用用房且租用期3年以上的非营利性民办养老服务机构，达到前述条件的，省财政按核定床位给予每张床位每年1000元补助，连续补助3年。在此基础上适当提高对护理型养老服务机构的床位补助标准。省级社会养老服务体系建设专项资金使用管理办法由省财政厅、省民政厅制订。"

与浙政发〔2008〕72号文件相比，浙政发〔2011〕101号文件将申请补贴养老机构的床位数从原先的50张降低到20张，一大批中小型养老机构能够申请新增床位补助和租用场地新增床位补助。另外补助的标准也大大提高，新增床位补助从原先每张核定床位3000元增加到6000元，租用场地新增床位补助从原先的每张新增床位每年500元，最多补助5年，改为每张新增床位每年1000元，连续补助3年，不仅每张新增床位的补助金额增加500元，而且提前两年完成发放。为了特别鼓励护理型床位的增长，浙政发〔2011〕101号文件还提出"在此基础上适当提高对护理型养老服务机构的床位补助标准"。[①]

浙政发〔2011〕101号文件还规定："建立养老服务补贴制度。对城乡最低生活保障家庭中的失能、失智老人，政府给予养老服务补贴。根据老年人或其家庭意愿，到养老服务机构接受服务的，其养老服务补贴由当地民政部门支付给相应的养老服务机构；居家接受服务的，其养老服务补贴由当地民政部门支付给提供服务的居家养老服务企业或从事居家养老服务的机构。从2012年起，养老服务补贴标准参照当年度重度残疾人托（安）养费用补助标准执行。有条件的地方，可将政府养老服务补贴范围扩大到中低收入家庭中的失能、失智老人以及高龄老人等。省民政厅要会同有关部门制订养老服务补贴的具体实施办法。"

2012年5月，浙江省民政厅、财政厅联合印发《浙江省养老服务补贴制度实施意见》（浙民福〔2012〕81号），对浙江省养老服务补贴制度的定位、补贴对象、补贴标准、补贴方式等做了进一步的明确："养老服务补贴制度是指对低收入的失能、失智、高龄、独居等养老困难老年人，经过评估，采取政府补贴的形

① 2014年4月25日浙江省人民政府发布的《关于发展民办养老产业的若干意见》（浙政发〔2014〕16号）进一步降低了补贴门槛，提高了补贴标准："加大财政投入和扶持力度。省财政对用房自建、床位数达到20张及以上、符合相关文件规定资质条件的民办非营利性养老机构，按核定床位一次性给予每张床位6000元补助；对租用用房且租用期3年以上、床位数达到20张及以上的民办非营利性养老机构，按核定床位给予每张床位每年1000元补助，连续补助3年。属于护理型民办养老服务机构，待其护理老人入住率达到60%及以上，在一次性床位建设补贴的基础上，按核定床位每张额外增加2000元补助；租用用房床位每张额外增加1000元补助。各地要建立财政资金扶持制度，加大社会筹资力度，配套安排相应的建设和购买服务资金，支持民办养老服务发展"。

式，为他们接受居家养老服务或者入住养老机构提供支持的一种制度。从 2012 年起，各地要以县（市、区）为单位，在养老服务需求评估基础上，全面建立养老服务补贴制度，对符合条件的老人提供养老服务补贴……养老服务补贴的对象是城乡最低生活保障家庭中的 60 周岁以上的失能、失智等生活不能自理的老年人（以下简称一类补贴对象）；有条件的地方，可将养老服务补贴范围扩大到中低收入家庭中的失能、失智、高龄、独居老年人（以下简称二类补贴对象）。一类补贴对象应符合以下基本条件：（一）属于低保对象；（二）年龄 60 周岁以上；（三）因进食、穿衣、个人卫生、如厕、移动等不能自理而需他人帮助，或因丧失认知能力日常生活必须有人照顾，经养老服务需求评估确定为重度依赖者。二类补贴对象的基本条件由县（市、区）人民政府民政部门会同财政、卫生等部门提出，报同级人民政府批准……一类补贴对象的养老服务补贴标准，参照当年度重度残疾人托（安）养费用补助标准执行（现行标准为：入住养老机构的，每人每年补贴 12 000 元；居家接受养老服务的，每人每年补贴 4800 元）[①]。一类补贴对象入住养老机构的，其本人的低保金与养老服务补贴不再重复享受；居家接受服务的，其本人的低保金不计入养老服务补贴。已经纳入重度残疾人托（安）养的老人，不再享受养老服务补贴。二类补贴对象的养老服务补贴标准，各地可依据补贴对象的经济状况及所需的照料程度，划分为不同档次，确定相应补贴标准。养老服务补贴通过向补贴对象提供服务的方式实现。县（市、区）民政部门或乡镇人民政府（街道办事处）应与提供养老服务的机构或组织签订购买服务协议。对入住养老机构的补贴对象，县（市、区）民政部门或乡镇人民政府（街道办事处）按补贴标准向相关的养老机构购买服务，由后者为补贴对象提供服务；对居家接受服务的补贴对象，县（市、区）民政部门或乡镇人民政府（街道办事处）按补贴标准向从事居家养老服务的企业或组织购买服务，由后者为补贴对象提供服务……各市、县（市、区）应将养老服务补贴及开展养老服务需求评估等相关经费列入同级财政预算。为一类补贴对象提供养老服务补贴，省级财政按省对市县转移支付有关规定给予适当补助”。[②]

浙江省的养老服务补贴制度有如下几个亮点。

（1）实现了从“补供方”到“补需方”的思路转变，增加了老年人的选择权。长期以来，养老服务补贴都是针对养老服务机构建设成本和运营成本的“供方补

---

① 2014 年，根据社会服务收费水平的上涨，浙江省及时调整了补贴标准，机构养老服务补贴标准上调为每人 15 000 元/年，居家养老服务补贴为每人 6000 元/年。

② 2014 年 4 月 23 日浙江省人民政府发布的《关于加快发展养老服务业的实施意见》（浙政发〔2014〕13 号）中明确：“完善养老服务补贴制度，省政府对城乡最低生活保障家庭中的失能、失智等生活不能自理的老年人给予养老服务补贴。各地要根据补贴对象的实际状况，在省定最低标准基础上适当提高补贴标准，并将经济困难的高龄、失能等老年人纳入补贴范围。”

贴”，得到补贴的主要是公办养老机构，能够实际享受这些补贴好处的很多入住老人却并不是真正需要得到政府补贴的弱势老人。浙政发〔2008〕72 号文件推出针对民办养老机构的新增床位补助政策也带来了“为了床位补贴而摆床”的意外后果，完全违背了床位补贴政策的初衷。养老服务补贴直接将补贴发给最需要得到政府补贴的弱势老人（需方），通过增加他们的支付能力，由他们自主选择入住的养老机构或提供居家养老服务的企业或组织，尊重和增加老年人的选择权。

（2）补贴对象政策精准度高，补助标准城乡一致，制度更加公平。与面向所有高龄老人的高龄津贴制度不同，养老服务补贴的补助对象要求同时具备“身体失能（失智）”和“经济困难”两个条件。已有人口学研究表明，收入和人均预期寿命之间呈正相关关系，这就是人口学中著名的普雷斯顿曲线（Preston，1975）。因此，看似普惠公平的高龄津贴，其实其享受者更多是经济社会条件较好的老年人，出现了逆向收入再分配效应。浙江省的养老服务补贴将补贴对象限定于“低保人口中的失能（失智）老人”，政策精准度大大提高，能有效避免高龄津贴的逆向收入再分配效应。而且城乡老年人的养老服务补贴的标准一致，制度更加公平。

（3）有利于包括公办养老机构和民办养老机构在内的各类养老机构公平竞争。即使浙政发〔2008〕72 号文件推出了针对民办养老机构的新增床位补助政策，公办养老机构能够获得的建设补贴和运营补贴仍然远远超过民办养老机构，这带来了公办养老机构建设标准过高、公办养老机构“一床难求”情况加剧等意外政策效果。用需方补贴代替对养老服务机构的供方补贴后，各类养老机构包括企业制民办养老机构①都可以凭借各自提供的养老服务来吸引更多的老人入住，进而获得更多的政府补贴，从而创造出一个更加公平、有效的养老服务市场。

2014 年 4 月 23 日浙江省人民政府发布的《关于加快发展养老服务业的实施意见》（浙政发〔2014〕13 号）中进一步明确提出：“到 2020 年，全面建成以居家为基础、社区为依托、机构为支撑，功能完善、布局合理、规模适度、覆盖城乡的养老服务体系；基本形成‘9643’的养老服务总体格局，即 96%的老年人居家接受服务，4%的老年人在养老机构接受服务；不少于 3%的老年人享有养老服务补贴。”

---

① 2017 年 4 月 28 日，浙江省民政厅等 13 个部门发布的《转发民政部、发展改革委等 13 部委关于加快推进养老服务业放管服改革的通知》（浙民福〔2017〕79 号）中提出：“要形成鼓励社会力量投资养老服务的政策导向，对服务失能和半失能老年人的民办营利性养老机构，享受与非营利养老机构同等运营补贴政策。”这一举措被 2019 年 3 月 29 日国务院办公厅发布的《关于推进养老服务发展的意见》（国办发〔2019〕5 号）推广：“接收经济困难的高龄失能老年人的养老机构，不区分经营性质按上述老年人数量同等享受运营补贴，入住的上述老年人按规定享受养老服务补贴。”

任何补贴制度都可能带来人们行为的变化。如前所述，当我们把补贴给养老机构并压低养老服务价格，会引发对优质低价公共养老服务资源的非价格竞争，如“排队”或者“走后门”；当我们把补贴直接发给老人，也可能会引发“失能老人”人数的增加。与生病相比，“失能”并不那么容易得到准确的鉴定。一个完善的养老服务需求评估制度是避免养老服务补贴相关道德风险的制度保障。

2011 年 12 月 16 日国务院办公厅印发的《社会养老服务体系建设规划（2011—2015 年）》中首次提出：“建立老年人入院评估、养老服务需求评估等评估制度。”

2012 年 4 月 25 日，浙江省民政厅和卫生厅联合发布的《浙江省养老服务需求评估工作实施意见（试行）》规定：“养老服务需求评估是指按照一定的组织方式和程序，对老年人的经济状况、身体状况、居住状况、养老服务需求意愿等进行调查评估，形成评估意见，作为提供养老服务补贴或安排入住养老机构的依据。从 2012 年起，各县（市、区）都要按照本意见制订养老服务需求评估办法或规程，开展养老服务需求评估工作。开展养老服务需求评估，要坚持公开、公平、公正的原则，评估意见要经得起检验。在评估方式上要遵循严谨、务实、高效的要求，严格履行规定程序，充分利用现有的低保管理信息和残疾人状况调查成果，紧密结合基层实际，做到简便易行，实行动态管理。市、县（市、区）民政部门及养老服务指导中心应会同卫生部门成立养老服务需求评估指导小组，负责养老服务需求评估的组织、指导、协调工作；负责制定养老服务需求评估办法或规程，编制《养老服务补贴申请表》、《养老服务需求评估表》和《养老服务补贴告知书》；负责对乡镇或街道、村（社区）的评估人员进行业务培训，逐步推行评估人员持证上岗制度。”

养老服务评估的内容包括：①评估对象的身份信息，包括姓名、年龄、性别、户籍或常住地、家庭住址等。②评估对象的经济状况，通过对评估对象及家庭经济收入情况的调查评估，按照当地养老服务补贴设置档次的需要，区分为低保家庭、低保边缘家庭、其他低、中收入家庭等。③评估对象的身体状况，通过对评估对象在进食、穿衣、个人卫生、如厕、行走移动等方面能力的调查评估，按照当地养老服务补贴设置档次的需要，区分为重度依赖、中度依赖、轻度依赖、正常等不同状况。市、县民政部门可会同卫生部门明确具体评估标准。④评估对象的居住状况，通过对评估对象居住状况的调查，区分为孤寡独居、与配偶同住、与子女或亲友同住等状况，掌握评估对象的照护责任人。⑤评估对象的养老服务需求意愿，通过对评估对象或其家庭的调查，区分评估对象在服务形式上愿意去机构养老还是接受居家养老服务，愿意接受居家养老服务的还应将服务内容区分为生活照料服务、医疗保健服务、家政服务、紧急救助服务或其他服务等。

养老服务需求评估的程序包括：①申请。评估对象本人或家属（也可委托他人）向村（居）民委员会提出养老服务补贴申请，并填写《养老服务补贴申请表》，提交身份证、户口簿、低保证、医学诊断等相关证明。②村（社区）初评。村（居）民委员会接到申请后，应在5个工作日内组织初评小组上门对评估对象的身份信息、经济状况、居住状况等进行初评，根据情况及时报请乡镇或街道评估。③乡镇或街道评估。乡镇或街道接到村（居）民委员会的评估请求后，应在15个工作日内组织评估小组对评估对象进行评估，填写《养老服务需求评估表》，根据调查评估情况，作出评估意见。评估意见应明确是否初步同意评估对象享受养老服务补贴及享受补贴的档次，明确评估对象接受服务的方式（居家养老服务或入住养老机构）。④公示。村（居）民委员会应将拟享受养老服务补贴的评估意见在所在村（社区）予以公示，公示期为5个工作日，无重大异议的将评估意见和相关材料报乡镇人民政府或街道办事处审核。⑤审核。乡镇人民政府或街道办事处应在10个工作日内对评估小组的评估意见进行审核，审核同意的将评估意见和有关材料报县（市、区）民政部门核准。⑥核准。县（市、区）民政部门应在收到审核意见及有关材料后10个工作日内作出是否核准的意见，予以核准的，向申请对象发给《养老服务补贴告知书》，不予核准的，应书面说明理由。

2011年7月，浙江省民政厅在全省选择17个县（市、区）试点进行养老服务需求评估工作。2012年5月，《浙江省养老服务补贴制度实施意见》正式出台后，当年发放养老服务补贴1.9234亿元，111 763人享受养老服务补贴，其中一类补贴对象14 454人，人均补贴金额4733元；二类补贴对象97 309人，人均补贴金额1274元。到2013年底，养老服务补贴制度在全省90个县（市、区）全面实施。

根据浙江省民政厅提供的数据，2019年浙江省共有356 979人享受到养老服务补贴，占当年老年人人数1152.61万人的3.10%，提前达到了《浙江省社会福利事业“十三五”规划》提出的2020年享受养老服务补贴老年人占比达到3%的约束性指标。其中，享受机构养老服务补贴的一类对象16 805人，每年人均享受补贴3348元；二类对象2 009 097人，每年人均享受925元。

截至2019年底，全省累计享受养老服务补贴人数达2 149 957人，共计发放补贴资金26.6560亿元（表2.35）。其中一类补贴对象累计达140 860人，占总人数的6.55%，年均17 608人[①]，人均年补助金额3970元；二类补贴对象累计达2 009 097人，占总人数的93.45%，年均251 137人，人均年补助金额1048元。

① 笔者2011年到2012年主持了浙江省民政厅课题《浙江省养老服务财政补贴政策与政府购买制度研究》（126002-F41206），当时老年人平均失能比率3.48%，我们按10%的失能比率对2011年到2015年一类对象数量的保守估算为2.28万～2.75万人（杨一心和张翔，2013b）。可见在低保失能老人的养老服务补贴政策执行过程中，老年人谎报失能状况的道德风险情况并不像我们曾经担心的那么严重。

表 2.35　2012 年到 2019 年浙江省养老服务补贴领取人数和补贴金额

项目	享受养老服务补贴人数/人			养老服务补贴资金/万元		
	补贴老人数	一类补贴对象	二类补贴对象	年资金投入	一类对象补贴金额	二类对象补贴金额
2012 年	111 763	14 454	97 309	19 234	6 841	12 393
2013 年	145 078	20 390	124 688	20 417	8 194	12 223
2014 年	217 120	14 023	203 097	29 598	6 403	23 195
2015 年	281 271	15 941	265 330	36 910	7 043	29 867
2016 年	335 624	18 015	317 609	40 657	8 372	32 285
2017 年	373 678	24 345	349 333	46 228	7 675	38 553
2018 年	328 444	16 887	311 557	36 411	5 766	30 645
2019 年	356 979	16 805	340 174	37 105	5 626	31 479
合计	2 149 957	140 860	2 009 097	266 560	55 920	210 640

注：数据来自浙江省民政厅相关处室

另据董红亚（2014）的《浙江养老服务补贴制度实践与发展》，2014 年 9 月享受养老服务补贴的 151 107 人中，一类对象 11 973 人，占总人数的 7.92%，其中入住机构的有 1827 人，占到总人数的 1.21%，接受居家服务的有 10 146 人，占总人数的 6.71%；二类对象 139 134 人，占总人数的 92.08%，其中入住机构的 1223 人，占总人数的 0.81%，接受居家服务的 137 911 人，占总人数的 91.27%。全部补贴对象中，选择入住机构的老年人仅占全部享受养老服务补贴老年人数的 2.02%（表 2.36）。

表 2.36　2014 年 9 月全省享受养老服务补贴人数及分布

项目	合计	一类对象		二类对象	
		机构养老	居家养老	机构养老	居家养老
总人数/人	151 107	1 827	10 146	1 223	137 911
占比	100%	1.21%	6.71%	0.81%	91.27%

截至 2014 年 9 月，浙江省已发放补贴资金 51 059 万元，人均补贴标准达 1469 元/年。一类对象，入住机构人均补贴为 9193 元/年，居家服务人均补贴 3342 元/年；二类对象，入住机构人均补贴达 4007 元/年，居家服务人均补贴 1103 元/年，见表 2.37（董红亚，2014）。

表 2.37　2012～2014 年 9 月浙江省养老服务补贴人均享受金额情况

总金额/万元	年人均补贴/元	一类对象				二类对象			
		机构养老		居家养老		机构养老		居家养老	
		总金额/万元	人均/元	总金额/万元	人均/元	总金额/万元	人均/元	总金额/万元	人均/元
51 059	1 469	5 228	9 193	10 207	3 342	1 395	4 007	34 229	1 103

此外，除了对低收入失能（失智）老年人的养老服务补贴，浙江省为了完善养老服务人才和就业政策，出台了专门针对养老护理人员队伍建设的职业培训和职业技能鉴定补贴、养老服务岗位就业补贴和养老护理员特殊岗位津贴、技术等级津贴、社保补贴、入职奖补等相关政策，以及民办养老机构实习实训补贴等政策。

2014 年 4 月 23 日浙江省政府发布的《关于加快发展养老服务业的实施意见》（浙政发〔2014〕13 号）规定：“从 2013 年起，进入本省福利性、非营利性养老服务机构，从事养老服务、康复护理等工作的高校和中职学校老年服务与管理、家政服务与管理、护理、康复治疗、中医护理、中医康复保健、康复技术等老年服务与管理类专业和方向的毕业生，就业满 5 年后按相关规定给予一次性奖补……加强养老护理人员培训。依托大专院校和养老服务机构等，设立养老护理人员培训基地。对符合条件的参加养老护理职业培训和职业技能鉴定的从业人员，按规定给予补贴……定期发布养老护理员工资指导价位，建立养老服务岗位就业补贴和养老护理员特殊岗位津贴制度，提高养老护理员工资福利待遇。对养老服务机构和组织中取得职业资格证书并从事养老护理岗位工作的护理人员给予技术等级津贴。养老服务机构和组织应当依法缴纳社会保险，对单位缴纳的部分可给予社保补贴。就业困难人员以灵活就业方式从事居家养老服务的，可按规定享受灵活就业社保补贴。”

2014 年 4 月 25 日浙江省政府发布的《关于发展民办养老产业的若干意见》（浙政发〔2014〕16 号）规定：“鼓励高校和中职学校学生到民办养老机构实习实训，并按照所在地有关政策给予实习实训补贴……提高养老服务从业人员的薪酬待遇。人力社保、民政部门在每年 6 月底前向社会公布当地护理人员职位工资指导价位，督促指导民办养老服务机构落实护理人员待遇。建立护理员特殊岗位津贴制度，对取得《养老护理员职业资格证书》并从事养老护理岗位工作的人员，按照初级、中级、高级、技师不同等级，由当地财政给予一次性奖励或相应补贴。”

2015 年 3 月 1 日正式实施的《浙江省社会养老服务促进条例》第二十八条规定：“高等学校和职业技术学校毕业生，进入本省政府投资设立的养老机构、民间资本设立的非营利性养老机构和组织、社区居家养老服务照料中心工作的，按照省有关规定给予入职奖励和补贴。”①

2017年1月23日，民政部等13部门在《关于加快推进养老服务业放管服改革的通知》（民发〔2017〕25号）中提出：“转变运营补贴发放方式。各地养老服务机构运营补贴发放方式应逐步由‘补砖头’‘补床头’向‘补人头’转变，依据实际服务老年人数量发放补贴。对服务失能老年人的补贴标准应予以适当倾斜，对提供相同服务的经营性养老机构应享受与公益性养老机构同等补贴政策。”

2019年3月29日，国务院办公厅在《关于推进养老服务发展的意见》（国办发〔2019〕5号）中提出：“建立健全长期照护服务体系。研究建立长期照护服务项目、标准、质量评价等行业规范，完善居家、社区、机构相衔接的专业化长期照护服务体系。完善全国统一的老年人能力评估标准，通过政府购买服务等方式，统一开展老年人能力综合评估，考虑失能、失智、残疾等状况，评估结果作为领取老年人补贴、接受基本养老服务的依据。全面建立经济困难的高龄、失能老年人补贴制度，加强与残疾人两项补贴政策衔接……（民政部、财政部、卫生健康委、市场监管总局、医保局、银保监会、中国残联按职责分工负责）。”

这些中央政府的文件肯定了浙江省从2011年开始建立养老服务补贴制度，从“补砖头”“补床头”向“补人头”转变的养老服务补贴制度的改革方向。但是我们也要清醒地看到，浙江省的养老服务补贴制度有待进一步发展。

根据2020年9月22日网络直播的浙江省人民代表大会常务委员会养老服务体系建设专题询问会上浙江省财政厅副厅长沈磊的介绍：浙江省财政厅自 2012年开始设立养老服务专项资金3亿元，到2020年养老服务专项资金达8.25亿元，每年增长13.5%。2016～2020年共安排专项资金38亿元，其中养老服务机构建设和设备设施支出占54%，公办养老机构和社区照料中心补助占25%，养老服务补贴占15%，护理员补贴和信息化建设6%。

从上述财政补贴的支出结构看，大部分补贴还是针对供方和机构的硬件建设补贴，针对需方和个人的补贴占比偏低。

浙江省财政厅副厅长沈磊在专题询问会上也表示，“十四五”期间养老服务体系建设将重点解决结构性矛盾，财政资金从重点解决量的不足逐步向聚焦支持

---

① 2019年3月29日，国务院办公厅在《关于推进养老服务发展的意见》（国办发〔2019〕5号）中提出：“按规定落实养老服务从业人员培训费补贴、职业技能鉴定补贴等政策。鼓励各类院校特别是职业院校（含技工学校）设置养老服务相关专业或开设相关课程，在普通高校开设健康服务与管理、中医养生学、中医康复学等相关专业。推进职业院校（含技工学校）养老服务实训基地建设。按规定落实学生资助政策。对养老服务机构招用就业困难人员，签订劳动合同并缴纳社会保险费的，按规定给予社会保险补贴。加强从事养老服务的建档立卡贫困人口职业技能培训和就业指导服务，引导其在养老服务机构就业，吸纳建档立卡贫困人口就业的养老服务机构按规定享受创业就业税收优惠、职业培训补贴等支持政策。对符合小微企业标准的养老服务机构新招用毕业年度高校毕业生，签订1年以上劳动合同并缴纳社会保险费的，按规定给予社会保险补贴。落实就业见习补贴政策，对见习期满留用率达到50%以上的见习单位，适当提高就业见习补贴标准。”

质的提升转变，从主要“补供方”到“补需方”转变，促进省养老机构规模化、品牌化、连锁化的发展；强化政府兜底保障，进一步支持敬老院改造提升工程，完善困难家庭失能失智老人补贴制度，支持开展困难家庭适老化改造，持续推进养老服务专项资金的绩效评价制度，建立绩效评价的结果与资金投入相挂钩的激励约束并行机制。

第三章　浙江省养老服务机构的价格管理制度改革

在对民办养老机构的调研中，笔者经常听到养老机构负责人抱怨“缺地、缺钱、缺人”。“缺地”指民办养老机构项目“落地难”，招拍挂的土地太贵难以负担，租赁的土地又怕租期不够长，不敢加大装修投资力度；“缺钱”指民办养老机构很难像公办养老机构那样获得大量政府补贴；“缺人”则主要指养老机构的护工特别是有专业技能的年轻护工招聘难，护工队伍流动率高，留人难。

一次笔者访谈一位民办养老机构的负责人戴院长。他刚和我抱怨完护工招聘中的辛酸苦辣，我随口问他：“那你是不是不喜欢招收失能老人入住呢？”

没想到他诧异地反问笔者：“为什么会不喜欢收失能老人入住？”

笔者说：“失能老人需要更多的护工服务呀，现在护工这么难招……”

戴院长打断笔者的话：“我更喜欢收失能老人入住，因为同样一张床位，收失能老人比收自理老人赚得更多。”

笔者追问：“为什么呢？照顾失能老人不是需要更多的人工吗？”

戴院长回答说：“照顾失能老人的人工成本的确更高，但我的收费标准能高得更多呀。如果是自理老人，我收费稍微高一点人家就会嫌贵，宁愿待在家里。但失能老人不一样，如果待在家里就得子女照顾或者请保姆。请住家保姆现在每个月怎么不得三五千块？我这里 4～6 位失能人住一间，两个护工轮班提供 24 小时服务，工作强度是比住家保姆大多了，但我给护工加工资啊，加到五千六千，还包吃住，有的年轻护工就愿意干……当然，对老人来说，一个人照顾几个人当然比不上住家保姆随叫随到服务质量那么好，但护工的护理费用被 4～6 位老人一摊，还是要比住家保姆便宜不少。老人们大多希望养老金负担入住费用后还能有点余钱。而且我这有专业医护人员，随叫随到，让人放心。所以我们这里失能老人愿意来，我们也愿意收……”

比起在医院照顾病人或者做住家保姆，养老机构的护工工作强度大，更脏更累，收入却没有相对优势。笔者调查过的养老机构中，除了个别能招带编制护工的公办养老机构外，几乎所有的养老机构都反映护工队伍招聘难、流动率高。许多养老机构因此排斥失能老人入住。

但戴院长的一席话却让笔者发现，同样是面临护工招聘难、流动率高的问题，公办养老机构和民办养老机构在收住失能老人的意愿上却似乎截然不同。公办养老机构倾向排斥失能老人入住，而民办养老机构却欢迎失能老人入住。

那么戴院长说的情况有代表性吗？如果是的话，那么为什么公办养老机构和民办养老机构在收住失能老人问题上会有截然不同的态度呢？

在本章的案例五中，我们将会通过对F市公办养老机构F市社会福利院和民办养老机构夕阳红托老院的比较案例分析，探讨不同性质养老机构对收住失能老人态度差异的财务原因。在案例六中，我们会通过G县全部58家各类养老机构收住失能老人的数据，进一步展现不同性质养老机构对收住失能老人的行为差异，并探讨其背后的影响因素。在案例七中，我们会剖析专门面向失能老人照护的民办养老机构康薇益智老年公寓案例，讨论民办护理型养老机构的发展逻辑。最后我们还会通过对杭州市第三社会福利院案例价格管理综合改革的个案研究（案例八），展现全国第一个公办养老机构价格管理改革试点单位在养老服务价格改革方面的可贵探索，分析价格改革的原因、价格改革中的约束条件及价格改革的效果。在本章的最后，我们会介绍和评价浙江省在养老服务价格改革方面的政策进展。

第一节 养老机构价格管理制度改革的背景

1997年12月29日通过并于1998年5月1日开始施行的《中华人民共和国价格法》（以下简称《价格法》）第三条规定："国家实行并逐步完善宏观经济调控下主要由市场形成价格的机制。价格的制定应当符合价值规律，大多数商品和服务价格实行市场调节价，极少数商品和服务价格实行政府指导价或者政府定价……政府指导价，是指依照本法规定，由政府价格主管部门或者其他有关部门，按照定价权限和范围规定基准价及其浮动幅度，指导经营者制定的价格。政府定价，是指依照本法规定，由政府价格主管部门或者其他有关部门，按照定价权限和范围制定的价格。"

《价格法》第六条规定："商品价格和服务价格，除依照本法第十八条规定适用政府指导价或者政府定价外，实行市场调节价，由经营者依照本法自主制定。"《价格法》第十八条规定："下列商品和服务价格，政府在必要时可以实行政府指导价或者政府定价：（一）与国民经济发展和人民生活关系重大的极少数商品价格；（二）资源稀缺的少数商品价格；（三）自然垄断经营的商品价格；（四）重要的公用事业价格；（五）重要的公益性服务价格。"因此除了第十八条所列五种情况之外的其他商品和服务价格实行市场调节价。

《价格法》第十九条规定："政府指导价、政府定价的定价权限和具体适用范围，以中央的和地方的定价目录为依据。中央定价目录由国务院价格主管部门制定、修订，报国务院批准后公布。地方定价目录由省、自治区、直辖市人民政府价格主管部门按照中央定价目录规定的定价权限和具体适用范围制定，经本级人民政府审核同意，报国务院价格主管部门审定后公布。省、自治区、直辖市人民政府以下各级地方人民政府不得制定定价目录。"换言之，没有列入定价目录的商品和服务，不得实行政府指导价或政府定价。

《价格法》第二十一条规定："制定政府指导价、政府定价，应当依据有关商品或者服务的社会平均成本和市场供求状况、国民经济与社会发展要求以及社会承受能力，实行合理的购销差价、批零差价、地区差价和季节差价。"这一条说明了制定政府指导价和政府定价时需要考虑的因素。《价格法》第二十二条到二十五条还对政府指导价和政府定价的制定流程、听证会制度及适时调整做了规定。

浙江省政府对养老机构服务价格管理经历了从"不管"到"公办养老机构的收费标准应报价格主管部门确定"再到"政府投资养老机构的基本服务项目由政府价格主管部门制定"的变化过程。

2002 年公布的第一版《浙江省定价目录》并没有把公办养老机构或民办养老机构的养老服务价格纳入政府定价范围。

2006 年 5 月 23 日浙江省政府办公厅发布的《关于促进养老服务业发展的通知》（浙政办发〔2006〕84 号）规定："改革和完善养老机构收费制度。除政府投资的养老机构的收费标准应报价格管理部门确定外，其他养老机构的服务收费，由养老服务机构根据设施条件、服务项目和标准，自行确定收费标准。"虽然此时养老机构的养老服务仍然没有被列入《浙江省定价目录》的政府定价范围，但很多地区的价格管理部门依据浙政办发〔2006〕84 号文件对政府投资的养老机构实行了事实上的价格管理。

如第二章的几个案例所示，公办养老机构的"高补贴-低价格"政策导致了对优质低价公办养老床位的竞争，加剧了公办养老机构"一床难求"的状况，出现了"开后门"等不良现象，入住公办养老机构的很多老年人并不是最需要得到政府帮助的低收入失能半失能老人，不利于优化养老资源配置；"高补贴-低价格"政策也挤占了民办养老机构的市场空间，不利于增加养老服务供给；"高补贴-低价格"政策阻碍了正常的服务价格调整，加剧了养老院护工流失，不利于保证养老服务质量，影响了养老服务体系的健康持续发展。

2010 年，浙江省物价局颁布了《关于颁发〈浙江省定价目录〉的通知》（浙价法〔2010〕239 号），第一次修订后的《浙江省定价目录》（2010 年 9 月 1 日起施行）正式规定"辖区内政府投资的养老服务机构普通服务项目"作为"重要公益性服务"，其"收费标准"由"市、县人民政府""实行政府定价"，为政府对"政府投资的养老服务机构普通服务项目"的价格管理提供了法律依据。

但直到 2014 年 10 月之前，浙江省物价局一直没有出台与该政策配套的具体管理办法和实施细则。各地价格主管部门对养老服务行业都不甚了解，因此对基本养老服务内容的界定、干预的程度和管理方法都难以明确（章国平等，2011）。

2012 年，浙江省物价局委托浙江大学"浙江省养老服务收费管理"课题组对养老服务价格管理到底应该“管什么”“管多少”“怎么管”等问题展开调研。2012 年 11 月，课题报告《浙江省养老服务价格管理研究报告》建议“政府投资的养老服务机构”仅限于公办公营养老机构，建议单人间/套间床位费、特殊护理费、伙食费和特需服务不列入政府定价范围，仅将照顾自理和半失能老人的护理费及标准间/多人间的床位费列入政府定价范围；建议配合浙江省养老服务补贴制度的实施，随着对需方补贴的逐步增加，相应地逐步减少对公办养老机构的建设和运营补贴，公办养老机构试点将固定资产折旧计入成本核算，逐步实现运营成本定价和完全成本定价。

该报告的核心观点在浙江省物价局内部形成了初步的共识。但为了政策的出台更为稳妥，浙江省物价局让杭州市民政局选择一家公办养老机构对价格改革方案进行试点。随后杭州市第三社会福利院（以下简称三福院）被杭州市确定为全国第一家公办养老机构服务价格管理综合改革的试点单位（本书案例八）。杭州市三福院的价格改革方案几上几下，数易其稿。2014 年 9 月 26 日，杭州市第三社会福利院终于领到了杭州市物价局颁发的收费许可证并于 2014 年 10 月 2 日正式开业。

在杭州市第三社会福利院服务价格综合改革试点的基础上，2014 年 10 月 20 日，浙江省物价局和民政厅联合颁布了《浙江省养老服务收费管理暂行办法》（浙价费〔2014〕235 号），于 2014 年 12 月 1 日起施行。《浙江省养老服务收费管理暂行办法》将政府实行指导价的范围界定为公办公营养老机构的普通床位费和普通护理费，第一次将固定资产折旧列入养老机构成本核对的床位费成本构成中。这是全国第一个省级价格管理部门出台的关于养老机构养老服务收费管理的暂行办法。

第二节　失能老人照护：为何公办机构避之不及，民办机构趋之若鹜

案例五　失能老人照护意愿差异：夕阳红托老院和 F 市社会福利院案例[①]

一、案例背景

F 市地处浙江省西南部，区域面积 2019 平方公里，下辖 3 个街道、11 个镇和

① 本案例来自张翔指导的浙江大学公共管理学院社会保障与风险管理系 2014 届本科生王旻楠同学的浙江大学本科生论文《社会自费老人的机构养老困境——以浙江省 F 市为例》，案例分析部分做了修订。

5 个乡。截至 2013 年底，F 市共有户籍人口 60.29 万人，其中 60 岁以上老年人口 109 760 人，占总人口数的 18.2%，纯老家庭人口达 77 732 人，占全市老年人口总数的 70.8%。

截至 2013 年底，F 市有各类养老机构 21 家，其中 1 家为公办的 F 市社会福利院，19 家为公办的乡镇、街道敬老院，1 家为民办的夕阳红托老院。全市养老机构工作人员共 139 名，床位数 3375 张，入住机构老人 1604 人，占老年人总数的 1.46%，名义床位空置率为 52.47%。入住老人中，有集中供养的五保对象 1169 人，社会自费老人 435 人，社会自费老人占入住机构老人的 27.12%。

435 位入住养老机构的社会自费老人中，有 116 位住在 130 个床位的民办机构夕阳红托老院中，140 位住在 200 个床位的公办养老机构 F 市社会福利院中，其余 179 位社会自费老人分散在 19 家乡镇、街道敬老院中，每家敬老院平均拥有 160 张床位，但除了 3 家敬老院收住了超过 20 位的社会自费老人外，其他 16 家平均每家收住约 5 位社会自费老人。

2013 年底，在 F 市社会福利院 140 位入住老人中，有自理老人 107 位，占 76.43%；半自理老人 28 位，占 20.00%；失能老人 5 位，仅占入住老人总数的 3.57%。在民办的夕阳红托老院的 116 位入住老人中，有 25 位完全自理老人，占 21.55%；40 位半失能老人，占 34.48%；51 位完全失能老人，占 43.97%。

为什么公办养老机构不喜欢收住失能半失能老人，而民办养老机构反而喜欢收住失能半失能老人呢？下面我们通过对 F 市夕阳红托老院和 F 市社会福利院的比较案例研究，对比其收住自理老人和失能老人的成本及收入差异，尝试对上述问题作出回答。

二、F 市夕阳红托老院与 F 市福利院比较案例

（一）F 市夕阳红托老院

F 市夕阳红托老院是由周某于 2004 年 3 月投资创办的一家民非性质的养老机构，地处 F 市福来镇，距离 F 市市区 30 公里。该院的建筑用地为周某的私人宅基地，总占地面积 2640 平方米，总建筑面积 2700 平方米，包括 3 层住宅 2 幢，4 层住宅 1 幢，总投资约 200 万元。

托老院共有房间 70 间，其中单人间 10 间，双人间 60 间，共有床位 130 张。每个房间内有电扇、衣柜等必要的家具电器。托老院设有值班室、医疗康复室、健身房、活动室、餐厅、公共浴室、花园及公共卫生间等。

2013 年末，托老院共有 116 位老人入住，包括 25 位自理老人、40 位半失能老人和 51 位完全失能老人，其中男性 46 人，占 39.66%；多数入住老人的文化程度是小学学历或以下；有 25 位老人靠自己的养老金支付入住费用，其余老人都依

靠儿女、亲戚支持。入住老人中没有五保老人。

夕阳红托老院共有10名工作人员，其中管理人员1人，医生1人，炊事员1人，护理员7人。所有工作人员均为中学或中专学历。7名护理员全部为女性，而且年龄均在50岁以上，均未取得护理证书。护理员的月工资因夜班天数不同在2200～2800元不等。

夕阳红托老院按每张床位6000元的标准获得了政府的建设补贴共78万元，全部补贴都用于房屋装修、购买家具设备等。

托老院对自理老人每月收取550元，这包括床位费、伙食费和水电费，不收取护理费。半自理老人和完全失能老人根据所需护理程度的不同，收取最高每月450元的护理费。2013年，全院床位费、伙食费和水电费收入为76.56万元，护理费收入为22.27万元，平均每个老人每月缴纳710元，营业收入为98.83万元。此外，2013年某老板捐赠人民币1万元；F市慈善总会给托老院捐赠了价值5000元的物资。全院2013年包括捐赠收入在内的总收入为100.33万元。

夕阳红托老院2013年的主要经营支出如下：①管理人员、医生、护理员及炊事员的工资及福利，其中管理员和医生每月工资及福利2800元；护理员基本工资每月2000元，200元餐费补贴，另有0～600元的夜班绩效工资，护理员月平均工资为2450元；炊事员工资每月2200元。2013年人工费用总计29.94万元。②每位老人每天伙食费标准为8元，2013年全年伙食费支出为33.8720万元。③2013年日常设施设备维护费用约5万元。④水电费支出为5万元。⑤预计设备使用年限为15年，按此年限进行折旧摊销，每年固定资产折旧13.3333万元。以上五项成本合计87.1453万元。

综上，夕阳红托老院2013年经营收入为98.8300万元；经营成本为87.1453万元；营业利润11.6847万元，不含补贴或捐赠的营业利润率为11.82%。

那么，如果夕阳红托老院只收住完全自理老人或者只收住失能老人，其经营情况会发生怎么样的变化呢？

（1）如果夕阳红托老院的116名老人均为完全自理老人，其营业收入仅限于床位费、伙食费和水电费三项收入，合计76.56万元。只收住完全自理老人时，5位护理员即可照护116位自理老人，因为没有夜班工作量，护理员月工资变成2200元，护理人员工资减少为13.20万元，炊事员、医生和管理员的工资不变，全年人工成本下降为22.56万元；伙食费支出33.8720万元；因减少了部分医疗设备的维修，维护费减少为2万元；水电费5万元；固定资产折旧13.3333万元。营业成本合计76.7653万元，营业利润为–0.2053万元，利润率–0.27%。

（2）如果夕阳红托老院收取的116名老人均为完全不能自理老人，其年床位费、伙食费和水电费三项收入合计76.56万元，护理费每人每月450元，合计62.64万元，营业收入合计139.20万元。由于1名护理员最多只能护理10名完全失能老人，护理人员数量增加到 12 人，因为夜班工作量每人月工资 2800 元，护理员工资增加到 40.32 万元；炊事员、医生和管理员工资不变；全年人工成本为 49.68 万元。伙食费维持 33.8720 万元不变；因医疗设备增加，维护费增加为 8 万元；水电费维持 5 万元不变；固定资产折旧假定维持 13.3333 万元不变。营业成本合计为 109.8853 万元，营业利润 29.3147 万元，利润率 21.06%。

从表 3.1 可以看出，与招收 116 位自理老人相比，夕阳红托老院招收 116 位完全失能老人虽然会使护工成本增加 27.12 万元，设备维护费增加 6 万元，但护理费收入增加了 62.64 万元。这意味着夕阳红托老院的每一位入住老人从自理老人变为失能老人，每月增加成本 237.93 元，但每月增加收入 450 元。全院年营业利润反而增加了 29.52 万元，利润率从–0.27%增加到 21.06%。

表 3.1　夕阳红托老院三种入住结构下各项营业指标比较

项目	全部为自理老人	目前实际情况	全部为失能老人
营业收入/万元	76.5600	98.8300	139.2000
床位费、伙食费、水电费/万元	76.5600	76.5600	76.5600
护理费/万元	0	22.2700	62.6400
营业成本/万元	76.7653	87.1453	109.8853
护理人员工资/万元	13.2000	20.5800	40.3200
其他人员工资/万元	9.3600	9.3600	9.3600
伙食费/万元	33.8720	33.8720	33.8720
设备维护费/万元	2.0000	5.0000	8.0000
水电费/万元	5.0000	5.0000	5.0000
固定资产折旧/万元	13.3333	13.3333	13.3333
营业利润/万元	–0.2053	11.6847	29.3147
利润率	–0.27%	11.82%	21.06%

（二）F 市社会福利院案例

F 市社会福利院创办于 1998 年，属于差额拨款事业单位性质的公办养老机构，距离 F 市市中心 2 公里，地理位置优越，环境宜人。福利院占地面积 4800 平方米，建筑面积 7300 平方米，容积率为 1.52。该建筑原为 F 市民政局，民政局搬迁后改建为养老机构。福利院由办公楼、住宿楼、食堂等部分组成，内设洗衣房、浴室、会议室、健身室、娱乐室、阅览室、医务室，配有电扇 180 台、彩电 80 台、空调 50 台、老年健身器材 5 套。

2011 年底，福利院共有 100 间双人间，200 张床位，有 70 位老人入住，其中 15 位老人包住双人间，真正空置床位为 115 张，实际床位空置率为 57.50%。F 市福利院有工作人员 18 位，其中管理人员 5 人、主治医师 2 人、合同制护理员 11 人。

据福利院负责人介绍，F 市社会福利院的收入主要分为事业收入、政府补助和其他收入三部分。事业收入部分包括床位费、护理费等；政府补助包括财政补助和上级补助；其他收入主要为社会捐赠等。

1998 年开业以来，F 市社会福利院的床位费有过三次大的调整。1998 年福利院刚营业时，福利院床位费标准由福利院自己拟定，价格偏低。2006 年，本着“以收抵支”的原则，F 市物价局将福利院床位费定为每月 200 元。2008 年，将床位费调整为一至三楼每月 140 元，四楼每月 100 元。2011 年，福利院将全部老人搬入设施较好的新楼，床位费变为每月 300 元（表 3.2）。2011 年，F 市社会福利院床位费收入 24.9643 万元。

表 3.2　F 市社会福利院 2006～2011 年基本收费标准（单位：元/月）

项目	2006 年	2007 年	2008 年	2009 年	2010 年	2011 年
床位费	200		140/100			300
最低护理费	120		140			230
最高护理费	150		200			面议

1998 年福利院刚开业时，护理费标准由福利院自己拟定，价格偏低。2006 年，F 市物价局将福利院护理费定为：二级护理每人每月 150 元，三级护理每人每月 120 元。2008 年，为了弥补福利院经费不足，护理费价格调整为：一级护理 200 元/月；二级护理 160 元/月；三级护理 140 元/月；特别护理双方协商。2011 年护理费价格调整为：自理老人 230 元/月，介助二级老人 280 元/月，介助一级老人 350 元/月，介护老人的价格由双方协商来定（经调研发现，F 市社会福利院介护老人全部自行雇用院外护理人员实行一对一照护）。2011 年，F 市社会福利院的护理费收入为 19.6420 万元，见表 3.3。

表 3.3　F 市社会福利院 2011 年收入结构表（单位：万元）

项目	营业收入			政府补贴		其他收入	合计
	床位费	护理费	伙食费	财政补贴	上级补助	社会捐赠	
金额	24.9643	19.6420	30.2400	44.0900	83.7960	15.6939	218.4262
小计	74.8463			127.8860		15.6939	

福利院实行包餐制，伙食费全部用于伙食支出。2011 年伙食费标准为每人每月 360 元，伙食费一年总计 30.2400 万元，全部用于伙食支出，没有结余。

2011 年福利院收到财政补助 44.0900 万元，上级补助收入 83.7960 万元，合计 127.8860 万元；另有社会捐赠等其他收入 15.6939 万元（表 3.3）。

2011 年，F 市社会福利院员工基本工资支出 9.8952 万元，津贴、福利、补贴等支出 60.2969 万元，人工支出共计 70.1921 万元，其中 11 名合同制员工每人每年人工成本约为 3 万元，7 位事业编制人员工资总和约为 37.1921 万元；食堂费用支出 30.2400 万元；办公费用支出 2.9469 万元；水电、物业费支出 6.6849 万元；招待费支出 24.5562 万元；维修费、培训费、材料费等其他支出共 39.9058 万元；对部分个人和家庭的补助支出 6.1259 万元；其他资产性支出，如购置办公设备、专用设备等资本性支出共 15.7280 万元。以上各项营业成本合计 196.3798 万元（表 3.4）。

表 3.4　F 市社会福利院 2011 年支出结构表（单位：万元）

项目	人工成本	食堂费用	办公费用	水电、物业费	招待费	其他支出	个人补助	资本性支出	合计
金额	70.1921	30.2400	2.9469	6.6849	24.5562	39.9058	6.1259	15.7280	196.3798

F 市社会福利院的土地使用权属于无形资产，发生时一次性记录，不进行摊销。F 市社会福利院的固定资产主要包括建筑、各类家具电器、医疗器械和活动器具等，由政府投资建设或购入，按照财政部《事业单位会计制度》（财预字〔1997〕288 号）不进行固定资产折旧。但为了解其完全成本，我们按如下方法进行简单估算：固定资产原值为 315.6749 元，预计净残值为 0 元，折旧年限为 15 年，折旧方法为年限平均法，则福利院每年应计提折旧 21.0450 万元。

综上，我们可以根据成本是否含固定资产折旧及收入是否含政府补贴和社会捐赠两个维度，得到四种盈利情况（表 3.5）。

表 3.5　F 市社会福利院 2011 年盈利情况（单位：万元）

项目	成本计提固定资产折旧	成本不计提固定资产折旧
收入含政府补贴和社会捐赠	1.0014	22.0464
收入不含政府补贴和社会捐赠	–142.5785	–121.5335

作为一家差额拨款事业单位，F 市社会福利院在会计核算时依据的原则是：人员补贴和社会捐赠计入收入，但成本不计提固定资产折旧。按此原则，F 市社

会福利院2011年的盈余为22.0464万元；但如果扣除政府补贴和社会捐赠等其他收入，就会亏损121.5335万元。如果成本中计提固定资产折旧，并且将政府补贴等计入收入项，福利院略微盈利1.0014万元；如果把政府补贴等扣除，同时计提固定资产折旧，福利院当年亏损将达142.5785万元。

2011年入住F市社会福利院的每位老人享受的政府补贴高达1.8269万元，如果再算上固定资产折旧隐性补贴0.3006万元，每位入住老人每年享受政府补贴高达2.1275万元，人均年补贴金额为人均年缴费金额1.0692万元的198.98%。

那么如果F市福利院收住的70位老人均为介助一级失能老人，其经营收入和经营成本会发生怎么样的变化呢？

此时床位费收入仍为24.9643万元不变；伙食费收入30.2400万元不变；每个老人的护理费用按介助一级护理标准每月350元收取，护理费收入从19.6420万元增加到29.4000万元。假定政府补贴127.8860万元和其他收入（社会捐赠）15.6939万元均不变。则福利院不含政府补贴等的营业收入为84.6043万元；包含政府补贴等在内的总收入为228.1842万元。

在入住老人均为介助一级护理标准时，护理人员每月工资提高1000元，11名护理员年工资达到4.2000万元，护工成本为46.2000万元；假设其他人员工资总额维持37.1921万元水平，人工成本总计为83.3921万元；考虑到护理程度高的老人使用空调时间会延长，估计电费从29 306.44元增加到50 000元，因此水电、物业费从6.6849万元增加到8.7543万元。

假设食堂费用30.2400万元，办公费用2.9469万元，招待费24.5562万元，维修费、培训费、材料费等其他支出共39.9058万元，对部分个人和家庭的补助支出6.1259万元，其他资产性支出，如购置办公设备、专用设备等资本性支出共15.7280万元和固定资产折旧21.0450万元均保持不变。则不包含固定资产折旧的营业成本合计211.6492万元，包含固定资产折旧在内的总成本为232.6942万元。

在70位入住老人均接受一级介助老人护理标准情况下，F市社会福利院的各口径盈利情况如表3.6所示。

表3.6 F市社会福利院如果全部收住一级介助老人的盈利情况（单位：万元）

项目	成本计提固定资产折旧	成本不计提固定资产折旧
收入含政府补贴等	–4.5100	16.5350
收入不含政府补贴等	–148.0899	–127.0449

在收入包含政府补贴等，且成本不计提固定资产折旧的情况下，福利院可以盈利16.5350万元；在收入包含政府补贴等，同时成本计提固定资产折旧情况下，福利院将亏损约4.5100万元；如果收入不包含政府补贴，即使成本不计提固定资

产折旧，福利院将亏损 127.0449 万元；如果收入不包含政府补贴，同时成本计提固定资产折旧，福利院亏损将达到 148.0899 万元。

如果福利院转为全部收住一级介助老人，营业收入会因为护理费收入增加而增加 9.7580 万元；而成本将增加 15.2694 万元，其中护理成本将增加 13.2000 万元，水电、物业费增加 2.0694 万元，各口径盈利指标均减少 5.5114 万元（表 3.7）。因此福利院缺乏收住失能半失能老人的内在激励。

表 3.7　F 市社会福利院收住一级介助老人和目前实际情况的比较（单位：万元）

项目	目前实际情况	全部一级介助老人	成本/收入变化
营业收入	74.8463	84.6043	9.7580
床位费	24.9643	24.9643	0
伙食费	30.2400	30.2400	0
护理费	19.6420	29.4000	9.7580
政府补贴及捐赠等	143.5799	143.5799	0
营业成本	196.3798	211.6492	15.2694
护理人员工资	33.0000	46.2000	13.2000
其他人员工资	37.1921	37.1921	0
食堂费用	30.2400	30.2400	0
办公费	2.9469	2.9469	0
招待费	24.5562	24.5562	0
水电、物业费	6.6849	8.7543	2.0694
其他支出	39.9058	39.9058	0
个人家庭补助	6.1259	6.1259	0
其他资本性支出	15.7280	15.7280	0
固定资产折旧	21.0450	21.0450	0
盈利情况（含补贴不含折旧）	22.0464	16.5350	–5.5114
盈利情况（含补贴含折旧）	1.0014	–4.5100	–5.5114
盈利情况（不含补贴不含折旧）	–121.5335	–127.0449	–5.5114
盈利情况（不含补贴含折旧）	–142.5785	–148.0899	–5.5114

优越的地理位置，大量的财政补贴，良好的软硬件条件加上低廉的收费标准，F 市社会福利院提供的养老服务可谓价廉物美，其代价是福利院依靠大量财政补

贴勉强维持着收支平衡。2011 年，福利院的政府补贴收入为 127.8860 万元，占其总收入的 68.0%。政府不仅对其投入了低价的划拨土地、免费建造的高标准的房屋、设备和设施等资源，而且每年还要补贴其运营。

但是也正是高额补贴下的价格管制政策，使得 F 市社会福利院在即使存在空余床位的情况下，仍然没有积极性收住最需要入住的失能半失能老人。到开业 15 年后的 2013 年底，福利院有 140 位老人入住，其中 15 位老人包间入住，福利院仍然有 45 个空余床位，空置率为 22.50%。入住的 140 位老人中，健康自理老人有 107 位，占 76.43%；半自理老人 28 位，占 20.00%；失能老人仅有 5 位，占老人总数的 3.57%。

就公办养老机构收住老人存在偏好的原因，笔者对福利院负责人周院长进行了访谈。他给出了以下几点原因。

（1）护理费价格管制。对公办养老机构的价格管理中，收费标准调整不够灵活，动态调整机制缺失。F 市社会福利院从成立至今，价格标准只做了三次大的调整，特别是护理费标准，调整幅度非常小。相比收取能够自理的老人，公办养老机构收取失能程度高的老人时，增加的人工成本超过了增加的护理费收入，这将直接导致公办养老机构利润的下降。因此公办养老机构并不愿意收取失能程度高的老人。

（2）护工招聘困难。F 市社会福利院的 11 名护理人员中，有 10 名年龄处于 40～50 岁，年龄小于 30 岁的护理人员仅有 1 位。F 市公办养老机构护理人员的基本工资为每月 1200 元，属于政策规定的基本工资的最低标准，再加上五险等津贴福利，护理人员的月工资在两千元左右，在社会平均工资和物价水平日益增长的背景下，护理人员的工资过低。这也造成了护理人员的年龄断层和招工难。然而失能老人往往需要更高护理水平的护理人员，这类护理人员的人工成本较高。公办养老机构根据政策无法提供相应的激励措施和与其能力相匹配的工资，因此无法招收到护理水平较高的护理人员，也没有能力招收失能老人。如果不能非常灵活地及时调整收费标准，护理人员以四五十岁的非专业人员为主的状况也就无法改变，保证和提高养老服务质量也就无从谈起。

（3）缺乏激励制度。F 市社会福利院的性质属于社会福利事业单位，其形式以国家举办、财政投入、政府管理为主，鼓励多渠道投资，社会各界资助。其工作人员的工资福利完全由财政拨款支付。因此，不管福利院是否存在空余床位，是否收取社会自费老人，工作人员的收入情况并不会发生变化。相关工作人员缺乏主动收住失能老人的激励。

（4）老人的安全责任风险问题。与自理老人相比，失能、半失能老人的人事安全隐患相对更大，而机构的责任风险也相对更大。比如说半失能老人更容易因年老体衰而发生跌倒事故。F 市曾经发生过患有阿尔茨海默病的老人擅自离开养老机构并失踪的事件，养老机构的负责人受到了处分。

三、案例小结

养老机构的护理人员招聘难、流动性大，是所有养老机构都共同面临的一个难题。与做保姆或者医院护工相比，养老机构护理人员的工作强度大，工作更脏更累，收入却相对更低。因此，越来越多的护理人员从养老机构跳槽转行做保姆或者医院护工，慢慢导致养老机构护理人员的年龄结构偏老，文化程度偏低，有专业护理证书的护理人员占比偏低。

但是同样面对护理人员招聘难、流动性大的问题，我们发现民办的F市夕阳红托老院和公办的F市社会福利院对于招收需要更多更专业护理服务的失能、半失能老人入住养老机构的态度截然不同：公办养老机构排斥失能老人入住，而民办养老机构却欢迎失能老人入住。

对夕阳红托老院2013年经营收支情况的分析表明，与收住自理老人相比，收住一位失能老人，其每月营业成本增加237.93元，但每月的营业收入会增加450元。因此与收住自理老人相比，收住失能、半失能老人能够提高其营业利润率。

对于F市社会福利院来说，如果其入住老人全部为一级介助老人，其营业收入会增加9.7580万元，但其营业成本将会增加15.2694万元。与收住自理老人相比，收住失能、半失能老人会降低其营业利润率。因此福利院缺乏收住失能半失能老人的内在激励。

那么为什么同样是收住失能老人，民办养老机构就能增加营业利润，而公办养老机构却会降低营业利润呢？其原因在于公办养老机构的服务价格受到了物价管理部门的严格管制，尤其是照顾失能老人的护理费收费标准更是远远低于民办养老机构。

护工招聘难、流动性大是公办养老机构和民办养老机构共同面临的难题。但只要护理费收费标准能够随行就市，就能招到人员。民办养老机构愿意出高价雇用护工为失能老人提供服务，但公办养老机构的护理费收费标准却无法支撑其高价雇用护工。另外，公办养老机构僵化的薪酬体制也让其负责人和员工缺乏招收失能老人的个人激励。当然，僵化的薪酬体制一定程度上也和护理费价格管制相关。

至于F市福利院周院长提到照顾失能老人责任风险更大的问题，夕阳红托老院的负责人却认为失能老人大多数都躺在床上，不会乱跑乱动，其实其风险更小，失智老年人只要适当分区，做好管理，从养老机构走失的风险是不存在的。同样一个问题，民办养老机构却是完全不同的看法。

因此，两类机构对于招收失能老人入住截然不同的态度，最主要的原因在于政府对公办养老机构严格的价格管制政策，以及公办养老机构僵化的薪酬管理体制让公办养老机构及其员工都缺乏收住失能老人的激励。所谓护工招聘难或者是照护失能、半失能老人的责任风险大在民办养老机构眼中完全不构成他们拒绝收住失能、半失能老人的阻碍因素。

那么，本案例的这些初步发现是不是有一定代表性呢？我们在下一案例中，对浙江省 G 县全部 58 家养老机构进行了全景式的比较案例分析，比较不同类型养老机构对收住失能、半失能老人的行为差异，探讨其背后的相关影响因素。

案例六　收住失能老人的影响因素：G 县养老机构比较案例[①]

一、案例背景

G 县位于浙江省东部沿海，陆域面积 1382 平方公里，下辖 3 个街道、10 个镇和 5 个乡，共 47 个社区居委会和 490 个行政村。根据《2019 年 G 县国民经济和社会发展统计公报》，2019 年 G 县全县实现生产总值 48.59 亿元，按可比价格计算比上年增长 5.5%。按常住人口计算全县人均生产总值为 103 507 元，比上年增长 5%。第一产业、第二产业、第三产业增加值结构为 14.1∶43.3∶42.6。2019 年，G 县财政收入为 76.88 亿元，比上年增长 7.8%，全年一般公共预算支出 77.46 亿元，增长 12.8%。2019 年，全县居民人均可支配收入 49 386 元，比上年增长 8.6%，其中城镇居民人均可支配收入 58 747 元，比上年增长 7.4%；农村居民人均纯收入 33 435 元，比上年增长 8.3%。

2019 年末，G 县户籍人口为 54.66 万人，共 182 123 户，平均每户 3.00 人，全县常住人口 53.1 万人，常住人口城镇化率为 60.3%；全县 18 岁以下人口为 8.18 万人，占总人口的 14.97%；18 岁至 59 岁人口为 33.02 万人，占总人口的 60.41%；60 岁及以上人口为 13.46 万人，占总人口的 24.62%。

2019 年，全县共有 9299 人纳入最低生活保障，年支出低保金 0.88 亿元。全县城乡特困人员 6648 人。2019 年，全县累计建成居家养老服务站点 484 个，居家养老服务中心 10 个，有等级居家养老服务站 370 个。

据 G 县民政局统计，到 2018 年底 G 县共有 58 家养老机构，其中公办和民办养老机构分别为 16 家和 42 家；核定床位 5914 张，其中公办和民办养老机构分别为 3081 张和 2833 张，分别占 52.10%和 47.90%；入住老人 3524 名，总入住率为 59.59%，其中失能老人 1574 人，占入住老人的 44.67%，失能老人中重度、中度和轻度失能老人分别为 682 人、574 人和 318 人，分别占入住老人的 19.35%、16.29%和 9.02%。

截至 2018 年底，G 县共有公办养老机构 16 家，包括国办的 G 县社会福利院

① 本案例来自张翔和浙江大学公共管理学院郑芝同学的民政部“2019 年民政政策理论研究”投稿论文《养老机构收住失能老人行为的影响因素——基于 G 县 58 家养老机构的个案调查》，案例分析部分做了修订。

和G县老年公寓及14家街道/乡镇办的敬老院[①]，公办养老机构床位数3081张，入住老年人1838人，名义床位空置率40.34%[②]。入住失能老人590人，占入住公办养老机构老人总数的32.10%。

截至2018年底，G县共有民办养老机构42家，包括家庭式养老机构17家、村办养老机构14家、宗教类养老机构9家和公建民营养老机构2家。民办养老机构床位数2833张，入住老人1686人，名义床位空置率为40.49%。民办养老机构的入住老人中，失能老人为984人，占58.36%。

表3.8是2018年底G县入住养老机构的失能老人在公办和民办养老机构的分布结构。民办养老机构的床位数占全县床位总数的47.90%，民办养老机构的入住老人数占全部入住老人数的47.84%，两类养老机构的入住率几乎相等。但民办养老机构收住了全部入住养老机构失能老人的62.52%，入住重度失能老人的72.58%，入住中度失能老人的64.81%和入住轻度失能老人的36.79%。民办养老机构已经成为G县收住失能老人特别是重度和中度失能老人的主力军。

表3.8 2018年G县入住养老机构失能老人分布结构

项目	公办养老机构	民办养老机构	全部养老机构
家数/家	16	42	58
床位数/张	3081	2833	5914
入住老人数/人	1838	1686	3524
名义床位空置率	40.34%	40.49%	40.41%
入住失能老人数/人	590	984	1574
入住失能老人/入住老人数	32.10%	58.36%	44.67%
入住重度失能老人数/人	187	495	682
入住重度失能老人数/入住老人数	10.17%	29.36%	19.35%
入住中度失能老人数/人	202	372	574
入住中度失能老人数/入住老人数	10.99%	22.06%	16.29%
入住轻度失能老人数/人	201	117	318
入住轻度失能老人数/入住老人数	10.94%	6.94%	9.02%

① 国办养老机构为县财政拨款；街道/乡镇敬老院为街道/乡镇财政拨款。G县18个乡镇原有18家敬老院，目前大洞街道和带溪街道敬老院已拆除，老人分流到其他机构，没有固定管理人员和办公场所，暂不统计入内；四平镇和河坝乡敬老院已改为公建民营，不统计在公办养老机构内。

② 因为存在入住老人包房的情况，实际床位空置率低于名义床位空置率。

公办养老机构收住的失能老人占其全部收住老人数的比率为32.10%，而民办养老机构为58.36%。入住公办养老机构的重度、中度和轻度失能老人分别为187人、202人和201人，分别占其全部入住老人数的10.17%、10.99%和10.94%。入住民办养老机构的重度、中度和轻度失能老人分别为495人、372人和117人，分别占其入住老人数的29.36%、22.06%和6.94%。可见，与公办养老机构相比，民办养老机构更愿意收住失能老人，特别是重度和中度失能老人。

不同公办养老机构收住失能老人意愿也不一样（表3.9）。G县老年公寓收住失能老人意愿较强。2018年底，G县老年公寓收住失能老人276人，占其入住老人的37.96%，占G县公办养老机构收住失能老人总数的46.78%。G县福利院因为院舍改造，大部分自理老人转院分流，因为G县福利院的护理费尤其是失能老人护理费较为优惠，留院的70位老人中有34位是失能老人。但其实G县福利院并不乐意收住失能老人，其现有的失能老人基本上是过去入住的自理老人随着年岁增长逐渐失能的，院外的失能老人很难入住G县福利院。其余14家公办的街道/乡镇敬老院也不太乐意收住失能老人，入住各敬老院的1041位老人中，仅280位为失能老人，仅占26.90%，其中重度、中度和轻度失能老人分别为84人、95人和101人，分别占8.07%、9.13%和9.70%。其现有的失能老人也基本上是院内自理老人长期入住后逐渐失能的五保老人。

表3.9　2018年G县16家公办养老机构入住老人结构

机构名称	性质	床位数/张	入住老人数/人	失能老人数/人	重度失能人数/人	中度失能人数/人	轻度失能人数/人	失能老人占比
G县老年公寓	国办	1512	727	276	95	95	86	37.96%
G县社会福利院	国办	197	70	34	8	12	14	48.57%
柟曦街道敬老院	街道办	122	101	19	5	6	8	18.81%
曦洲镇敬老院	乡镇办	135	111	27	9	10	8	24.32%
河浦镇敬老院	乡镇办	120	95	22	10	6	6	23.16%
西苑镇敬老院	乡镇办	60	52	13	2	4	7	25.00%
桥头镇敬老院	乡镇办	124	113	35	9	12	14	30.97%
双子塔镇敬老院	乡镇办	78	38	15	4	6	5	39.47%
大堂镇敬老院	乡镇办	146	92	40	16	8	16	43.48%
土城镇敬老院	乡镇办	47	42	9	3	3	3	21.43%
大学镇敬老院	乡镇办	112	89	30	4	18	8	33.71%
鑫桥镇敬老院	乡镇办	80	52	11	2	4	5	21.15%

续表

机构名称	性质	床位数/张	入住老人数/人	失能老人数/人	重度失能人数/人	中度失能人数/人	轻度失能人数/人	失能老人占比
洞春乡敬老院	乡镇办	100	57	8	2	3	3	14.04%
溪棠乡敬老院	乡镇办	82	43	11	3	4	4	25.58%
梅园乡敬老院	乡镇办	100	90	30	12	8	10	33.33%
国泰乡敬老院	乡镇办	66	66	10	3	3	4	15.15%
合计	—	3081	1838	590	187	202	201	32.10%

不同类型的民办养老机构收住失能老人意愿也不一样（表 3.10）。同样是民办养老机构，村办养老机构以收住自理老人为主，失能老人仅其入住老人数的 43.01%；而公建民营养老机构、家庭式养老机构和宗教类养老机构则非常欢迎失能老人入住，失能老人占其各自入住老人数的 84.55%、66.88%和 59.73%。

表 3.10　2018 年 G 县 42 家民办养老机构入住老人结构

机构名称	创办主体	床位数/张	老人数/人	失能老人数/人	重度失能人数/人	中度失能人数/人	轻度失能人数/人	失能老人占比
幸福养老院	村集体	70	25	14	5	9	0	56.00%
仲尼养老院	村集体	104	44	7	6	1	0	15.91%
吴里村养老院	村集体	96	63	54	20	25	9	85.71%
冬浦村养老院	村集体	24	7	1	0	0	1	14.29%
溪棠村养老院	村集体	62	33	9	2	7	0	27.27%
高山村养老院	村集体	44	29	24	14	8	2	82.76%
玉村养老院	村集体	41	36	7	3	3	1	19.44%
华东村养老院	村集体	119	66	13	10	3	0	19.70%
凰石村养老院	村集体	38	23	17	3	11	3	73.91%
如意村养老院	村集体	74	54	50	22	20	8	92.59%
青苔村养老院	村集体	114	73	23	15	7	1	31.51%
凰埠村养老院	村集体	90	27	10	5	2	3	37.04%
希望村养老院	村集体	76	36	16	5	7	4	44.44%
石家街养老院	村集体	68	56	1	1	0	0	1.79%
昆仑养老院	公建民营	76	52	45	17	17	11	86.54%

续表

机构名称	创办主体	床位数/张	老人数/人	失能老人数/人	重度失能人数/人	中度失能人数/人	轻度失能人数/人	失能老人占比
四平镇敬老院管理服务中心	公建民营	100	58	48	19	19	10	82.76%
大堂养老院	民办个人	45	42	35	33	2	0	83.33%
康乐养老院	民办个人	77	56	41	21	19	1	73.21%
玉林休养院	民办个人	72	49	38	19	19	0	77.55%
安心养老院	民办个人	20	14	5	2	3	0	35.71%
连心养老院	民办个人	53	23	14	5	4	5	60.87%
冬梅养老院	民办个人	124	42	26	17	9	0	61.90%
永兴养老院	民办个人	50	28	26	7	14	5	92.86%
花港养老院	民办个人	43	30	29	21	7	1	96.67%
扬波养老院	民办个人	39	16	13	5	7	1	81.25%
西门养老院	民办个人	82	80	7	7	0	0	8.75%
松阳养老院	民办个人	20	16	5	3	2	0	31.25%
长达养老院	民办个人	55	44	41	22	15	4	93.18%
夕阳养老院	民办个人	34	14	5	3	2	0	35.71%
西山养老院	民办个人	94	36	30	22	6	2	83.33%
南田养老院	民办个人	160	66	63	16	28	19	95.45%
星光养老院	民办个人	28	28	26	22	4	0	92.86%
高唐养老院	民办个人	116	50	20	8	6	6	40.00%
鹏博养老院	基督教个人	100	62	47	25	18	4	75.81%
彩霞养老院	基督教个人	32	28	15	13	2	0	53.57%
仁爱养老院	基督教个人	30	20	19	11	6	2	95.00%
北辰养老院	基督教个人	90	62	46	26	18	2	74.19%
水头养老院	基督教个人	50	31	28	11	10	7	90.32%
定西养老院	基督教教会	40	24	20	17	3	0	83.33%

续表

机构名称	创办主体	床位数/张	老人数/人	失能老人数/人	重度失能人数/人	中度失能人数/人	轻度失能人数/人	失能老人占比
安悦养老院	基督教教会	64	64	13	3	8	2	20.31%
天祥颐养中心	基督教教会	90	60	28	5	20	3	46.67%
五指山养老院	佛教个人	29	19	5	4	1	0	26.32%
合计	—	2833	1686	984	495	372	117	58.36%

那么，为什么与民办养老机构相比，公办养老机构相对不愿意招收失能老人入住？为什么公办和民办养老机构内部，收住失能老人的意愿也存在较大差别？这是本案例关心的问题。

郑芝同学在G县民政局负责养老服务工作多年，对相关业务非常熟悉。2019年1月到9月，笔者和郑芝、阮涵淇同学对G县十几家养老机构进行逐一走访，收集相关资料，试图通过比较案例分析，对上述问题进行探讨。

二、G县养老机构收住失能老人意愿影响因素案例

公办养老机构的建设和运营都得到政府的大力支持，其土地成本低甚至免费，地理位置往往非常优越，基础设施建设由财政投资，一些示范性的公办养老机构建设标准较高。在建成后，政府还负责公办养老机构的运营，如提供人员编制、人工补贴、运营补贴、专项补贴等，而且事业单位性质的公办养老机构不需要计提固定资产折旧。

但公办养老机构服务收费标准的确定和调整受到价格管理部门的严格管制。考虑到公办养老机构的公益性，其服务价格通常较低，价格的调整也常常滞后于市场，使得服务收费标准不仅低于包含固定资产折旧的完全成本价，很多机构收入甚至还低于不包含固定资产折旧的运营成本价，需要政府每年的运营补贴才能维持运转。高补贴-低价格的政策对公办养老机构收住失能老人带来了很大的影响。

（一）G县社会福利院

G县社会福利院（以下简称福利院）是一家成立于1993年的事业单位性质公办公营养老机构。G县福利院位于县城中心，地址位置非常优越，占地面积12亩，建筑面积6200平方米，容积率为0.775。福利院设有床位197张。1994年开始正式营业后因价廉物美而受到老人们的青睐，开业两年后床位就全部住满，开始出

现排队现象。

2000年，福利院床位费200元/月，护理费统一为60元/月，伙食费实行打卡制。除去人工工资、餐费支出和设备维护和采购，福利院收支出现赤字。如果再算上当时3位工资不在福利院列支的编制内管理人员的人工补贴，实际的年亏损超过10万元。

2002年开始，福利院每年向物价部门申请提高收费标准。2005年，县物价局同意福利院的床位费从每月200元调整为300元。2008年，县物价局同意将床位费调至350元。但因为每次调价都严重滞后于人工等成本的上升幅度，福利院每年的赤字仍然递增。表3.11列出了福利院2010年的人工成本。

表3.11　2010年G县福利院的人工成本

人员类别	人数/人	人均月工资价格/万元	年工资支出/万元
在编管理人员	7	0.33	27.72
护理员	9	0.30	32.40
打扫清洁员	2	0.25	6.00
食堂人员	3	0.25	9.00
门卫	1	0.30	3.60
驾驶员	1	0.30	3.60
不含管理人员合计	16	0.28	54.60
含管理人员合计	23	0.30	82.83

因为福利院的管理日益规范，虽然床位数和服务老人数没有显著增加，但在编管理人员从最初的3人增加到7人，他们一年27.72万元的人工成本由财政负担，相当于政府为福利院提供的人工补贴。2010年，如果收入中不扣除人工补贴，福利院亏损1.77万元；如果扣除管理人员的人工补贴，福利院将会亏损29.49万元（表3.12）。如果将固定资产折旧计入成本，亏损额还将进一步扩大。

表3.12　2010年G县福利院年收支表（单位：万元）

项目	收入	人工支出	伙食支出	其他支出	净收入
含管理人员工资补贴	123.48	54.60	62.05	8.60	–1.77
不含管理人员工资补贴	95.76	54.60	62.05	8.60	–29.49

2013年，经福利院多次申请，县物价局同意将床位费调至400元/月，自理老

人护理费提高到 120 元/月。但福利院的设施设备采购和日常维修等其他费用还是需要靠政府财政承担才能维持正常运营。

福利院的经营亏损和价格管理部门不合理的服务收费标准有密切关系。2015 年住家保姆的市场价已达到 5000 元，护理员的市场价格也已达 4000 元。2016 年，县物价局制定福利院新收费标准，将床位费调整为 450 元/月，三级护理费 150 元/月，二级护理费 250 元/月，一级护理费 350 元/月。公办养老服务机构床位费、护理费实行政府指导价（上浮不超过 15%，下浮不限），其他收费实行市场调节价。

据估计，护理员照顾 1 个失能老人所花费的精力可以照顾 5 到 6 个自理老人，但每月照顾全失能老人只比照顾自理老人多 200 元护理费。一个护理员照顾 3 个失能老人每月产生的护理费收益为 1050 元，大大低于照顾 15 到 18 个自理老人每月产生的护理费收益 2250～2700 元，更远低于保姆和护理员的市场价格。

护理费上限的不合理规定，难以留住护工特别是有证书有经验的护工，所以福利院也缺乏收住失能老人的积极性。2010 年，在福利院收住的 147 位老人中，各类失能老人 42 人，其中重度失能老人 16 人。到了 2018 年 12 月，在福利院收住的 70 位老人[①]中，各类失能半失能老人 34 人，其中重度失能老人 8 人。

有的老人夫妻同住，老伴去世后，不愿意其他人入住，出现了一人支付两张床的床位费和一份护理费的包房现象。本来福利院是反对包房的，因为尚有很多老人在排队等候入住。但一方面担心原入住者与新入住者闹矛盾，另一方面增加入住老人会增加护理成本，福利院就逐渐默认了包房现象的存在。在 2018 年福利院基础设施改造前，福利院的实际入住人数一直维持在 150 人左右，但因为大量包房现象的存在，福利院事实上已经没有空余床位。

有的老人包房一段时间后，身体机能逐渐衰退，需要提升护理等级。但随着劳动力市场价格的上涨，福利院越来越难以招到和留住照护失能老人的护工。有的老人只好自费独立或者合伙雇用保姆，为自己或几位失能老人一起提供照护服务。福利院原先也反对自雇保姆，但因为护理费价格过低，提升这些失能老人的护理等级能增加的护理费收入尚不足以补偿增加的护理成本，所以福利院方面也就默认了他们自雇保姆的行为。2018 年后，重度失能老人基本是靠自己雇用或合伙雇用保姆的方式解决照护服务问题。

因为五保供养标准过低，福利院也排斥五保户入住。2012 年当地五保集中供养标准仅为每人每月 480 元，并且没有护理补贴，大大低于普通入住老人每月的住宿费 350 元、护理费 60 元和伙食费，而如果收住的五保户中有失能老人，机构的亏损将会更多。因此，2012 年福利院入住的 147 名老人中没有五保户。这一状

---

① 2018 年福利院进行基础设施改造，拆除一幢老楼，部分入住老人自愿分流到其他养老机构。因为与其他养老机构的收费标准相比，福利院的护理费标准非常优惠，很多失能老人还是选择留在福利院，所以 2018 年底 70 位老人中有 34 位是失能老人。

况一直延续至 2019 年调查时。

政府对福利院服务收费标准实行价格管制政策的初衷是为五保、失能等困难老人发挥兜底保障作用，但政策实施的实际效果却是那些最需要得到托底保障服务的经济和身体困难的老人被排斥在价廉物美的公办养老机构之外，等待入住的排队现象与已入住老人包房甚至自带保姆现象并存。

与 G 县福利院形成鲜明对比的，是同为公办养老机构的 G 县老年公寓。2018 年底，G 县老年公寓收住的失能老人占全县公办养老机构收住失能老人总数的 46.78%，占其全部入住老人的 37.96%，且在不断上升中。为什么同样是位于县城的国办养老机构，G 县老年公寓对失能老人却是大力欢迎呢?

（二）G 县老年公寓

G 县老年公寓是一家事业单位性质公办养老机构[①]。公寓于 2014 年 10 月 9 日正式开业，占地面积 139 亩，建筑面积约 6.9 万平方米，容积率 0.75。G 县老年公寓设有床位 1512 张，政府总投资 3.8 亿元。老年公寓共有休养楼 12 幢、食堂 2 幢、行政楼 1 幢、活动中心 1 幢、多功能报告厅 1 幢。G 县老年公寓与 G 县老年医院毗邻而立，县老年医院设有内科、外科、口腔科、五官科、中医科等科室，配备先进医疗仪器设备，能够为入住老人提供夜间上门急诊等服务。

老年公寓有工作人员 217 人，包括管理人员 25 人（其中在编人员 6 人），护理人员 142 人，工勤人员 46 人，技术人员 4 人。

截至 2019 年 6 月，老年公寓共有 824 位老人入住，其中自理老人 484 人，介助老人 46 人，护理老人 201 人，特需护理老人 93 人，失能半失能老人占比为 41.26%。

2014 年，老年公寓刚开业时的收费标准由公寓和物价部门共同拟定。考虑到其巨大的前期投资，将双人间床位费定为每月 1150 元，加上 500 元伙食费和 300 元自理老人护理费，一个自理老人入住双人间的收费是每月 1950 元。半失能老人的护理费为 400 元到 800 元不等，全失能老人的护理费为 1200 元到 2000 元不等，见表 3.13 和表 3.14。老年公寓的定价高出同期公办养老机构 1 倍以上[②]。

表 3.13　G 县老年公寓床位费收费标准

房型	面积/米^2	户型结构	床位/张	月床位费/（元/张）
套房 1/2	44	1 室 1 厅 1 卫 1 阳台	2	1425
套房 3	54	1 室 1 厅 1 卫 1 阳台	2	1700

① 为便于管理职工队伍和财务记账，同时成立了 G 县老年公寓开发管理有限公司，以公司名义进行招聘和财务记账。

② 同期其他公办养老机构的床位费平均为每月 450 元，全部入住收费平均为每月 900 元。

续表

房型	面积/米^2	户型结构	床位/张	月床位费/（元/张）
套房 4	61	2 室 1 厅 1 卫 1 阳台	2	2125
单人间	34.8	1 室 1 卫 1 阳台	1	1700
双人间	34.8	1 室 1 卫 1 阳台	2	1150
三人间	41.5	2 室 1 护理站	3	850

表 3.14 G 县老年公寓护理费收费标准

序号	护理等级		护理费/元
一	自理型		300
二	介助型	介助 3 级	400
		介助 2 级	600
		介助 1 级	800
三	护理型	护理 3 级	1200
		护理 2 级	1600
		护理 1 级	2000
四	特需护理		面商确定

对老年公寓成本结构和收入来源的分析可以帮助我们理解为什么老年公寓更愿意收住失能老人。

从表 3.15 的当地社会平均工资，以及保姆、普通护理员的市场价格来看，老年公寓护理员的工资定得相对较高。但是按照 1∶8 的照护比例和自理老人结构比例，按照每月 300 元的护理费来算，1 个普通护理员能产生的护理费年收入为 2.88 万元，低于普通护理员 4.2 万元的年薪，而 1 个老年公寓护理楼护理员照顾 3 个特需护理老人，按照每人每月 2000 元的特需护理费来算，1 个护理楼护理员能带来护理费年收入 7.2 万元，比其 6.88 万元的年薪高 0.32 万元。公寓确定的床位费刚好抵扣固定资产折旧，伙食费基本维持食堂人员工资和饭菜成本的平衡。所以，照护失能老人带来的护理费收入就成了公寓最重要的利润来源。

表 3.15 2015 年以来 G 县各类人员月工资（单位：元/月）

时间	社会平均工资	当地保姆市场价	普通护理员市场价	老年公寓护理楼护理员税前工资
2015 年	4604	4000	2700	5320

续表

时间	社会平均工资	当地保姆市场价	普通护理员市场价	老年公寓护理楼护理员税前工资
2016 年	4892	4300	3000	5400
2017 年	5254	4600	3200	5680
2018 年	5492	5000	3500	5730

表 3.16 显示，从 2014 年营业开始，老年公寓收住失能半失能老人的积极性高涨，失能老人从 2014 年末的 86 人增长到 2019 年 6 月底的 340 人，年增速近 35%，收住失能半失能老人超过入住老人的 40%。

表 3.16　2014 年以来 G 县老年公寓的失能老人入住分析表

时间	入住老人/人	失能老人/人	失能占比	介助1级/人	介助2级/人	介助3级/人	护理1级/人	护理2级/人	护理3级/人	特需护理/人
2015 年	401	86	21.45%	2	39	1	16	22	3	3
2016 年	529	181	34.22%	4	28	0	48	44	10	47
2017 年	604	254	42.05%	2	19	0	85	49	14	85
2018 年	727	276	37.96%	86			95			95
2019.6	824	340	41.26%	5	32	9	96	68	37	93

表 3.17 列出了 G 县老年公寓 2016～2018 年的主要收支项目和盈亏情况。可以看出，G 县老年公寓的失能老人占比指标和营业利润率指标之间有较强的相关关系。随着失能老人占比从 2016 年末的 34.22%增加到 2017 年末的 42.05%，营业利润率从–13.75%改善为–1.19%，2018 年失能老人占比略微降低到 37.96%，2018 年的营业利润率也从–1.19%降低到–1.92%。

表 3.17　2016～2018 年 G 县老年公寓收支情况表

项目		2016 年	2017 年	2018 年
收入/万元	收入合计/万元	1628.35	2148.97	2487.84
	入住费用/万元	1300.35	1627.76	1856.14
	伙食费收入/万元	317.40	362.40	494.40
	其他/万元	5.30	81.41	69.50
	财政补助/万元	5.30	77.40	67.80

续表

项目		2016 年	2017 年	2018 年
支出/万元	支出合计/万元	1852.20	2174.50	2535.50
	人工工资支出/万元	918.00	1092.00	1312.00
	伙食费支出/万元	328.60	375.30	506.30
	办公经费支出/万元	18.60	19.20	12.80
	采购、维修费/万元	34.80	121.50	123.50
	水电、物业费/万元	98.60	112.90	127.30
	固定资产折旧/万元	453.60	453.60	453.60
盈余/亏损/万元		–223.85	–25.53	–47.66
营业利润率		–13.75%	–1.19%	–1.92%
失能老人占比		34.22%	42.05%	37.96%

表 3.18 列出了四种不同计算方法下 G 县老年公寓 2018 年的盈亏情况。可以发现，如果按 15 年记账期提取固定资产折旧费，无论收入是否计入政府补贴，G 县老年公寓都是亏损的。如果按照《事业单位会计制度》（财预字〔1997〕288 号）不计提固定资产折旧，即使收入不包括政府补贴，G 县老年公寓也已实现扭亏为盈。

表 3.18　四种算法下 G 县老年公寓 2018 年盈利情况（单位：万元）

项目	成本计提固定资产折旧	成本不计提固定资产折旧
收入含政府补贴	–47.66	405.94
收入不含政府补贴	–115.46	338.14

表 3.19 对老年公寓如果全部收住护理 3 级老人和目前入住结构的盈亏情况做了比较。如果全部收住护理 3 级老人，老年公寓的营业收入会因为护理费增加 472.91 万元，相应的营业成本增加 182.4 万元，净增加 290.51 万元。即使在收入不含政府补贴和成本计入固定资产折旧的前提下，也会产生盈利 175.05 万元。说明收住失能老人能极大地增加养老机构的盈利。

表 3.19　G 县老年公寓收住护理 3 级老人和目前实际情况的比较（单位：万元）

项目名称		目前实际情况	全部收住护理 3 级老人	收入/成本变化
营业收入	床位费	1142.49	1142.49	0
	伙食费	494.40	494.40	0

续表

项目名称		目前实际情况	全部收住护理 3 级老人	收入/成本变化
营业收入	护理费	713.65	1186.56	472.91
	政府补助	67.80	67.80	0
	其他（租赁等）	69.50	69.50	
营业成本	护理人员工资	752.40	934.80	182.40
	其他人员工资	559.60	559.60	0
营业成本	伙食费	506.30	506.30	0
	办公费	12.80	12.80	0
	水电、物业费用	127.30	127.30	0
	采购、维修费	123.50	123.50	0
	固定资产折旧	453.60	453.60	0
盈利情况	含补贴含折旧	–47.66	242.85	290.51
	含补贴不含折旧	405.94	696.45	290.51
	不含补贴含折旧	–115.46	175.05	290.51
	不含补贴和折旧	338.14	628.65	290.51

G 县老年公寓的案例有力地说明：机构性质并不是是否积极收住失能老人的决定性因素。如果有合理的服务收费标准，公办养老机构一样可以有收住失能老人的积极性，至少解决部分经济相对宽裕失能老人的机构养老服务需求。

但 G 县老年公寓巨大的固定资产投入也限制了修建更多养老机构为更多中低收入失能老人提供服务的可能性。我们真正需要的不是中高档的所谓的示范性公办养老机构，而是为中低收入老人提供基本养老服务的公办养老机构。

目前 G 县面向中低收入老人的主要公办养老机构就是街道/乡镇敬老院，但总体上看，公办敬老院收住失能老人的积极性不高。2018 年底，全县 14 家敬老院收住失能老人 280 人，仅占 1041 位入住敬老院老人的 26.90%（表 3.9）。

G 县的敬老院原先只收住五保户，敬老院的失能老人都是原先入院的自理五保户。后来敬老院打开院门，接收社会老人入住，经过一段时间后开始出现社会寄养老人逐步失能的情况。

G 县公办敬老院的失能老人护理床位原先就存在床位紧张、排队、“走后门”等现象，有一些地理位置相对优越的街道/乡镇敬老院更愿意接收自理老人，因为失能老人意味着护理人员的紧张和各方面的压力，而靠近城区中心的敬老院根本不愁没人住。

G 县大部分的敬老院是由废弃的厂房、学校、办公楼改造而成，床位短缺，只能满足五保户需要。近十年来，随着敬老院的重建、扩建、改建、迁建工程的开展，G 县公办敬老院的床位数量和质量都得到大幅度提升。公办敬老院慢慢开始接收社会失能老人。

G 县公办敬老院不愿意收住失能老人的主要原因是考核激励机制，特别是绩效工资考核制度没有落实。目前，全县 14 家乡镇敬老院仅有 2 家实行内部绩效工资考核制度，即根据工作绩效在一定工资浮动区间内确定工资，其他敬老院还是采取原先的管理和工资制度。开展绩效工资考核制度需要得到乡镇党委的支持，对于学历较低、年龄偏大的敬老院院长而言，确实是个难题。

对养老机构而言，护工队伍招聘难、流动性大向来是个普遍性问题。体制机制的落后，使得稳定护工队伍和提高护工素质对敬老院而言格外困难。敬老院的入住率基本是饱和的，僵化的工资制度意味着对护理员而言工资是既定的，收住失能老人就意味着增加劳动强度。所以敬老院的护理员不愿意照护失能老人，公办敬老院如果不进行绩效工资改革，就没有积极性收住失能老人。

（三）国泰乡敬老院

国泰乡敬老院是一家比较典型的不愿意收失能老人的公办养老机构。

G 县的敬老院原先只收住五保户，敬老院的失能老人原来都是原先就入住的自理五保老人。后来敬老院打开院门，接收社会老人入住，慢慢地开始出现社会寄养老人逐步失能的情况。

G 县公办敬老院的失能老人护理床位一直存在床位紧张、排队、“走后门”等现象，有一些地理位置好、床位紧俏的街道/乡镇敬老院不愁没人住，他们更愿意接收自理老人，因为照顾失能老人意味着护理成本的增加。

街道/乡镇敬老院登记为事业单位法人，但实际上其院长为街道和乡镇政府的临聘人员，不享受事业编制待遇和薪酬。管理敬老院需要花费很多时间和精力，而照顾失能老人涉及医疗康复和保健，专业度要求较高，工作比较脏乱累。

工资无法提高导致管理人员和护理员缺乏是敬老院不愿意接收失能老人的重要原因。大部分敬老院在招人和调整工资上都没有权限，招聘护理员特别是额外增加新的护理员，需要向乡镇/街道打报告，流程比较麻烦，申报成功率也不高。

国泰乡敬老院院长吴思路表示，接收失能老人对公办养老机构来说真的是个麻烦事，既买不起专业的设施，也雇不起专业的护工。因为工资基本上都限定在 3 万元一年，院里的护工都可能随时要走，水平专业的年轻护工更是请不起，他们宁愿做保姆和月嫂，也不愿意来做失能老人的护工。

敬老院不愿意开展工资改革也是有原因的。其一，老的管理模式运营了二十多年，根深蒂固。其二，管理者的文化程度较差，年龄偏大，改革动力不足。其三，敬老院收住的五保老人较多，五保老人需乡镇供养，工资改革会增加乡镇财政负担，难以列入乡镇政府的议事日程。

当然，不是每一家敬老院都是陷入这样的困境中的。其实G县养老机构绩效改革早在21世纪初就已启动。最初的绩效改革更多关注服务评估，通过老人填写服务内容满意度来考评员工工作业绩。

2005年之后，部分养老机构采取360度测评法对工作人员进行绩效考评，主要开展同工种工作人员之间的比较、工作人员服务质量和服务标准的比较，综合领导、同事、服务对象的意见。

继360度测评法之后，G县部分敬老院以平衡计分卡对工作人员进行全面评估，包括对部门绩效目标和岗位绩效目标的评估。经过多年的研究和实践，部分养老机构结合自己的实际情况和养老机构的服务特点，并结合本单位绩效考核的基础，开展了各种形式的绩效改革，其中以护理对象和护理内容的考核为主。

（四）梅园乡敬老院

梅园乡敬老院是最早开始绩效制度改革且改革最成功的一家公办敬老院。梅园乡敬老院初建于20世纪90年代，原先主要收住五保户，人数始终在10人左右。2013年，梅园乡敬老院原拆原建，年逾七十的老院长退休。新院长涂学成上任后，改革工资制度，实行绩效工资制，把常规护理工与照顾失能老人的特殊护理工分开设置和考核。

自理老人楼层设一名常规护理工，按楼层入住率的80%核定月基本工资。失能老人楼层设特殊护理工，特殊护理工工资根据不同护理等级收取的护理费的60%作为护理工资。

护理费分为四级，三级护理费100元，二级护理费200元，一级护理费500元，特级护理费1200元，对每一级护理内容有详细的规定。护理费根据老人入院时的简易精神状态评价量表（mini-metal state examination，MMSE）和巴氏量表（Barthel index）的身体状况评定结果来确定。

如果一个护工照顾3个一级护理的失能老人，除了基本工资外，还可以拿到900元的特殊护理工资，前提是护工完成每一项护理内容。如果没有全部完成或是做得不合格，按项目重要性分项赋分，在特殊护理工资中做相应扣减。表3.20是梅园乡敬老院的特殊护理工收费表。

表3.20　梅园乡敬老院一级、二级、三级特殊护理内容与收费表

护理级别	护理服务内容	护理费标准/（元/月）
三级护理	①每天清扫房间卫生，整理房间、床铺一次，保持环境清洁、空气新鲜无异味，室内无蛛网、无虫蝇等。②随时洗涤老人衣服，被服	100

续表

护理级别	护理服务内容	护理费标准/（元/月）
三级护理	每两周到一个月清洗一次。③每天 24 小时值班，早中晚查房三次，及时了解老人的身心变化。④督促老人做好个人卫生。⑤每天送茶水两次。⑥提供理发服务。⑦经常组织老人参加社会活动和文体兴趣活动	100
二级护理	①预约饭菜，送饭到房间。②简单的医疗服务，代理生活必需品服务。③洗澡（夏季隔天、秋季每周、春季每旬、冬季每月、特殊情况随时）。④帮助扶持行走不便老人行走。⑤帮助扶持上厕所。⑥帮助扶持穿衣服。⑦帮助康复指导和户外活动	200
一级护理	①在二级护理的基础上协助老人卫生洗刷，每天早晚两次以上。帮助洗头、洗脚、剪指甲。协助起床、睡觉及穿脱衣裤、整理床铺。②预约饭菜，送饭到房间，协助进食服药。③简单的医疗服务，代理生活必需品服务。④依赖洗澡（夏季隔天、秋季每周、春季每旬、冬季每月、特殊情况随时）。⑤行走不便老人依赖轮椅行走。⑥依赖扶持上厕所并及时清洁。⑦依赖扶持穿衣服及整理个人卫生。⑧依赖康复指导和户外活动	500

涂学成刚接任梅园乡敬老院院长，就发现院里的护理员干完活，有的甚至活都没干完，就要急着回家。敬老院失能老人基本不收，收了也没人照顾他们，大家都相互推诿，直到院长同意多加几百元钱才勉强收下失能老人。

2014 年，梅园乡敬老院正式开展员工绩效工资考核制度，对管理人员、护理员、食堂人员、门卫等工勤人员都进行专业分类赋分。对每一个岗位应该做的工作内容进行明确，并开展考核制度。

护理员根据自身的工作能力和效率，选择照顾的老人。干的活越脏越累，护理工资越高。两位原先闲散的关系户护理员因为一下子工资变少，自己主动退出了敬老院。工作人员都忙于自己的工作，不敢偷懒，生怕干得不好月底工资比别人少，工作推诿现象大大减少。

从 2014 年到 2019 年，梅园乡敬老院从原来基本只收五保户，转变为主要收住社会失能老人。与其他同等规模的公办敬老院，如周边的泗州头镇敬老院、鑫桥镇敬老院相比，其收住的失能老人占比远超其他敬老院。

从上述四个案例可以看出，G 县福利院因为受到服务价格管制，收入长期滞后于各项成本的增长，在没有空余床位的情况下仍然大额亏损，结果出现了拒收失能、低保老人、默认包房和自雇保姆等现象。G 县老年公寓由于刚开业不久，服务价格制定较为合理，收住失能老人能有盈余，且大量床位空余，所以非常乐意招收失能老人入住。街道/乡镇敬老院虽然没有受到价格管制政策的影响，但僵化的工资制度限制了收住失能老人的积极性。梅园乡敬老院实行绩效工资考核后收住失能老人意愿明显增强的案例从反面也说明了这一点。

2012～2018 年，G 县民办养老机构从无到有，发展迅速。2012 年登记民办养老机构 4 家，增加床位 319 张；2013 年登记 5 家，增加床位 286 张；2014 年登记 6 家，增加床位 371 张；2015 年登记 7 家，增加床位 425 张（其中 1 家后来注销）；2016 年登记 12 家，增加床位 602 张；2017 年登记 8 家，增加床位 639 张；2018 年登记 2 家，增加床位 206 张①。

从图 3.1 可以看出，随着 G 县民办养老机构和养老床位的增加，其收住失能老人的比率也有了明显的提升。截至 2018 年底，失能老人占比达 58.36%；民办养老机构收住了入住养老机构全部失能老人的 62.52%，入住重度失能老人的 72.58%，入住中度失能老人的 64.81%和入住轻度失能老人的 36.79%。与公办养老机构相比，民办养老机构更愿意收住失能老人，特别是中度和重度失能老人。

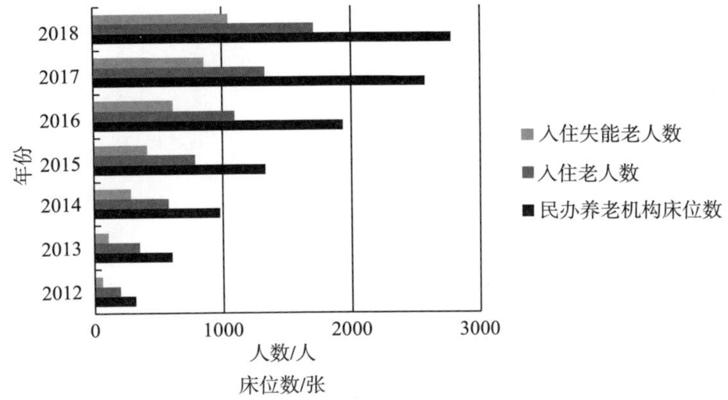

图 3.1　G 县 2012～2018 年民办养老机构发展简图

我们还发现民办养老机构内部，公建民营养老机构、家庭式养老机构和宗教类养老机构都比村集体办的养老机构更欢迎失能老人入住，失能老人分别占其入住老人数的 84.55%、66.88%和 59.73%，均显著高于村办养老机构的 43.01%（表 3.21）。

表 3.21　2018 年底 G 县 42 家民办养老机构入住老人结构

机构类型	家数/家	床位数/张	老人数/人	失能老人数/人	平均床位数/张	平均老人数/人	平均失能老人/人	入住率	失能老人占比
村办	14	1020	572	246	72.86	40.86	17.57	56.08%	43.01%
公建民营	2	176	110	93	88.00	55.00	46.50	62.50%	84.55%
家庭式	17	1112	634	424	65.41	37.29	24.94	57.01%	66.88%

① 2016 年，溪棠乡马桥村养老院因为将部分建筑改用于农家乐，被 G 县民政局注销机构资格。2018 年底，崖峪村养老院因连续两年考核不合格和消防整改未达标等被 G 县民政局注销机构资格。

续表

机构类型	家数/家	床位数/张	老人数/人	失能老人数/人	平均床位数/张	平均老人数/人	平均失能老人/人	入住率	失能老人占比
宗教类	9	525	370	221	58.33	41.11	24.56	70.48%	59.73%
全部	42	2833	1686	984	67.45	40.14	23.43	59.51%	58.36%

下面我们将选择各类民办养老机构的典型案例，对其收住失能老人的意愿及影响因素进行分析。

（五）昆仑养老院

2017 年，河坝乡敬老院成为 G 县首家公建民营养老机构试点单位。

河坝乡敬老院初建于 1995 年，床位 26 张，主要保障本乡的五保对象。河坝乡敬老院设施简陋，房间里没有独立卫生间。2000 年初，G 县乡镇敬老院陆续改建扩建，河坝乡敬老院成了最后一家床位少于 50 张的敬老院。

2016 年，河坝乡敬老院迁址重建后，乡镇领导决定公开招投标引进民营养老机构管理运营新建成的养老机构。2017 年，宝南市昆仑养老院中标，随后民非性质的昆仑养老院挂牌成立。

按照协议，昆仑养老院对本乡镇五保户提供托底集中供养服务，对新入住社会老人提高了收费标准，对原入住社会老人给予三个月原价收费的过渡政策。虽然昆仑养老院与周边养老机构相比，月收费标准高 200～300 元，但运营两年后入住人数不降反升，说明公建民营后，其服务的性价比得到了市场的认可。

如表 3.22 所示，自公建民营改革后，昆仑养老院入住老人数增长了 116.67%，失能老人占比增长了 24.04 个百分点。到 2018 年底，昆仑养老院收住了 17 位重度失能老人、17 位中度失能老人及 11 位轻度失能老人，失能老人占入住老人数的 86.54%。这一指标远远高于周边的公办敬老院。

表 3.22　河坝乡敬老院和昆仑养老院老人收住情况比较

机构名称	统计时间	床位数/张	入住老人/人	入住率	五保老人/人	低保老人/人	社会老人/人	失能老人/人	失能老人占比
河坝乡敬老院	2015.12	26	24	92.31%	5	2	17	15	62.50%
昆仑养老院	2018.12	76	52	68.42%	4	8	40	45	86.54%

G 县有家庭式养老机构 12 家（包括基督教徒个人创办的家庭式养老机构），占当地民办养老机构数量的近 30%。家庭式养老机构的场地通常是自建农房或者租赁农房，基建成本较低，平均床位数 41.75 张，平均入住老人 27.58 人，平均入

住率 66.06%，其中 4 家养老机构目前负债经营。

与其他民办养老机构相比，家庭式养老院的工作人员普遍少于其他民办养老机构①，护工和所照护的老人比例甚至超过 1∶16。

家庭式养老院的工作人员大部分是亲属关系（表 3.23）。绝大多数此类机构的承办者一家人与老人同住同吃，亲力亲为；早上四五点起来烧饭、打扫卫生，晚上巡视探访至深夜休息，甚至还因个别老人的特殊情况陪床睡觉。为节约开支，养老院各尽其能，有的营业之余还租田种粮种菜和养猪养鸡补充日常开支。

表 3.23　2018 年 G 县 12 家家庭式养老院相关简况

机构名称	经营场所性质	床位数/张	入住人数/人	失能老人数/人	负责人					参与经营家庭成员人数/人
					年龄/岁	性别	经济状况	健康状况	文化程度	
星光养老院	自建农房	28	28	26	63	女	正常	健康	文盲	4
永兴养老院	自建农房	50	28	26	61	女	负债	健康	文盲	3
水头养老院	自建农房	50	31	28	55	男	正常	健康	小学肄业	4
仁爱养老院	自建农房	30	20	19	58	女	正常	健康	小学	2
长达养老院	改建厂房	55	44	41	59	男	正常	肢残	小学	4
彩霞养老院	自建农房	32	28	15	62	男	正常	肢残	小学肄业	2
扬波养老院	改建厂房	39	16	13	53	男	负债	健康	初中	2
夕阳养老院	改建厂房	34	14	5	64	男	正常	健康	初中	3
鹏博养老院	改建厂房	100	62	47	69	男	负债	健康	小学	3
花港养老院	自建农房	43	30	29	63	男	负债	健康	小学	4

① 根据 G 县民政局 2015 年 9 月发布的《G 县养老机构管理基本规范（试行）》（新民发〔2015〕64 号），养老机构应当做到人员合理配备：护理人员及其他人员的数量以能满足服务对象的服务需求为原则，护理人员与住养老人的比例一般不能低于 1∶10。公办敬老院工作人员的月岗位工资标准不低于全县上年度职工最低工资标准。

续表

机构名称	经营场所性质	床位数/张	入住人数/人	失能老人数/人	负责人					参与经营家庭成员人数/人
					年龄/岁	性别	经济状况	健康状况	文化程度	
松阳养老院	自建农房	20	16	5	64	女	正常	肢残	文盲	2
安心养老院	自建农房	20	14	5	40	女	正常	智残	初中	3
合计	—	501	331	259	—	—	—	—	—	36
平均值	—	41.75	27.58	21.58	59.25	—	—	—	—	3

12 家家庭式养老院的负责人年龄偏大，平均年龄 59.25 岁；文化程度普遍偏低，12 人中有 3 人为文盲，6 人为小学及小学肄业，初中毕业仅 3 人；12 人中有 3 人为肢体残疾，1 人为智力残疾。这些人大多数外出打工无望，所以养老机构就成为他们个人拼搏的唯一事业，甚至比护工还吃苦耐劳。

家庭式养老院虽然严格控制人工成本，但对失能老人却大力欢迎。12 家家庭式养老院入住的 331 人中，失能老人有 259 人，占 78.25%，有 6 家养老院的失能老人占比在 90%以上。

（六）华东村养老院和永兴养老院

大洞街道华东村养老院是村办养老机构，地处县城城郊。2018 年，华东村养老院入住老人 66 人，其中重度失能老人 10 人，中度失能老人 3 人，自理老人 53 人，收费标准分别是每月 2000 元、1600 元、800 元。营业收入为 80.64 万元。有工作人员 8 名，其中护理员 4 名，每个护理员平均月工资为 3500 元；食堂工勤人员 2 人，工资为每月 3000 元；管理人员 2 名，工资为每月 3000 元。当年食堂费用 25 万元。失能补助资金收入 4.32 万元。不计提固定资产折旧的话，净收入为 28.76 万元（表 3.24）。

表 3.24　2018 年华东村养老院营业收支表（单位：万元）

营业收入		营业成本			失能补助资金	营业利润
80.64		56.20				
自理老人缴费	失能老人缴费	护工成本	其他人员工资成本	食堂费用		
50.88	29.76	16.80	14.40	25.00	4.32	28.76

带溪街道永兴养老院是民办家庭式养老机构，地处县城城郊，距离华东村养老院3公里。2018年，永兴养老院的28位入住老人中有26人为失能老人，其中重度、中度和轻度失能老人分别为7人、14人和5人。自理老人800元每月，失能老人每月1500元到2000元不等。2018年永兴养老院的营业收入为54.72万元。营业成本方面，有专职护理员2名，月平均工资3500元，年护工成本8.40万元，加上院长两夫妻二人兼任护工，也是4名护理员。因为自家种菜，年食堂费用8.18万元。此外，年失能补助资金收入6.72万元。不计提固定资产折旧的话，净收入为44.86万元（表3.25）。

表3.25　2018年永兴养老院营业收支表（单位：万元）

营业收入		营业成本		失能补助资金	营业利润
54.72		16.58			
自理老人缴费	失能老人缴费	护工成本	食堂费用		
1.92	52.80	8.40	8.18	6.72	44.86

对比表3.24和表3.25，我们发现收住28个老人的永兴养老院，其不含折旧的营业利润竟然超过了收住66个老人的华东村养老院。两家养老机构收费标准基本一致，主要差别就在于永兴养老院收住了更多的失能老人。如果永兴养老院收住的28个老人都是自理老人，那么其每年收取的入住费用仅26.88万元，而且将失去6.72万元的失能补助资金，年净收入仅10.30万元，不到现在的1/4。

家庭式养老机构在收住失能老人方面的优势之一在于投入少。通常投资人只需在自家宅基地和院落上改造农房，增添设备，固定资产投入相对较少。多数小规模家庭式养老机构因面积小，不需要安置自动喷淋系统，可以节省下可观的消防设备投资。

家庭式养老机构的另一优势就是人工成本较为节约。家庭式养老机构基本构成为两夫妻店或雇用一两个护工，院长既当管理者又当护理人员，帮助一起做饭、打扫、买菜，管理成本与50张床位以上的中大型养老机构相比相对较低。

永兴养老院院长章葆力表示："家庭式养老院每一个人都会付诸全力，特别是院长。有些护工阿姨不愿意干的脏活累活，我都亲力亲为。为了节约人工成本，有些脏活都是自己干。我们真的把这项工作当事业做，365天付出我们全部的精力和时间。特别对于失能老人，我们无微不至，尽心尽力，所以很多失能老人愿意来。只有这样老人才能感觉比公办敬老院得到更多的关注，才会愿意留在我们养老院。"

因公办养老机构护理床位紧张等而无法入住公办养老机构的中低收入失能老人，可以在家庭式民办养老机构中获得较为优惠的服务。因此，虽然家庭式养老机构单体规模较小，但却创造了相当可观的回报率。

近年来，G 县由宗教团体或宗教信仰者个人创办的养老机构越来越多，截至 2018 年底，宗教类养老机构占全县民办养老机构总数的近 1/5。

（七）鹏博养老院

鹏博养老院位于土城镇陈岙村，离县城 25 分钟车程，离镇中心有 4 公里路程，要步行 500 米再乘坐 10 分钟的公交才能到镇中心，交通较为不方便。

鹏博养老院有 100 张床位，入住老人 62 人，其中重度失能老人 25 人，中度失能老人 18 人，轻度失能老人 4 人。失能老人共有 47 人，自理老人有 15 人。

鹏博养老院有工作人员 6 名，其中管理人员 2 名，护理人员 3 名，工勤人员 1 名。2 位管理人员为养老院方晓光院长夫妇，两人也兼职护工、食堂打杂、卫生打扫、买菜等各种杂事。

院长方晓光表示，他按照民政局的要求制定了收费标准，其中床位费每月 400 元，伙食费每月 300 元，护理费每月在 200 元到 1200 元之间。但是入住的老人实际缴纳的费用远远低于制定的收费标准。比如，一位全瘫痪的阿婆家庭经济困难，在养老院的三项费用每月仅为 1500 元。鹏博养老院对 90%入住老人的入住费用都打了折，很多老人只收取每月 700～800 元的三项费用。

如果没有运营补贴政策的话，养老院将减少 13.8 万元的收入，面临 4 万元的亏损（表 3.26）。方晓光院长表示由于收住失能、半失能老人会有可观的政府补助资金，鹏博养老院才得以正常运转下去，否则必然关门。

表 3.26　鹏博养老院有无运营补助的收支表比较

类别	收入项目名称	金额/万元	合计金额/万元
收入	入住费	65.0	78.8
	民办机构运营补助	13.8	
支出	餐费成本支出	19.6	69.0
	人工工资支出	21.4	
	利息支出	23.0	
	生活成本支出	5.0	
盈余/亏损	不包括民办机构运营补贴的盈余/亏损		–4.0
	包括民办机构运营补贴的盈余/亏损		9.8

如果土城镇鹏博养老院收住的老人都是自理老人的话，养老院会减少 13.8 万元的民办运营补助，入住费也减少为 59.5 万元。和现在入住老人结构下的收入相

比，共减少19.3万元，亏损额将达到9.5万元。可见，收住失能老人是民办养老机构盈利的关键点之一。

可见，民办养老机构运营补贴和养老服务补贴政策已经成为G县民办养老机构，特别是经济不发达的农村地区民办养老机构收住失能老人的重要影响因素。如果没有民办养老机构的运营补助，类似鹏博养老院的民办养老机构就会出现亏损。显然，只针对民办养老机构的运营补助拉大了公办和民办养老院收住失能老人意愿的差异。

三、案例小结

对于养老机构而言，照顾失能老人比照顾自理老人所需的人工成本要多许多。失能老人是老年人中对机构养老服务需求最迫切的群体，其中的低收入失能老人是照护方面最困难的老年群体。

在难以招聘养老机构护理人员的情况下，很多公办养老机构往往会选择抬高失能老人的入住门槛，甚至拒绝失能老人入住。护理人员招聘难与护理人员的工资收入低直接相关。那么为什么不提高护理人员的工资收入呢？

我们对G县福利院的案例调查发现公办养老机构护理人员招聘难的深层次原因在于物价管理部门对公办养老机构收费标准僵化的管制政策。在市场工资水平逐年上升的情况下，公办养老机构护理费标准的调整却远远滞后。在服务价格管制政策下，为了节约劳动力成本，公办养老机构的应对措施就是减少老人特别是失能老人入住，默认已入住老人的包房和自雇保姆行为。另外，公办敬老院因其僵化的工资制度而无法有效激励护工为失能老人提供服务，导致了敬老院不太愿意收住失能老人。G县老年公寓的合理收费标准及梅园乡敬老院的绩效工资改革对其收住失能老人行为的影响从另一方面验证了我们的上述发现。

我们的调查还发现，与公办养老机构排斥失能老人入住不同，一些民办养老机构更欢迎失能老人入住。虽然照顾失能老人的人工成本更高，但对民办养老机构而言，招收失能老人入住增加的收入比增加的成本更多。政府对民办机构收住失能老人的运营补贴政策也大大提高了民办机构收住失能老人的意愿。

一些民办养老机构发现失能老人照护是个不错的市场机会，增加了专门针对失能老人的护理型床位的供给，并且取得了不错的经营业绩，其中公建民营养老机构和家庭式养老机构表现尤为突出。宗教类养老机构虽然缺乏营利动机，但在宗教慈善精神的支持下，也收住了不少的失能老人。村办养老机构因为非个人产权，主办方缺乏收住失能老人激励，在民办养老机构中收住失能老人的意愿最低。

案例七　民办护理型养老机构：康薇益智老年公寓案例①

一、案例背景

C 市 H 区康薇养生老年公寓是一家公建民营养老机构。在开办初期，只接收自理老人。在经营了一段时间之后，越来越多的入住老人出现失能现象。

依照康薇养生老年公寓管理者的建议，康薇养生老年公寓的投资方又出资开办了一家市场定位为护理型老人的养老公寓——康薇益智老年公寓（以下简称康薇益智公寓）。康薇益智公寓在开办后颇受好评，在约半年时间内迅速被住满并持续保持很高的床位入住率，获得较好的经济效应和社会效益。

由于康薇益智公寓是定位于护理型养老服务市场的民办养老机构，其市场定位选择过程及市场开拓成果颇具研究意义，故本案例以 C 市康薇益智公寓作为调查对象。通过个案调查法，对该机构的入住老人情况、员工配备情况、财务情况等内容做基本调查，在调查护工个人情况时使用了问卷调查法。通过对获取的数据进行整理和分析，探究该机构收住自理老人和失能老人的成本和收入差异，据此讨论民营机构发展护理型养老服务市场的可行性。

二、康薇益智公寓案例

C 市康薇益智公寓是一家创办于 2009 年的民办非营利单位性质养老机构，是康薇养生公寓的二期工程。

康薇养生老年公寓是 C 市最早进行公建民营改革的民办养老机构之一，由 C 市 H 区人民政府和台资企业笑薇食品公司共同投资建造，2004 年 12 月正式营业。H 区政府投资 1200 万元用于建造房屋，笑薇食品公司投资 300 万元用于房屋装修及设施设备购置。笑薇食品公司组建了专业运营团队进行经营管理，政府每年向康薇养生老年公寓收取租金。

康薇养生老年公寓收费较高，主要面向经济条件较好的老年人，为其提供中高档养老服务。其入住老人主要是来自全国各地的单位退休人员，甚至有来自美国的侨胞和中国香港、澳门的同胞。开业三年多后，其床位全部住满，还有许多老人排队等待入住。

创办初期，康薇养生老年公寓基于降低成本、规避风险及房屋建筑格局等方面的考虑，只接收身体健康的自理老人入住。然而开业多年后，康薇养生老年公寓很多原先自理的入住老人由于年龄增长、慢性疾病等，身体状况逐渐变差，成为半失能甚至失能老人。在老人失去自理能力之后，院方会通知家属将老人接回

① 本案例来自张翔指导的浙江大学公共管理学院社会保障与风险管理系 2012 届本科生赵凡的本科毕业论文《民营护理型养老机构的个案研究——以康薇益智老年公寓为例》，案例部分做了较大的修订和补充。

家或转移到医院或者其他养老机构。但部分老人已将房子卖掉或出租，难以回家居住。大多数老人已习惯康薇养生老年公寓的生活，不愿意改变居住环境。

面对入住老人的护理服务需求，康薇养生老年公寓的管理者向笑薇食品公司建议再新办一家专门面向失能半失能老人的护理型养老机构。笑薇食品公司经过研究，决定在H区怡泽街道候潮门社区新办一家民非性质的护理型养老机构——康薇益智公寓。

2009年，康薇益智公寓落成开业。其主体建筑原属H区某国有企业，工厂拆迁后，区政府将土地收回并改为福利用地。笑薇食品公司在原有厂房的基础上装修改建，一期投资300万元。

康薇益智公寓建筑面积约1800平方米，共有房间45间，其中包括单人间、标准间和多人护理间；设有医疗室、保安室、活动室（内有图书、娱乐设施、健身设施等）、电梯（医用等级）；每个房间内有空调、电视、电话、紧急呼叫器、衣柜、储物柜、独立卫生间及浴室等，医务室另配有吸氧机等医用设备。

康薇益智公寓共设床位100张，包括针对完全失能老人的全护型床位16张，配备24小时陪护的护工服务。入住老人也可以选择白天是否需要介护服务。

康薇益智公寓由康薇养生老年公寓院长助理林晓君女士担任。林院长2000年毕业于浙江大学医学院附属第二医院卫校，主修护理专业，毕业后在浙江大学医学院附属第二医院做了四年护士。2004年林晓君辞职，自费赴新加坡留学，主修老年护理。2006年学成回国后，林晓君创办了一家有十多个床位的托老所，由于各种原因，托老所入不敷出，无奈关门。但林晓君对养老服务事业的热情依旧。2007年，林晓君到康薇养生老年公寓做院长助理。2009年笑薇食品公司决定投资建造护理型分院，林晓君凭借其扎实的老年护理专业训练及丰富的养老机构管理经验，被任命为康薇益智公寓院长。

康薇益智公寓所在的益智街道是C市老城区，环境幽雅，交通便利，周边社区老年人很多。很多老人在公寓建造时就来打听消息，准备入住。公寓一开业就有二十多位老人入住，开办一年后就基本住满。

2012年4月调查时，康薇益智公寓共有95位老人入住，其中女性71人，占74.74%；入住老人平均年龄为85.22周岁，80周岁以上高龄老人有85人，占89.47%。

95位老人中，自理老人有19人，享受一级或特一级护理服务的介护老人有60人，还有16位享受特二级至特七级护理服务的全护型老人，需要护理的老人有76位，占80%。由于施行开放式管理，康薇益智公寓基本不收有智力或精神方面疾病的老人。当入住老人出现痴呆、智障等症状时，院方会通知家属建议将老人接回家或者转到医院。如果家属坚持继续在公寓养老，院方会提高护理等级。

大部分入住老人经济社会条件较好，能够靠自己的养老金支付养老院各项费用，只有3位老人靠出租房屋的租金支付养老院费用。入住老人中没有五保、"三无"老人。通常入住老人和家属都能接受因护理等级提高而增加的费用。

根据康薇益智公寓的入住记录，开办初期公寓的床位流动率较高，开业一段时间后流动率显著降低，目前公寓里居住的绝大部分老人都表示考虑长期居住。2011年共有5位老人离开公寓，流动率5.26%，其中3位是因为身体变差不适合在院护理，只有2位老人是因不习惯公寓生活而回家居住。

康薇益智公寓有正式工作人员17人，设院长、副院长、院长助理和护理部主任、兼职会计及保安各1人、护理员11人，此外每周五会请浙江大学医学院附属第二医院护士提供包括紧急抢救、用药安全、骨折处理等在内的护理培训。11位护理员中，有1人取得中级护理证书，2人取得初级护理证书。

护理员大多是从保姆市场招聘的，少部分以前是医院的护工。护理员的工资根据其工作量每月为3000～5500元不等。照顾全护老人的护工夜间每人需要照顾6个全护老人，白天和其他的护工交替照顾老人，其月工资为最高5500元。照顾介护老人和自理老人的护理员工作时间是8小时。

康薇益智公寓的收入包括入住老人缴费和政府补贴。入住老人缴费包括床位费、基本服务费、护理费三部分[①]。床位费因房间类型、朝向、楼层有所差异，费用最低的多人间床位为800元/月，费用最高的单人间床位为1800元/月。基本服务费为每位入住老人每月300元。介护老人月护理费分450元和600元两档，全护老人月护理费分800元、1000元、1200元、1500元、1650元和1850元六档。

林晓君在经营康薇益智公寓的过程中发现，普遍被认为是高风险、高成本的护理型床位所带来的盈利反而高于普通床位。2011年6月，基于护理型床位需求量加大，带来的收益更高，院方将6张普通床位转变为全护型床位。林院长告诉我们，普通床位和全护型床位最主要的区别不是硬件方面，而是软件特别是专业护理人员的配备方面。

下面，我们将分入住老人全部为自理老人、全部为失能老人及现有入住结构，对比分析相关的营业指标，以理解康薇益智公寓倾向收住失能老人的行为。

考虑到老人流动因素，如果按平均90人入住，其中介护老人60人，全护老人15人估算，康薇益智公寓2011年经营收入为236.19万元，其中床位费收入140.40万元，基本服务费收入32.40万元，护理费收入63.39万元；2011年收到政府运营补贴6.48万元[②]。康薇益智公寓2011年总收入为242.67万元。

---

① 康薇益智公寓将伙食服务承包给其食堂，老人一日三餐的伙食标准为13元，午晚餐两荤一素。老人可以自己点菜，费用另加。食堂归公寓管理，但财务独立核算，故伙食费不算入康薇益智公寓的收入内。

② C市及H区政府对养老机构收住的每位C市户口的老人每月补贴运营补贴60元，2011年康薇益智公寓有90人符合补贴条件。

康薇益智公寓2011年的经营成本如下：①人工成本总计75.90万元，其中护理人员工资平均4250元/月，护工成本共56.10万元；管理人员工资平均3000元/月，保安、兼职会计和兼职培训师平均工资1500元/月，合计其他人工成本19.80万元。②房屋租金30.00万元。③食堂承包费用每月2300元，年总支出2.76万元；职工餐补标准每人每天13元，17位职工年餐补支出8.07万元，因此伙食费合计10.83万元/年。④建筑设施、锅炉、消防设备、医用设备等维护费15.00万元。⑤水电费9.60万元。⑥洗衣粉等日用品消耗2.00万元。⑦节日活动费2.00万元/年。⑧以15年按年限平均法计提固定资产折旧20.00万元。⑨办公费用、差旅费、接待费、电话费、宣传广告费、制服费等其他费用8.00万元/年。以上9项成本合计173.33万元。

如果不考虑政府的运营补贴收入，康薇益智公寓2011年的营业利润为62.86万元，利润率为26.61%；如果将政府运营补贴也计入收入，康薇益智公寓2011年的利润为69.34万元，利润率为28.57%。

那么，假设康薇益智公寓收住90位自理老人或者90位失能老人，其经营收入和经营支出又会发生怎样的改变呢?

如果90位入住老人均为自理老人，康薇益智公寓每年的床位费收入为140.40万元，基本服务费收入为32.40万元，经营收入从原来的236.19万元减少为172.80万元。假定政府补贴仍是6.48万元，总收入为179.28万元。

因为照顾全护老人和介护老人的护理员都转为照顾自理老人，据估算90位自理老人只需7位护工，每位护工月工资均为3000元，护工成本从原先的56.10万元下降到25.20万元，其他人工成本扣除兼职培训师工资后从19.80万元降低到18.00万元，合计人工成本从原来的75.90万元下降到43.20万元；伙食费因为减少4名职工餐补费用1.90万元，从原先10.83万元下降到8.93万元；因空调用电减少，水电费从原先的9.60万元降低到7.20万元；日用品消耗从2.00万元降低到1.00万元；因为医疗设备减少，日常维护费从15.00万元减少为12.00万元；租金30.00万元、节日活动费2.00万元、固定资产折旧20.00万元、其他费用8.00万元均不变。以上9项成本合计132.33万元。

如果政府补贴不计入收入，康薇益智公寓收住90位自理老人的营业利润为40.47万元，利润率为23.42%；如果将政府补贴计入收入，康薇益智公寓的利润为46.95万元，利润率为26.19%。两种计算方法情况下，全自理老人入住结构下的利润额均比现有实际入住结构下减少22.39万元。

如果康薇益智90位入住老人均为失能老人，则每年的床位费收入为140.40万元，基本服务费收入为32.40万元，平均护理等级按六档收费标准的平均值每月1333.33元估算，护理费收入为144.00万元。经营收入将从原来的236.19万元增加到316.80万元。假定政府补贴仍是6.48万元，总收入为323.28万元。

按 1 位护工照顾 6 位失能老人估算，90 位失能老人需要 15 位护工，每位护工月工资 5500 元，护工成本从原先的 56.10 万元增加到 99.00 万元，其他人工成本维持 19.80 万元不变，人工成本从原来的 75.90 万元增加到 118.80 万元；伙食费因为增加 4 名职工餐补费用 1.90 万元，从原先 10.83 万元增加到 12.73 万元；因空调用电增加，水电费从原先 9.60 万元增加到 12.00 万元；日用品消耗从 2.00 万元增加到 3.00 万元；因为医疗设备增加，日常维护费从 15.00 万元增加到 20.00 万元；租金 30.00 万元、节日活动费 2.00 万元、固定资产折旧 20.00 万元、其他费用 8.00 万元均不变。以上各项成本合计 226.53 万元。

如果政府补贴不计入收入，康薇益智公寓收住 90 位失能老人的营业利润为 90.27 万元，利润率为 28.49%；如果将政府补贴计入收入，康薇益智公寓的利润为 96.75 万元，利润率为 29.93%。两种计算方法情况下，失能老人入住结构下的利润额均比现有实际入住结构下增加 27.41 万元。

表 3.27 列出了康薇益智公寓三种入住结构情况下的相关经营指标。和目前实际入住结构相比，在全部为自理老人的入住结构下，护理费收入和营业收入都将下降 63.39 万元，虽然营业成本也下降了 41.00 万元，但两个口径的利润指标均下降了 22.39 万元；而在如果全部为失能老人的入住结构下，护理费收入和营业收入都将增加 80.61 万元，虽然营业成本也增加了 53.20 万元，但两个口径的利润指标均增加了 27.41 万元。

表 3.27　康薇益智公寓三种入住结构下各项营业指标比较

项目	全部为自理老人	目前实际情况	全部为失能老人
营业收入/万元	172.80	236.19	316.80
床位费/万元	140.40	140.40	140.40
基本服务费/万元	32.40	32.40	32.40
护理费/万元	0	63.39	144.00
运营补贴/万元	6.48	6.48	6.48
营业成本/万元	132.33	173.33	226.53
护理人员工资/万元	25.20	56.10	99.00
其他人员工资/万元	18.00	19.80	19.80
租金/万元	30.00	30.00	30.00
伙食费/万元	8.93	10.83	12.73
设备维护费/万元	12.00	15.00	20.00
水电费/万元	7.20	9.60	12.00

续表

项目	全部为自理老人	目前实际情况	全部为失能老人
日用品消耗/万元	1.00	2.00	3.00
节日活动费/万元	2.00	2.00	2.00
固定资产折旧/万元	20.00	20.00	20.00
其他费用/万元	8.00	8.00	8.00
营业利润（不含运营补贴）/万元	40.47	62.86	90.72
营业利润率（不含运营补贴）	23.42%	26.61%	28.49%
营业利润（含运营补贴）/万元	46.95	69.34	96.75
营业利润率（含运营补贴）	26.19%	28.57%	29.93%
单位老人营业收入/万元	1.92	2.62	3.52
单位老人护理费收入/万元	0	0.70	1.60
单位老人营业成本/万元	1.47	1.93	2.52
单位老人护工成本/万元	0.28	0.62	1.10
单位老人营业利润（不含补贴）/万元	0.45	0.70	1.01

如果将营业收入、营业成本分摊到每位入住老人身上，我们会发现随着入住结构从自理老人到失能老人的变化过程中，单位老人的营业收入增长了1.60万元，营业收入增加全部来自护理费的增长；单位老人的营业成本增加了1.05万元，其中单位老人的护工成本增加了0.82万元，占营业成本增量的78.10%。单位老人的营业利润（不含补贴）增加了0.55万元。这部分营业利润增量即来自营业收入增量和营业成本增量之差。

三、案例小结

康薇益智公寓的经营业绩并非偶然，康薇养生老年公寓增设护理部的举措也不是毫无根据的。事实上，除了康薇养生老年公寓和康薇益智公寓以外，很多民营机构已经发现了护理型养老服务市场的潜力，不仅需求大且能够带来可观的利润，如本书案例四中E区的一家公建民营养老机构——松龄苑，就是专门为失能或者半失能老人提供养老服务的。该养老机构中入住的失能或半失能老人占该院全部老人人数的85.51%，其2011年的利润率约为20.21%，营业利润约59.56万元，将各项补贴考虑在内后年终盈余约63.70万元，平均每位老人能为该家护理型养老机构带来0.46万元/年的利润。

笔者从对已经入住康薇养生老年公寓和康薇益智公寓的老人的访谈中了解

到，有相当一部分老人在住进养老机构前曾经雇用过保姆以居家养老，但最终都觉得不满意，其原因主要来自两方面：第一，目前中国的保姆市场无统一的、正规的行业规范，保姆整体素质偏低，以外来人员、四五十岁的妇女为主。绝大多数保姆的受教育程度为初中及以下，这就导致她们在技术能力和服务水平上很难满足雇主的要求。据康薇益智公寓的管理者透露，老人家原先雇的保姆不能将老人照顾得很好，如以买早餐、买菜为理由旷工，留老人一个人在家，又或者偷吃偷用家属给老人准备的东西等。第二，目前中国的保姆市场无统一的收费标准，最多有某些城市出台了“保姆指导价”相关政策，但并未很好地落实实施，有一些保姆叫价 4000～5000 元一个月，这样的价格对于一般的家庭来说很难负担，况且养老是一个长期的过程，家庭会不堪重负。

由于公办养老机构可以获得大量财政补贴和政府在供地、税费等方面的优惠政策，在价格、硬件设施、环境条件等方面都占有很大的竞争优势，造成公办养老机构“一床难求”的局面。在这种情况下，公办养老机构对入住老年人有了更大的挑选余地，个人健康状况和家庭经济、社会条件较好的老人往往更容易在争夺公共养老资源的竞争中胜出，这使得失能或半失能老年人难以入住公办养老机构；此外，公办养老机构过低的定价也使得公办养老机构提供的服务显得相对比较“价廉物美”，那些已经入住的老年人更不愿意离开福利院，而且入住老年人以自理老年人为主则意味着其死亡率较低，进一步加剧了床位周转率不高的状况。

从以上分析可知，众多需要护理服务的失能或者半失能人在无法享受高质量居家养老的同时，也难以入住养老服务有保证的公办养老机构养老。目前护理型养老服务市场存在很大的供需缺口，供不应求，因此开拓护理型养老服务市场将是民办非营利性养老机构一个非常好的发展方向。

案例八　公办养老机构服务价格改革：杭州市第三社会福利院案例①

一、案例背景

杭州市第三社会福利院位于杭州市江干区皋亭山风景区内，占地面积 169.25 亩，建设规模 90 688.46 平方米，建筑密度（建筑物基底面积/占地面积）26.8%，容积率（建筑面积/占地面积）0.80，绿地率 35.5%，是杭州市目前规模最大的一家差额拨款事业单位性质的公办养老机构。

① 本案例来自张翔、徐秋涵发表在《社会政策研究》2018 年第 4 期的《公办养老机构价格管理改革个案研究——以杭州市第三社会福利院为例》。

三福院共有27幢多层老人居住和文娱用房，共设床位2000张，其中自理型床位和非自理床位各1000张，配有老人文娱活动中心、市级乙等医院、临终关怀楼、食堂及设备房等。因皋亭山风景区[①]内限高，三福院所有的建筑均不超过5层。

三福院的基建项目投资37 557万元（其中征地成本约8000万元），开办费预算8574万元，共46 131万元；平均单床位费基建成本18.7785万元（即使扣除征地费用，单床位基建成本仍然达到了14.7785万元/床位），单床位综合成本达23.0655万元。三福院配备了先进的医疗、康复、文娱及其他生活辅助设施，护理间有移动洗头机、洗澡机、吊床器等先进护理器械，还为入住老人配备了可监测身体状况和紧急呼救的智能腕表，其内部装修和设备设施在杭州市养老服务机构中处于领先水平。

2013年，杭州市三福院被杭州市选定为全国首家公办养老机构价格管理改革试点单位。在正式开业前，三福院和杭州市物价局相关处室数易其稿，拟定了价格改革方案。2014年9月26日三福院的服务收费标准正式出台。2014年10月2日，三福院正式开业，除托底保障的200张床位之外，其余床位按照优质优价原则提供服务。

目前关于公办养老机构价格改革的实证案例付之阙如。本案例采用个案研究的方法，收集三福院的案例资料，记录三福院价格改革过程，描述、分析价格改革所面临的限制条件及原因，分析试点案例的成功之处和背后的缺陷，得出结论并提出政策建议。

二、杭州市第三社会福利院价格改革案例

（一）杭州市第三社会福利院价格改革过程

1. 争取政策依据

如前所述，浙江省物价局希望杭州市选择合适的养老机构进行基本养老服务价格改革试点。作为一家高建设标准的新建大型公办养老机构，杭州市三福院的价格改革试点是在多重约束条件下“夹缝中的改革”。

首先，三福院方面考虑到自身规模大、投资金额和建设标准高，2000张床位很难在较短时间内达到较高的入住率。如果参照其他公办养老机构当时的定价标准，三福院将会在较长时期内处于严重亏损状态，每年需要大量的政府补贴才能维持运转。三福院方面听说浙江省物价局选择试点单位的精神，主动向杭州市物

① 皋亭山风景区以皋亭山、黄鹤山、元宝山三大山体为基础，以一寺（龙居寺）、一水（上塘河）、一楼（黄鹤楼）、一忠（文天祥）、一孝（丁兰）、一文（王蒙）、一武（钱镠王）、一馆（班荆馆）为资源特色。据传二十四孝中丁兰刻木事亲的故事就发生在这里。

价局提出，希望将三福院作为试点单位。

其次，三福院作为一家公办养老机构，服务价格的上调会遇到巨大的舆论压力。笔者在调研中多次听说民办养老机构在正常调整来年服务价格时因已入住老人上访抵制而不得不实行“新人新办法、老人老办法”妥协方案的故事。按规定实行市场定价的民办养老机构调整价格尚且如此困难，得到政府大量建设补贴的公办养老机构价格调整的难度可想而知。

最后，三福院是一家新建的养老机构，没有已入住老人对服务价格调整的抵制压力。为了兑现 2013 年开业的承诺，三福院于 2013 年 12 月 28 日投入试运营，当时服务收费标准尚未正式出台。三福院和试运营期间入住的老人约定，收费以将来政府公布的收费标准为准，多退少补。这些入住老人对新方案有心理准备。

三福院服务收费管理改革的重要时间节点如下。

2013 年 9 月 5 日，杭州市民政局向杭州市政府提交了《关于以市第三社会福利院为突破口进行公办养老机构定价机制改革的请示》，旨在通过公办养老机构定价机制改革，营造公办和社会办养老机构平等参与、公平竞争的市场环境。时任杭州市市长张鸿铭作出批示，要求“解放思想，大胆改革”。

2013 年 9 月 6 日，国务院在《关于加快发展养老服务业的若干意见》（国发〔2013〕35 号）中提出：“充分发挥市场在资源配置中的基础性作用，逐步使社会力量成为发展养老服务业的主体，营造平等参与、公平竞争的市场环境，大力发展养老服务业，提供方便可及、价格合理的各类养老服务和产品，满足养老服务多样化、多层次需求。”这个文件在此后相关改革文件中被反复引用。

2013 年 9 月杭州市政府在《关于市第三社会福利院项目推进有关问题的专题会议纪要》中明确，“要以三福院收费定价作为公办养老机构价格与市场定价相衔接的样本，探索养老事业发展的新思路、新机制”①。

2013 年 10 月 28 日，杭州市物价局和杭州市民政局向杭州市政府提交了《关于杭州市养老服务机构定价机制改革意见的请示》（杭价费〔2013〕225 号），请求批复。2013 年 11 月 15 日，杭州市政府办公厅批复：“一、原则同意《杭州市养老服务机构定价机制改革意见》。由你局会同市民政局按规定程序上报省物价局、省民政厅。二、由市民政局牵头，抓紧研究确定市三福利院定价机制改革方案，明确市三福利院准入条件、入住补贴对象范围及补助方式和标准等综合配套措施。”

2013 年 10 月 28 日和 10 月 31 日，杭州市民政局先后制定了《关于杭州市第三社会福利院定价改革的配套措施（征求意见稿）》和《关于以三福院为突破口

① 据三福院档案《关于市第三社会福利院项目推进有关问题的专题会议纪要》：2013 年 8 月 28 日，杭州市副市长戚哮虎、杭州市政府副秘书长许保水在三福院项目现场主持召开三福院项目推进工作会议，提出“要以三福院收费定价作为公办养老机构价格与市场定价相衔接的样本，探索养老事业发展的新思路、新机制”。

进行公办养老机构的思路与配套措施（送审稿）》，提出要建立准入条件和评估制度、明确了政府保障和补贴对象范围及方法。

2013 年 12 月 13 日，民政部印发了《关于开展公办养老机构改革试点工作的通知》，要求各地积极行动，认真遴选本地区试点单位，至少确定 1 家公办养老机构开展改革试点，并报民政部备案。

2013 年 12 月 23 日，三福院向杭州市政府报送《以市三福院为试点进行公办养老机构定价机制改革的方案和配套保障措施》。2013 年 12 月 26 日，杭州市政府办公厅综合二处批复，“经审核，来文报送方案主要存在两方面问题：一是在内容方面，府办简复第 B2013700 号明确，由市民政局牵头抓紧研究报送市三福院定价改革方案及其配套措施（市三福院的准入条件、可享受补贴的对象范围、补贴标准、补贴方式等），但来文报送方案中的第一（一）、（二）部分以及第三、第四部分均是针对全市公办养老机构定价机制进行改革的内容，与市政府简复中的有关要求不符。二是在程序方面，目前省物价局、民政厅尚未批复市物价局、民政局上报的《杭州市养老服务机构定价机制改革意见》，而该批复意见是我市对市三福院进行定价改革试点的依据，因此市政府正式研究市三福院定价改革方案的时机尚未成熟……”

三福院于 2013 年 12 月 28 日投入试运营。三福院和试运营期间入住的老人约定，收费以将来政府公布的收费标准为准，多退少补。

2014 年 1 月 28 日，浙江省物价局和浙江省民政厅在《关于杭州市养老服务机构定价机制改革意见的批复》（浙价费〔2014〕23 号）中对杭州市物价局和杭州市民政局的批复如下：“原则同意你市对养老服务收费进行改革试点。希望你们通过试点，积极探索养老服务收费管理的新路子、新办法，通过价格杠杆促进养老服务业的健康发展。养老服务收费的具体标准，由你们按照定价权限和有关规定制定。”至此三福院正式拿到改革试点的“准生证”。

2014 年 3 月 5 日，杭州市物价局和杭州市民政局印发了《杭州市养老服务机构定价机制改革意见》（杭价费〔2014〕35 号）：“《杭州市养老服务机构定价机制改革意见》已经市政府同意，并经省物价局、民政厅批准，现印发给你们，请认真贯彻执行。”

2014 年 6 月 10 日，杭州市民政局向杭州市张鸿铭市长专题汇报《市第三社会福利院定价机制改革的报告》。

2014 年 7 月 14 日，杭州市第十二届市政府召开第四十次市长办公会议，张鸿铭市长主持会议，杭州市民政局汇报了三福院定价机制改革相关情况。《杭州市人民政府市长办公会议纪要》（〔2014〕16 号）记载如下：“会议指出，市第三社会福利院定价机制改革是养老体制机制方面的改革创新之举，要给予关注和重视。会议强调，一方面要履行政府职能，发挥托底保障作用，做好准入评估工作；另一方面要充分向市场开放，按照市场规律进行公平竞争，调动管理积极性，提升服务质量。会议原则同意市民政局关于市第三社会福利院定价机制改革有关问题的情况汇报，要求市民政局根据会议意见做好相关工作。”

2014 年 9 月 15 日，三福院向杭州市市民政局递交《关于申报杭州市第三社会福利院服务项目收费标准的请示》。9 月 19 日，杭州市民政局在公文简复单（杭民简复〔2014〕7 号）上批复：“你院《关于申请杭州市第三福利院服务项目收费标准的请示》收悉。经研究，同意你院提出的收费标准，并按照市长办公会议纪要精神，尽快报市物价部门审批。”

2014 年 9 月 20 日，三福院向杭州市物价局递交《关于核定杭州市第三社会福利院基本服务项目收费标准的请示》。

2014 年 9 月 25 日，杭州市物价局在《关于杭州市第三社会福利院服务项目收费标准的批复》（杭价费〔2014〕169 号）中正式批复了杭州市三福院的服务项目收费标准方案收费标准：“一、护理间、标准间、单间床位费和一至三级护理费等基本服务项目收费实行政府定价管理，具体收费标准核定详见附件。二、套间收费、统计护理费等特需服务项目收费实行市场调节价管理。具体收费标准由你院根据实际服务成本和入住老人的承受能力制定，并报我局和市民政局备案后执行。三、伙食费由你院按照非营利要求，根据食堂伙食成本合理确定；代收代付收费按实际结算价格收取，不得加收其他费用。四、养老服务的收费项目包括基本服务收费、特需服务收费、伙食费和代收代付收费。除上述收费外，不得自立项目收取其他任何费用。五、请认真做好收费项目及标准的公示和明码标价工作，并切实做好宣传解释工作。”

2014 年 9 月 29 日，三福院向杭州市物价局和杭州市民政局递交了《杭州市第三社会福利院关于套间、特级护理等特需服务项目收费标准备案的报告》，报备了套间、特级护理等特需服务项目的收费标准。

2. 定价方案三易其稿

三福院制订定价方案的重点是如何核算成本。按照过去的做法，事业单位不计提固定资产折旧更不计入成本核算。三福院尝试将固定资产折旧纳入成本核算。因此如何计提“固定资产折旧”成了成本核算的重点。

三福院会同杭州市物价局相关处室，首先给出了全成本核算的方案一，即将固定资产折旧 100%计入成本核算。但全成本核算得出的床位费及护理费标准过高，担心会超过社会承受能力。因此他们又将固定资产折旧计入比率逐步下调分别测算，最终选择将 50%固定资产折旧计入成本核算的方案二。随后又在方案二基础上，对不同房型的收费标准进行结构性调整，调低多人间和标准间价格，提高单间和套间价格，得到了最终的方案三。

我们对三套改革方案与不计提固定资产折旧的原方案进行了对比。表 3.28 的数据是物价部门参考以往成本核算经验，在三福院提供的数据基础上进行调整后得出的。总成本包括人员经费支出、公用费用支出和固定资产折旧三大部分。人员经费支出包括管理技术人员、护理员、勤杂人员的人力资源成本；公用费用支出包括配套设施维护费、营运能耗费及其他与经营活动有关的费用；固定资产折旧包括基建项目、专用设备、一般设备的折旧额，不包括土地使用权。

表 3.28 杭州市三福院四套定价测算方案成本测算对照表（单位：万元/年）

定价测算方案	测算成本			
	人员经费支出	公用费用支出	固定资产折旧	合计
原方案：不计提折旧	3401	1770	0	5171
方案一：100%计提折旧	3401	1770	1751	6922
方案二：50%计提折旧	3401	1770	876	6047
方案三：50%计提折旧并调整	3401	1770	876	6047

养老服务的基本服务收费项目包括床位费和护理费。因此要将表 3.28 测算的总成本分摊至床位费和护理费成本中。物价部门按照此前经验，将总成本按照 7∶3 的比例分摊至床位费成本和护理费成本（表 3.29）。

表 3.29 杭州市三福院四套定价测算方案成本分摊对照表（单位：万元/年）

定价测算方案	测算成本		
	分摊至床位费成本	分摊至护理费成本	合计
原方案：不计提折旧	3620	1551	5171
方案一：100%计提折旧	4845	2077	6922
方案二：50%计提折旧	4233	1814	6047
方案三：50%计提折旧并调整	4233	1814	6047

成本核算完毕后，根据补偿服务成本的原则进行定价，床位费收入补偿分摊至床位费的成本，护理费收入补偿分摊至护理费的成本。三福院各类房型的床位数、面积及四套定价测算方案确定的床位费收费标准如表 3.30 所示。

表 3.30　杭州市三福院房型结构和四套定价测算方案的住宿费对照表

类型	面积/米²	房间数/间		床位数	住宿费定价/（元/月）			
		分项	合计		原方案	方案一	方案二	方案三
护理间（3 床/间）	42	143	143	429	1 100	1 450	1 250	1 100
标准间（2 床/间）	33	504	504	1 008	1 300	1 750	1 550	1 500
单间（1 床/间）	28	184	351	184	2 200	2 950	2 500	2 700
	33	167		167	2 600	3 500	3 050	3 250
单套间（2 床/间）	40	41	97	82	3 150	4 200	3 700	4 100
	45	8		16	3 550	4 750	4 100	4 500
	50	48		96	3 950	5 250	4 600	5 000
双套间（2 床/间）	65	6	9	12	5 100	6 800	6 000	6 500
	75	3		6	5 900	7 800	6 900	7 500
合计	38 316	1 104	1 104	2 000	—	—	—	—

注：单套间和双套间是以房间为单位收费，1 个人入住套间也收 2 张床的床位费

住宿费定价需要先算出单位面积需要分摊的月平均成本，即把每年分摊至床位费的总成本除以住宿房间的总面积 38 316 平方米，再平均到 12 个月。如方案一，单位平方米月平均分摊成本约 105 元。再依据不同房型的单床位面积，略作调整后得出护理间月床位费 1450 元，标准间月床位费 1750 元，单间、套间的月包间费从 2950 元到 7800 元不等。

按方案二，单位平方米月平均分摊成本约 92 元，略作调整后得出护理间月床位费 1250 元，标准间月床位费 1550 元，单间、套间的月包间费从 2500 元到 6900 元不等。

方案三与方案二分摊至床位费的成本总额是相同的，在方案二的基础上进行了结构性调整。护理间（1100 元/月）和标准间（1500 元/月）的床位费在方案二的基础上分别下调 150 元和 50 元；单间和套间床位费在方案二的基础上上调，包间月住宿费从 2700 元到 7500 元不等（表 3.31）。

表 3.31　方案三与方案二月住宿费定价对比

项目	护理间	标准间	单间		单套间			双套间	
房间面积/米²	42	33	28	33	40	45	50	65	75
床位数/张	3	2	1	1	2	2	2	2	2
每床位面积/米²	14.0	16.5	28.0	33.0	20.0	22.5	25.0	32.5	37.5
方案二（元/床或间）	1250	1550	2500	3050	3700	4100	4600	6000	6900

续表

项目	护理间	标准间	单间		单套间			双套间	
方案三（元/床或间）	1100	1500	2700	3250	4100	4500	5000	6500	7500
调整幅度/（元/月）	−150	−50	+200	+200	+400	+400	+400	+500	+600

方案三中，护理间月床位费为1100元，和价格改革前不计提固定资产折旧的情况相同；标准间月床位费比方案二每月低50元；单间、单套间、双套间每月提高200元到600元不等。方案三兼顾了成本定价原则、公办养老机构的公益性和社会承受能力。

3. 主要配套保障措施

三福院的价格改革除了对定价机制进行改革之外，还健全了一系列配套保障措施，主要包括建立准入机制和公开轮候机制、分层分级保障措施、完善补贴政策等。

三福院的准入条件为：具有杭州市主城区户籍、年满60周岁以上、无精神和传染性疾病且自愿入住，如夫妻双方一人年满60周岁，但另一人未满，可按照具体情况酌情放宽入住条件。

三福院的公开轮候机制分为普通轮候通道和特殊保障通道两类。三福院修订了《公办养老机构准入评估办法》，普通老人在登记预约后，将由第三方机构进行评估，评估内容包括生活自理能力、认知能力、年龄情况、居住环境、经济状况等五项主要参数，还有特殊贡献或特殊困难附加参数及残障情况和重大疾病背景参数，得分高的老人拥有优先入住权。80岁以上的老人，每增加1岁增加1分，年龄项总分20分。根据评估结果，分别按照自理型床位、非自理型床位、失智床位三种类别进行公开轮候，优先保障高龄、失能、失智的老人入住。

三福院预留了200张[①]托底床位，为市级低保家庭和市级困难家庭中经评估为生活不能完全自理的老人开通特殊保障通道。三福院的特殊保障对象为市主城区范围内低收入（持有有效期内“杭州市困难家庭救助证”）的失能半失能老人，按照满足老人的基本养老服务需求进行补助。这部分入住老人享受的政府补助金（个人低保收入、养老服务补贴）由提供方按期支付给三福院，入住实际发生的费用与各类补助总和相比，仍有不足的部分由市财政补足，每年底以财政转移支付的方式由各区支付给市财政。

4. 反复征求意见

2014年2月起，由杭州市民政局牵头多次征求相关部门、公办和民办养老机构、老人和社区群众代表的意见，反复研究审定了《市三福院定价机制改革和配

① 200张托底床位是根据杭州市2013年领取低保待遇老年人的一定比率测算得到的。

套保障措施》（征求意见稿）。

2014 年 4 月 8 日由市民政局牵头，组织相关处室、三福院负责人代表、老人代表、浙江大学专家等参加了杭州电视台《我们圆桌会》关于“公办养老院定价能否改一改？”的主题讨论，与市民一起探讨公办养老机构价格改革，了解市民的意见和建议。

2014 年 5 月 15 日，杭州召开市政协十届三十三次主席会议，协商“加快推进杭州市养老服务事业改革与发展”。杭州市民政局局长邵胜在会上通报了《市三福院定价机制改革方案和配套保障措施》，听取委员们的意见和建议。

2020 年 5 月 20 日，杭州市政协向市政府提交了《关于加快养老服务业改革与发展的建议》，提出三福院在明确政府托底人群预留床位后，其余床位的价格按照市场的供求关系进行调节，引导三福院逐步走向自负盈亏、自主管理、放开价格，“固定资产的计提标准在实施之初可按方案中 50%的标准计提，但应有一个逐步提高的时间表，使三福院完全与市场接轨”。

2014 年 5 月 27 日，杭州市人民代表大会召开养老服务业改革和发展专题汇报会，听取杭州市民政局关于三福院改革进展的汇报，通过将三福院的定价与本市和外地其他公办养老机构及同等级民办养老机构进行对比，认为相对于杭州市的养老金水平而言，三福院基本养老服务的定价是可以承担的。

2014 年 7 月 14 日，杭州市市长办公会议经过综合分析，原则同意将第三套定价方案作为收费标准。2014 年 9 月 25 日收费标准正式出台。

5. 现行收费标准

三福院实行“分床分制”办法，护理间、标准间和单间的床位费实行政府定价；单套间、双套间按房间收费，实行自主定价。另外为本市困难老人留有托底床位 200 张。

护理费根据评估的护理等级收取。针对自理老人的基础护理分三级，分别为 430 元/月、530 元/月和 630 元/月，实行政府定价；特级护理分七级，分别为 830 元/月、1030 元/月、1230 元/月、1430 元/月、1630 元/月、1930 元/月和 2230 元/月，实行自主定价；失智老人护理费为每月 2000～2600 元，具体价格和专门护理老人的护理费一样由面议确定。

水费（每人每月免费定额 3 吨）和电费（每人每月定额免费 20 千瓦时）超出部分按市价收费，护理间免收水电费；空调费暂定不收；自理一级及以上老年人包餐的月伙食费为 500 元。

三福院将床上用品清洗、智能腕表月租费、每月免费理发一次等绝大部分老人需要的服务项目归入基础服务项目中，不再另外收取费用。特需服务项目及其收费标准只限表 3.32 列出的 6 项。

表 3.32　特需服务费收费标准

项目	价格	项目	价格
送（喂）药	180 元/月	终末消毒清洁费	280 元/人
气垫床租用（含电费）	5 元/天	自助洗衣机	2 元/桶
陪同院内散步（每次半小时）	20 元/次	自备气垫床用电	50 元/月

（二）价格改革的效果

1. 入住情况

三福院在定价方案公布之前的预报名阶段，有超过 4000 人报名申请入住，经准入评估后有 3800 人符合入住条件。2013 年 12 月 28 日试运营至 2014 年 4 月 14 日期间，2000 张床位中实际入住老人 304 人，入住率为 15.2%。

三福院预报名阶段的火爆和价格改革后较低的入住率对比鲜明，生动地表明所谓公办养老机构“一床难求”的现象，其实只是公办养老机构在“高补贴-低价格”政策下人们竞争入住以获得大量政府隐性建设补贴和运营补贴的结果而已。

一旦价格上调（还有 50%固定资产折旧尚未计入成本定价范围），长长的轮候队伍就消失了。这一方面与杭州市其他公办养老机构尚未实行价格改革，三福院的收费显得相对较高有关①，另一方面也和三福院建立准入评估机制，将有限的公共养老资源优先保障经济困难、高龄、失能、失独、有特殊贡献的有养老服务需求的老人有关。这避免了 2000 张床位全部由自理老人入住，政府又得建设更多养老机构的不利局面。

304 人中 45 人入住护理间，90 人入住单间，30 人入住单套间，其余老人入住标准间，双套间暂未开放。按以往经验，单间和套间会成为热点房型。据说单间和套间早在设计建设阶段就被内部预订一空。然而在定价方案公布之后，原先的预订者只有一位老干部表示愿意入住。价格改革较好地均衡了不同老人对各类房型的个性化需求，大大减少了低价占用优质公共养老资源的现象②。

在服务价格管制的情况下，许多公办养老机构不愿意甚至排斥失能老人入住，因为照顾失能老人需要更高的人工成本，但护理费调整长期滞后于劳动力价格涨幅（张翔和林腾，2012）。自理老人入住会降低床位周转率和公共养老资源配置效率。价格改革和准入评估机制的建立使三福院愿意为失能老人入住提供优先机

① 三福院护理间床位费比当时杭州市第二福利院和杭州市福利中心分别高 22%～175%和 57%，标准间床位费也比二福院和福利中心高 67%，三级护理费 430 元/月，比当时杭州市第二福利院和杭州市福利中心高 39%。

② 截至 2018 年 11 月 23 日，在三福院 782 位入住老人中，入住护理间的有 99 人，入住标准间的有 364 人，入住单人间的有 199 人，入住套间的有 120 人。

会，扭转了公办养老机构不愿意收住失能老人的不良倾向[①]。

但值得特别关注的是，在开业后较长一段时间内，没有托底老人入住托底床位。这是价格改革带来的一个负效应。

2. 运营成本

床位费服务成本构成中，水、电、气、油费等与入住人数关系较大，人工成本及与住宿相关的部分费用支出会随入住人数增加而稍有增加，占比较大的固定资产折旧与入住人数多少没有关系，因此可以认为运营中床位费成本与方案测算中分摊至床位费的成本差别不大。入住人数过少会带来运营压力。

护理费成本构成中，与护理人员相关的成本占较大比重，实际发生的护理成本与入住老人人数紧密相关。三福院 2 名护理人员照护约 6 位失能老人，12 小时白天晚上轮班。此外大厅配 2 名护理人员，专门配 1 名负责排药的护理人员；对于半失能老人，一层楼配 2 名轮班制护理人员；对于自理老人，一层楼配 1 名护理人员。可见价格改革后的三福院在护理人员配备上是较慷慨的。

三福院的护理人员包吃住，除了基本工资和绩效工资外，还享受每月 100～500 元的学历津贴和 100～300 元护理资格等级津贴，还有浙江省针对养老机构护理人员的入职奖补、半年奖、年终奖等。普通护工扣除五险之后年到手收入约为 4.5 万元。这个工资水平在当时杭州市养老服务行业还是有一定吸引力的。

3. 运营状况

三福院 2014 年的运营是亏损的。价格改革实行后，政府减少了对三福院的运营补贴。在三福院开办之初，政府一次性补贴 120 万元用于购买外包服务，补贴 70 万元用于计划内编外用工，编制人员按照规定享受一定的财政补贴。

三福院负责人表示，如果要达到一个良好的运营状态，入住率需要达到 50% 以上，即 1000 位以上老人，如果要勉强补偿运营成本，入住老人也需要达到 600 人左右[②]。实际入住人数比计划少很多，给机构的运营带来较大压力。

三福院负责人表示，会坚持严格执行准入机制，不会为了提高入住率而刻意宣传，为了确保公益性，在即使自理型床位住满而护理型床位仍有空余的情况下，也不会将护理型床位向自理型老人开放。

考虑到长期的动态平衡，已入住的自理型老人在几年后可能会转为护理型老人，以后的趋势也只会是向护理型的老人倾斜，可能会将部分自理型床位变为护理型床位。无论何种情况，都会确保有 200 张托底床位。

---

① 截至 2018 年 11 月 23 日，在三福院 782 位入住老人中，有失能老人 129 人，半失能老人 450 人，自理老人 179 人，失智老人 24 人；自理老人仅占 22.89%。

② 截至 2018 年 11 月 23 日，三福院入住人数为 782 人。

三、案例小结

三福院改革是多重约束条件下“夹缝中的改革”。作为一家政府投资 4.6 亿元、2000 张床位的大型高建设标准养老机构，三福院如果继续按照过去的低价格提供服务，将会面临巨额亏损，政府需要提供大量补贴，因此三福院和政府都有服务价格改革的动力。作为一家新建尚未开张的养老机构，进行服务价格改革阻力相对较小；而作为一家公办养老机构，在进行价格改革时需要兼顾成本定价原则、机构公益性和社会承受能力。

三福院的改革方案三易其稿，从最初的固定资产折旧全部计入成本，到第二稿将一半固定资产折旧计入成本，再到在将一半固定资产折旧计入成本的基础上降低护理间和标准间收费，提高单间和套间收费的最终方案，反映了决策者的多重考量。

三福院的改革第一次对公办养老机构提供的基本养老服务作出了具体界定，大大缩小了政府对公办养老机构服务价格管制的范围，赋予了公办养老机构一定的自主定价空间；第一次将公办养老机构的部分固定资产折旧纳入成本核算，使公办养老机构成本核算结构更加合理，在全国范围内都具有改革方向标意义。

但三福院改革也存在一些遗憾之处，特别是没能建立护理费收费标准的动态调整机制，也没能建立推广的时间表，影响了价格改革的效果。三福院改革后 200 张针对集中供养对象的托底床位长期空置的现实提示我们，三福院的建设标准超过了保基本的原则。当然这一问题是许多公办养老机构的通病。三福院下一步的改革应将价格改革和公办养老机构补贴制度、运营机制改革结合起来。

（1）改革补贴政策，建立需方补贴及配套措施。从“补砖头”“补床头”转向“补人头”，能够更有效地确保公益性和老人选择不同养老机构的权利，促进公办、民办养老机构的共同发展。实行需方补贴制度应完善老年人经济条件和身体状况评估机制，建立和严格执行公办养老机构的准入机制和轮候机制等配套机制，防止需方补贴制度可能的弊端。

（2）建立和完善护理费标准自动调整机制。将护理费收费标准与社会平均工资调整幅度挂钩，建立护理费标准自动调整机制。建设优质的护理人员队伍，首先就要保障和不断提高护理人员的工资水平。建立自动调整机制、加大护理费用的调整区间有利于保障护理人员工资水平的市场吸引力。

（3）按照“保基本”原则制订公办养老机构建设标准，对超标的中高档公办养老机构实行民营化改革。公办养老机构的建设标准要坚持“保基本”原则，全成本核算以政府集中供养托底对象的供养标准为上限。已经修建运营的超过“保基本”建设标准的公办养老机构应逐步通过公建民营等方式实行民营化改革。

（4）抓紧研究制订公办养老机构固定资产折旧记账和摊销细则。事业单位会计制度和相关细则要跟上公办养老机构改革的步伐，完善事业单位固定资产管理制度。

（5）及时总结试点改革经验和教训，有步骤、有计划地推进更多公办养老机构进行价格改革及配套改革。为减少既有公办养老机构的改革阻力，可考虑采用“老人老标准，新人新标准”的方式，通过入住老人的自然流动和更替，逐步推广公办养老机构价格改革及入院资格评估、公开轮候等配套改革。

第三节　浙江省养老机构价格管理制度的改革实践

浙江省政府对养老机构服务价格管理经历了从“不管”到“公办养老机构的收费标准应报价格主管部门确定”再到“政府投资养老机构的基本服务项目由政府价格主管部门制定”的变化过程。

1998 年 5 月 1 日起开始施行的《中华人民共和国价格法》第二十条规定：“省、自治区、直辖市人民政府价格主管部门和其他有关部门，应当按照地方定价目录规定的定价权限和具体适用范围制定在本地区执行的政府指导价、政府定价。”换言之，没有列入政府定价目录的服务项目，不得实行政府定价和政府指导价。2002 年公布的《浙江省定价目录》（第一版）并没有把公办养老机构或民办养老机构的养老服务价格纳入政府定价范围①。

2006 年 5 月 23 日浙江省政府办公厅发布的《关于促进养老服务业发展的通知》（浙政办发〔2006〕84 号）规定：“改革和完善养老机构收费制度。除政府投资的养老机构的收费标准应报价格管理部门确定外，其他养老机构的服务收费，由养老服务机构根据设施条件、服务项目和标准，自行确定收费标准。养老机构接收的农村五保和城镇‘三无’人员，其费用由政府按规定支付或通过购买服务的方式承担；接收符合分层分类救助的其他困难老人，收费应适当减免或由政府予以适当补助。省物价局、省财政厅要会同省民政厅研究制定养老机构收费管理办法。”

虽然浙政办发〔2006〕84 号文件规定其他养老机构的服务收费自行确定收费标准，“政府投资的养老机构的收费标准应报物价管理部门确定”，但事实上，此时养老机构的养老服务仍然没有被列入《浙江省定价目录》的政府定价范围，很多地区的价格管理部门依据浙政办〔2006〕84 号文件对政府投资的养老机构实行了事实上的价格管理。

① 2004 年 7 月 1 日开始施行的《浙江省民办非企业单位管理暂行办法》第二十五条规定：“民办非企业单位开展服务活动收取的服务费，其价格列入《浙江省定价目录》管理的，按省价格主管部门的有关规定执行；其价格未列入《浙江省定价目录》管理的，由民办非企业单位按补偿成本的原则确定，报价格主管部门备案。”此时，养老服务尚未被列入《浙江省定价目录》，但《浙江省民办非企业单位管理暂行办法》为将来《浙江省定价目录》调整后对民办非企业单位的价格管理预留了对接方案。但民办非企业性质的民办养老机构能否有适当盈利用于机构自身发展等问题，仍然有待商榷。

2008年11月14日浙江省人民政府发布的《关于加快推进养老服务体系建设的意见》（浙政发〔2008〕72号）规定："完善公办养老服务机构收费制度。向社会自费寄养老人服务的收费标准，由价格主管部门根据设施条件、服务项目和标准，通过成本核算后确定收费标准。"这一文件提出要根据公办养老机构的服务对象实行区别定价，对社会自费寄养老人服务的收费标准由主管部门"根据设施条件、服务项目和标准，通过成本核算后确定"。但此时养老服务仍然没有进入《浙江省定价目录》，价格管理部门对公办养老机构向社会自费老人提供的养老服务进行成本核算确定收费标准的做法仍然缺乏法律依据。

2010年浙江省物价局颁布了《关于颁发〈浙江省定价目录〉的通知》（浙价法〔2010〕239号），第一次修订后的《浙江省定价目录》（2010年9月1日起施行）正式规定"辖区内政府投资的养老服务机构普通服务项目"作为"重要公益性服务"，其"收费标准"由"市、县人民政府""实行政府定价"[①]，为浙江省政府对"政府投资的养老服务机构普通服务项目"的价格管理提供了法律依据，也明确了民办养老机构不在政府定价范围。

但直到2014年10月之前，浙江省物价局一直没有出台与该政策配套的具体管理办法和实施细则。如何定义"政府投资的养老服务机构"？如何定义"普通服务项目"？各地价格主管部门对养老服务行业都不甚了解，因此对基本养老服务内容的界定、干预的程度和管理方法都难以明确（章国平等，2011）。有的地

① 2010年，浙江省物价局柳萍局长在就《浙江省定价目录》答媒体问时指出：现阶段，一些与人民群众生活密切相关的商品和服务价格，特别是部分公益性服务收费，不适宜由市场竞争形成。如实行市场调节，消费者的合法权益可能难以得到全面保障。新定价目录密切关注民生问题，充分吸纳社会有关方面的意见……有利于政府统筹兼顾各方面利益，合理核定价格，制止各种乱涨价、乱收费行为，维护好群众切身利益……我们在修订定价目录过程中，体现了以下三个原则。一是合法原则。修订定价目录严格遵循《中华人民共和国价格法》规定，由省物价局制定，经省政府审核同意及国家发展（和）改革委员会审定后公布。列入定价目录的商品和服务项目，严格限定在《中华人民共和国价格法》规定的范围内，即与国民经济发展和人民生活关系重大的极少数商品价格，资源稀缺的少数商品价格，自然垄断经营的商品价格，重要的公用事业、公益性服务价格，并注重与我国加入世界贸易组织议定书附件4相衔接。二是市场化原则。即坚持国家宏观调控下主要由市场形成价格的原则。凡在我省市场上已形成有效竞争，可以由市场竞争形成价格的商品和服务，实行市场调节价，充分发挥市场配置资源的基础性作用；只对极少数不能形成市场竞争或竞争不充分的商品和服务价格实行政府定价或政府指导价。三是尽可能放权市、县原则。在确保价格法律和政策统一的前提下，注重合理分工，明确省与市、县政府之间的定价权限。同时，按照省委、省政府扩权强县改革工作的要求，重点下放区域性强且与市、县财政保障密切相关的公用事业或公益性服务价格的管理权限，授权市、县人民政府在规定权限内制定价格，使价格监管工作更好地适应各地经济社会发展的需要……新增少数重要商品和服务价格，实行政府指导价或政府定价。依据有关法律、法规和规章及省政府规范性文件的规定，公共体育设施的使用服务收费、政府投资的养老机构普通服务收费、殡仪普通服务收费、公墓及相关服务收费、廉租住房、公共租赁住房租金等6项与人民群众生活关系密切的公用、公益事业的商品和服务价格列入新定价目录，实行政府指导价或政府定价。

区，如绍兴市出台了相关的实施细则[①]。

事实上，浙江省物价局在 2010 年 9 月 1 日施行的《浙江省定价目录》出台后，就已开始着手研究养老服务价格管理细则问题。2012 年，浙江省物价局委托笔者主持“浙江省养老服务收费管理”课题，对养老服务价格管理到底应该“管什么”“管多少”“怎么管”等问题展开调研。2012 年 11 月，笔者提交了课题报告《浙江省养老服务价格管理研究报告》。

笔者在这份报告中指出，公办养老机构的低价管制政策与增加养老服务供给、优化养老资源配置和保证养老服务质量均存在矛盾，影响了养老服务体系的健康持续发展。报告建议“政府投资的养老服务机构”仅限于公办公营养老机构，公建民营养老机构和民办公助养老机构都不属于“政府投资的养老服务机构”。报告鉴于菜品和特需服务的非标准化特征，建议伙食费和特需服务不列入政府定价范围；护理费参考绍兴市经验，将自理、介助老人的护理费作为普通养老服务列入政府定价范围，照顾介护老人的护理费由院方自行确定，同时按照当地社会平均工资涨幅建立护理费动态调整机制；标准间和多人间的住宿费列入政府定价范围并在成本价基础上给予适当优惠，单人间、套间住宿费由院方自行确定，可在成本价基础上上浮。报告建议配合浙江省养老服务补贴制度的实施，随着对需方补贴的逐步增加，相应地逐步减少对公办养老机构的建设和运营补贴，公办养老机构试点将固定资产折旧计入成本核算，逐步实现运营成本定价和完全成本定价。

2013 年 8 月 8 日，这份调研报告被评为 2011～2012 年度全市价格优先调研成果一等奖[②]，说明其核心观点在浙江省物价局内部达成了初步的共识。但是为了

① 2011 年 7 月 6 日，绍兴市发展改革委员会和绍兴市民政局联合发布了《绍兴市区养老服务机构收费管理办法》，规定：“本办法适用于绍兴市区（包括越城区、经济开发区、袍江新区、镜湖新区、滨海新城，下同）行政区域内，政府投资的社会福利院、社会福利中心、敬老院等养老服务机构……养老服务机构为符合条件入院的社会自费寄养老人提供生活照料、护理、文化娱乐、康复训练、医疗保健等服务，可以向服务对象收取合理费用。养老服务机构普通服务项目的收费标准实行政府定价管理。收费项目和收费标准由市价格主管部门会同市民政部门制定……制定或调整养老服务机构收费标准，需实施成本监审，遵循补偿服务成本、与社会承受能力相适应的原则，既要促进养老机构可持续发展，又要保持价格总水平稳定……养老服务机构的普通服务收费项目为床位费、护理费、膳食费。（一）床位费。根据设施条件、管理要求、服务质量设定床位条件评估标准，按评估所得分值确定相应的收费标准。（二）护理费。根据护理对象、服务内容实行分级管理，对自理、介助、介护老人的护理费，按服务内容确定各等级收费标准。自理、介助等级护理的具体服务内容及收费标准详见附件二。介护等级护理的服务内容和收费标准由养老服务机构拟定，报市价格主管部门备案后执行。（三）膳食费。由养老服务机构按实际成本核算确定膳食费标准，报市价格主管部门备案后执行。养老服务机构应定期征求寄养老人对膳食安排的意见和建议，公布膳食费结算账目。”绍兴市这份文件的规定体现了浙政发〔2008〕72 号文件“向社会自费寄养老人服务的收费标准，由价格主管部门根据设施条件、服务项目和标准，通过成本核算后确定收费标准”的精神。

② 见浙江省物价局和浙江省价格协会《关于表彰 2011—2012 年度全市价格优秀调研成果的通报》（浙价研〔2013〕217 号）。该报告的摘要版（3700 字）《浙江省公办养老机构养老服务价格管理问题研究》发表于《中国民政》2015 年第 15 期。该报告的全文（15 000 字）收录于郑造桓主编的《社会保障与深化改革》（2015 年，杭州：浙江大学出版社）。

政策的出台更为稳妥，浙江省物价局让杭州市民政局选择一家公办养老机构对价格改革方案进行试点。随后杭州市第三社会福利院被杭州市确定为全国第一家公办养老机构服务价格管理综合改革的试点单位（本书案例八）。三福院的价格改革方案几上几下，数易其稿。2014 年 9 月 26 日，三福院终于领到了杭州市物价局颁发的编号为 1138006 的收费许可证。2014 年 10 月 2 日是重阳节，杭州市第三社会福利院正式开业。

在三福院价格综合改革试点的基础上，为规范养老服务收费行为，保护老年人和养老机构的合法权益，加快养老服务体系建设，促进老龄事业的健康发展，根据《中华人民共和国价格法》、国务院《关于加快发展养老服务业的若干意见》和浙江省人民政府《关于加快发展养老服务业的实施意见》及《关于发展民办养老产业的若干意见》等有关规定，2014 年 10 月 20 日，浙江省物价局和民政厅联合颁布了《浙江省养老服务收费管理暂行办法》（浙价费〔2014〕235 号），于 2014 年 12 月 1 日起施行。

这是全国第一个省级价格管理部门出台的关于养老机构养老服务收费管理的暂行办法。《浙江省养老服务收费管理暂行办法》（以下简称《暂行办法》）一共有 18 个条款，其主要条款内容如下。

《暂行办法》第二条、第三条、第四条对养老服务收费、养老机构、公办养老机构、民办养老机构等概念作出界定，并规定："本省行政区域内所有养老服务的收费行为及其监督管理，适用本办法……养老服务收费实行分类管理。收费类别包括公办养老机构和民办养老机构的收费。"

《暂行办法》第五条指出："养老服务的收费项目包括基本服务收费、特需服务收费和其他服务收费。基本服务收费是指养老机构为入住老年人提供基本生活需要服务而收取的费用，具体收费项目包括床位费和护理费。特需服务收费是指养老机构为满足入住老年人不同层次的服务需求，提供个性化服务而收取的费用。其中，特殊床位和特级护理作为特需服务收费管理，特需服务收费的其他收费项目，由市、县价格主管部门会同民政主管部门根据养老机构开展服务的实际情况确定。其他服务收费包括伙食费和代收代付收费。代收代付收费的具体收费项目，由养老机构与入住老年人或其委托人协商确定。"这一条款界定了基本服务收费就是床位费和护理费。

《暂行办法》第六条将政府指导价管理的范围限于公办养老机构的床位费和护理费："省价格主管部门会同省民政主管部门负责制定养老服务收费管理政策，市、县价格主管部门负责本辖区内养老服务收费的具体管理工作。（一）公办养老机构的床位费、护理费实行政府指导价管理，由市、县价格主管部门制定基准价和浮动幅度，养老机构在规定幅度内自主确定具体收费标准。（二）民办养老机构的床位费、护理费标准，由养老机构根据实际服务成本及合理利润自主确定。

（三）不同性质养老机构之间合作举办的养老机构的床位费、护理费标准，按投资比例最大合作方的定价形式管理。（四）特需服务收费标准由养老机构与入住老年人或其委托人双方协商确定。（五）其他服务收费中的代收代付收费按实际结算价格收取，养老机构不加收任何费用，不得收取任何回扣。伙食费标准由养老机构根据伙食成本合理确定。（六）养老机构按规定允许开展医疗服务（护理费除外）的，按规定的医疗服务和药品价格政策执行。”

《暂行办法》的第七条对床位费和护理费的成本构成做了详细罗列，“床位费服务成本包括：职工（管理、清洁、勤杂人员）工资、津贴、补贴、奖励费用及福利、社会保障支出、公务费（包括水、电、气、油费）、业务费、消毒费、修缮费、固定资产折旧、房屋租赁费用等与住宿相关的正常运行费用支出。不包括灾害损失、事故、经营性费用支出等非正常办院费用支出。护理费服务成本包括：护理人员工资、津贴、补贴、奖励费用及福利、社会保障支出、护理器械购置费、护理耗材、护理人员培训费等与生活照料、护理相关的费用支出。成本构成中的固定资产折旧按规定的会计准则和会计制度执行”。

《暂行办法》第八条对公办养老机构床位费和护理费的确定和调整原则做了规定：“实行政府指导价管理的床位费、护理费标准，遵循补偿服务成本与社会承受能力相适应的原则，按规定的定价权限和程序适时制定或调整。床位费应根据养老机构的床位服务成本和财政拨款情况，同时考虑房屋设施（设备）配置、装潢档次、管理规范、服务质量、人均建筑面积和养老机构等级等综合因素分类制定床位费标准。护理费应根据养老机构的护理服务成本和财政拨款情况，同时考虑老年人的生活自理能力和养老护理分级标准，制定护理费的分级标准。”

《暂行办法》第九条规定，“制定或调整政府指导价管理的床位费、护理费标准时，养老机构应提供以下资料：（一）养老机构有关情况，包括机构设立及职能部门批复文件、法人登记证书正、副本原件及复印件、组织机构代码证原件及复印件；（二）养老机构近 3 年的收入和支出状况（未满 3 年或新办的养老机构按实际年份或有关规定测算），包括职工人数、按规定折合标准的在院老年人人数、人均护养成本，财务决算报表中的固定资产购建和大修理支出情况、养老设备购置情况、工资总额及其福利费用支出等主要指标；（三）制定、调整养老服务收费标准的建议；制定、调整养老服务收费对寄养老年人负担和机构收支的影响；（四）财政拨款及其他资金来源情况；（五）价格主管部门要求提供的其他相关资料。养老机构对资料的真实性、有效性负责”。

《暂行办法》的第十条、第十一条、第十二条、第十三条、第十四条和第十五条分别对养老机构应建立健全收费管理制度、各项费用的收取方式、养老机构的服务内容、明码标价、乱收费行为的处罚、居家养老服务收费管理等问题做了规定。

《暂行办法》的第十六条和第十七条给各地的改革探索留出了政策空间："各地在进行养老服务综合改革试点时，如需突破本办法有关收费管理规定的，经市、县人民政府同意后执行。本办法由省物价局会同省民政厅负责解释，各地可根据本办法制定实施细则。"（表 3.33）

表 3.33 《暂行办法》确定的养老机构收费项目定价原则

项目	基本服务收费		特殊服务收费			其他服务收费	
	床位费	护理费	特殊床位费	特级护理费	其他特需服务收费	伙食费	代收代付收费
公办养老机构	政府指导价		由养老机构与入住老年人或其委托人双方协商确定			根据伙食成本合理确定	实际结算价格
民办养老机构	根据实际服务成本及合理利润自主确定		由养老机构与入住老年人或其委托人双方协商确定			根据伙食成本合理确定	实际结算价格

浙江省的《暂行办法》有如下几个亮点。

首先，《暂行办法》第六条对民办养老机构的服务收费管理问题给出了明确的回答。虽然此前浙江省政府办公厅发布的《关于促进养老服务业发展的通知》（浙政办发〔2006〕84 号）和 2010 年 9 月 1 日起施行的《浙江省定价目录》明确了民办养老机构不在政府定价或指导价范围之内，浙江省政府 2011 年 12 月 15 日发布的《关于深化完善社会养老服务体系的意见》（浙政发〔2011〕101 号）[①]和 2014 年 4 月 23 日发布的《关于加快发展养老服务业的实施意见》（浙政发〔2014〕13 号）[②]也都没有直接提及民办养老机构的价格管理问题，但 2014 年 4 月 25 日浙江省政府发布的《关于发展民办养老产业的若干意见》（浙政发〔2014〕16 号）却提出："实行积极的价格政策。在统一收费项目基础上，民办非营利性养老服务机构的收费标准实行政府指导价管理，民办营利性养老服务机构的收费标准由其自主确定。"《暂行办法》再次明确地将包括民办非营利性养老服务机构在内的所有民办养老机构都排除在政府定价或指导价范围之外，为民办养老机构的发展减少了桎梏和不确定性。

其次，《暂行办法》第五条通过对"基本服务收费"的界定明确了公办养老机构养老服务的政府定价范围。特需服务收费、伙食费及代收代付收费都明确被排除在政府指导价范围之外。特殊床位和特级护理被作为特需服务进行管理，这意味着只有公办养老机构的普通床位费和照顾自理老人的护理费作为基本服务收

① 《浙江省人民政府关于深化完善社会养老服务体系建设的意见》（浙政发〔2011〕101 号）提出："建立科学合理的价格形成机制，规范服务收费项目和标准。"

② 《浙江省人民政府关于加快发展养老服务业的实施意见》（浙政发〔2014〕13 号)提出："价格主管部门要建立科学合理的养老服务定价机制，依法确定适用政府定价和政府指导价的范围。"

费列入政府指导价范围。

最后，《暂行办法》第七条第一次将固定资产折旧列入了物价管理部门成本核算的床位费成本构成中。虽然《暂行办法》第七条规定“成本构成中的固定资产折旧按规定的会计准则和会计制度执行”，而按照现行的《事业单位会计制度》（财会〔2012〕22 号）[①]，事业单位性质的公办养老机构可以不计提固定资产折旧，但是会计处理上不计提固定资产折旧并不影响物价管理部门在对公办养老机构价格调整申请进行成本核算时把固定资产折旧因素考虑在内[②]。

当然，《暂行办法》也还存在一些有待进一步完善之处，如对何谓特殊床位费尚缺乏准确定义，又如在《事业单位会计制度》尚未修订的情况下，如何在成本构成中核定固定资产折旧也没有明确说明。

笔者认为《暂行办法》最大的遗憾在于没有将“根据当地社会平均工资涨幅建立护理费动态调整机制”写入其中。随着劳动力市场人工成本的增加，护理人员工资成本和培训成本将持续上涨，护理成本越来越成为养老机构成本构成中的主要组成部分。从民办养老机构的经验来看，虽然实行自主定价，但实际上调整护理费往往会遭到已入住老人的反对而难以实现。民办养老机构尚且“涨价难”，得到政府更多优惠和补贴的公办养老机构要涨价就更难。在没有护理费动态调整机制政策的情况下，公办养老机构未来调整护理费将会遇到很大的阻力。

尽管《暂行办法》还存在上述有待完善之处，这一文件的出台仍然是浙江省促进机构养老服务发展一个独特的亮点。

2015 年 1 月 19 日，国家发展和改革委员会与民政部在《关于规范养老机构服务收费管理促进养老服务业健康发展的指导意见》（发改价格〔2015〕129 号）中规定：“一、建立市场形成价格为主的养老机构服务收费管理机制。（一）民办养老机构服务收费标准由市场形成。民办营利性养老机构服务收费项目和标准均由经营者自主确定，政府有关部门不得进行不当干预；民办非营利性养老机构服务收费标准由经营者合理确定，政府有关部门可结合对非营利机构监管需要，对财务收支状况、收费项目和调价频次进行必要监督。（二）政府投资兴办养老机构区分服务对象实行不同收费政策。政府投资兴办的养老机构主要发挥保基本作用，着力保障特殊困难老年人的养老服务需求。其中，‘三无’（无劳动能力、无生活来源、无赡养人和扶养人，或者其赡养人和扶养人确无赡养和扶养能力）

① 按照财政部《事业单位会计制度》（财预字〔1997〕288 号），事业单位性质的公办养老机构不计提固定资产折旧，即固定资产损耗不通过折旧的方式计入成本。2012 年颁布新修订的《事业单位会计制度》（财会〔2012〕22 号），规定适用新制度的“事业单位应当按照《事业单位财务规则》或相关财务制度的规定确定是否对固定资产计提折旧，计提修购基金的事业单位不得计提折旧”，即事业单位需根据自身情况选择是否计提固定资产折旧。

② 2016 年 12 月 26 日浙江省民政厅和浙江省发展和改革委员会发布的《浙江省社会福利事业发展“十三五”规划》规定：“建立市场机制形成价格导向。在公办机构中逐步引入成本核算，兼顾老年人承受能力，发挥价格机制的调节作用。”

老年人入住政府投资兴办的养老机构，根据《中华人民共和国老年人权益保障法》规定实行免费政策；对其他经济困难的孤寡、失独、高龄老年人及失能、半失能老年人等提供养老服务，其床位费、护理费实行政府定价或政府指导价，伙食费等服务收费项目按照非营利原则据实收取。（三）积极探索公建民营等方式运营的养老机构收费管理模式。以公建民营方式运行的养老机构，应采用招投标、委托运营等竞争性方式确定运营方，具体服务收费标准由运营方依据委托协议等合理确定。鼓励政府通过向民办养老机构购买服务的方式承担保障对象养老服务，相关收费政策由各地根据本地实际情况确定……（五）明确定价原则。制定、调整政府投资兴办的养老机构服务收费标准，应以扣除政府投入、社会捐赠后的实际服务成本为依据，按照非营利原则，并考虑群众承受能力、市场供求状况等因素核定。在推进建立健全养老服务评估制度基础上，逐步实现按照护理服务等级分级定价。各地价格、民政部门要按照以上要求，对本地区政府投资兴办的养老机构服务收费项目、标准进行统一梳理审核，并向社会公布。”

发改价格〔2015〕129 号文件将政府定价或政府指导价限于政府投资兴办养老机构的床位费和护理费，也确定了“制定、调整政府投资兴办的养老机构服务收费标准，应以扣除政府投入、社会捐赠后的实际服务成本为依据，按照非营利原则，并考虑群众承受能力、市场供求状况等因素核定”，这与浙江省《暂行办法》的基本精神一致。

但发改价格〔2015〕129 号文件要求“政府投资兴办养老机构区分服务对象实行不同收费政策”：“三无”老人免费，“经济困难的孤寡、失独、高龄老年人及失能、半失能老年人”的床位费和护理费实行政府定价或政府指导价，却没有明确说明对那些经济和身体不困难的普通社会老人应该按照什么原则确定收费标准[①]。

发改价格〔2015〕129 号文件也没有像浙江《暂行办法》那样，将床位费区分普通床位费和特殊床位费，将护理费区分为普通护理费和特级护理费，将政府定价或政府指导价限于特殊床位费和特级护理费。如果对特级护理费的价格管制不当可能会加剧护工特别是有丰富照护经验的护工流失问题，而对特殊床位费的价格管制不当可能会加剧对优质低价公办养老床位的竞争，加剧“排队”“开后门”等不良现象。

发改价格〔2015〕129 号文件把公建民营养老机构列为与民办养老机构和政

① 2019 年 3 月 29 日国务院办公厅发布的《关于推进养老服务发展的意见》（国办发〔2019〕5 号）规定：“充分发挥公办养老机构及公建民营养老机构兜底保障作用，在满足当前和今后一个时期特困人员集中供养需求的前提下，重点为经济困难失能（含失智，下同）老年人、计划生育特殊家庭老年人提供无偿或低收费托养服务。坚持公办养老机构公益属性，确定保障范围，其余床位允许向社会开放，研究制定收费指导标准，收益用于支持兜底保障对象的养老服务。”这个文件仍然没有说明公办养老机构收住普通社会老人，是按成本价还是市场价收费。

府投资兴办养老机构并列的单独一类养老机构，"具体服务收费标准由运营方依据委托协议等合理确定。鼓励政府通过向民办养老机构购买服务的方式承担保障对象养老服务，相关收费政策由各地根据本地实际情况确定"的说法将公建民营养老机构的收费管理模式留给了各地自行探索（表 3.34）。

表 3.34　发改价格〔2015〕129 号文件确定的养老机构收费项目定价原则

项目	"三无"老人	其他经济困难的孤寡、失独、高龄老年人及失能、半失能老年人	其他老人
政府投资兴办养老机构	免费入住	其床位费、护理费实行政府定价或政府指导价，伙食费等服务收费项目按照非营利原则据实收取	未提及
民办营利性养老机构	由经营者自主确定，政府有关部门不得进行不当干预		
民办非营利性养老机构	由经营者合理确定，政府有关部门可结合对非营利机构监管需要，对财务收支状况、收费项目和调价频次进行必要监督		
公建民营养老机构	具体服务收费标准由运营方依据委托协议等合理确定。鼓励政府通过向民办养老机构购买服务的方式承担保障对象养老服务，相关收费政策由各地根据本地实际情况确定		

如果说改革前的公办养老机构试图用统一的低价体现公益性的话，发改价格〔2015〕129 号文件试图通过对弱势老年人群体实行低价的方式体现公益性，而浙江省《暂行办法》则试图将公办养老机构尽量用统一的成本价，用针对弱势老年人群体的养老服务补贴和政府购买服务体现制度的公益性。

笔者认为发改价格〔2015〕129 号文件按服务对象区别定价的改革思路不如浙江省《暂行办法》清晰，可能会引起"政府投资兴办养老机构"对"三无"老人，以及"其他经济困难的孤寡、失独、高龄老年人及失能、半失能老年人"的排斥，没有将公办养老机构服务价格改革与需方补贴和政府购买服务改革相结合。

2016 年 2 月 5 日浙江省民政厅发布的《关于推进养老机构公建民营规范化的指导意见》（浙民福〔2016〕26 号）规定"政府保障对象按照公办机构收费管理有关规定执行，其他社会老人根据机构登记性质，按省物价局、省民政厅有关收费管理规定执行"，力图在浙江省的《暂行办法》和发改价格〔2015〕129 号文件之间做好衔接。尽管如此，笔者认为浙江省的《暂行办法》给我国未来的公办养老机构服务价格改革留下了方向标。

第四章 浙江省养老机构公建民营和政府购买服务改革

第一节 养老机构公建民营和政府购买服务改革的背景

新中国成立以来特别是改革开放以来，我国以老年人等社会特殊困难群体为主要对象的社会福利事业取得了长足进展。1999 年我国进入老龄化社会，老年人口基数大，增长快，特别是随着家庭小型化的发展，社会化养老的需求迅速增长。但是长期以来，我国社会福利由国家和集体包办，存在资金不足、福利机构少、服务水平较低等问题，难以满足人民群众对福利服务需求日益增长的需要。

正是在这样的背景下，2000 年 2 月 27 日，国务院办公厅转发民政部等部门《关于加快实现社会福利社会化意见的通知》（国办发〔2000〕19 号）提出："必须从长远和全局出发，广泛动员和依靠社会力量，大力推进社会福利社会化，加快社会福利事业的发展……要按照社会主义市场经济体制的要求，处理好社会福利工作中政府职能和社会化的关系，研究制定社会福利机构分类管理的政策措施，逐步建立起政府宏观管理、社会力量兴办、社会福利机构自主经营的管理体制。要按照产业化的发展方向逐步建立起适应市场经济要求的运行机制。要深化现有国家、集体兴办的社会福利机构改革，探索社会化管理的新路子，盘活存量。对新办的社会福利机构，要打破旧框框，按照市场经济的要求运作，真正体现市场配置资源、价值规律调节、公平竞争、优胜劣汰的市场经济法则，使各类社会福利机构都能够自主经营、自负盈亏、自我发展。"

国办发〔2000〕19 号文件是我国政府最早提出要促进社会力量兴办社会福利机构的重要文件，但如何"深化现有国家、集体兴办的社会福利机构改革，探索社会化管理的新路子，盘活存量"有待探索。

2005 年 11 月 16 日，民政部发布的《关于支持社会力量兴办社会福利机构的意见》（民发〔2005〕170 号）提出要坚持非营利原则、坚持统筹规划原则、坚持因地制宜、量力而行原则和坚持政策支持与资金扶持相结合的原则："保证社会办福利机构在规划、建设、税费减免、用地、用水、用电等方面，与政府办社会福利机构一样享受同等待遇；并从实际出发，积极研究制定新的优惠政策。"

2006 年 2 月 9 日，国务院办公厅转发全国老龄委办公室和发展改革委等部门《关于加快发展养老服务业意见的通知》（国办发〔2006〕6 号）提出：“发展养老服务业要按照政策引导、政府扶持、社会兴办、市场推动的原则，逐步建立和完善以居家养老为基础、社区服务为依托、机构养老为补充的服务体系。要建立公开、平等、规范的养老服务业准入制度，积极支持以公建民营、民办公助、政府补贴、购买服务等多种方式兴办养老服务业，鼓励社会资金以独资、合资、合作、联营、参股等方式兴办养老服务业。”这是中央政府文件中第一次把公建民营作为和民办公助、政府补贴等并列的一种兴办养老服务业的方式。

2006 年 5 月 23 日浙江省政府办公厅发布的《关于促进养老服务业发展的通知》（浙政办发〔2006〕84 号）规定：“发展养老服务业要按照政策引导、政府扶持、社会兴办、市场推动的原则，逐步建立和完善以居家养老为基础、社区服务为依托、机构养老为辅助、各类养老服务机构协调发展、多种养老方式相互补充的养老服务体系。要建立公开、平等、规范的养老服务业准入制度，积极支持以公建民营、民办公助、政府补贴、购买服务等多种方式兴办养老服务业，鼓励社会资金参与兴办养老服务业，形成能满足各类老年群体多层次、多样化服务需求的养老服务新格局……养老机构接收的农村五保和城镇‘三无’人员，其费用由政府按规定支付或通过购买服务的方式承担；接收符合分层分类救助的其他困难老人，收费应适当减免或由政府予以适当补助……加大财政对养老服务业的投入。各级政府要将养老服务业纳入当地经济和社会发展规划，加大对养老服务事业投入，在继续安排好养老机构建设资金的同时，根据需要适当安排一部分资金用于养老机构补助、购买服务和贷款贴息。”

2008 年 11 月 14 日，浙江省政府出台的《关于加快推进养老服务体系建设的意见》（浙政发〔2008〕72 号）提出：“加大扶持力度，大力推进民办养老服务机构发展。通过建设资金补贴、公建民营、税费优惠、政府购买服务等优惠扶持措施，促进非营利性民办养老服务机构的发展。到 2012 年，全省非营利性民办养老服务机构床位数占全部床位数的比重力争达到 50%。积极扶持鼓励社会兴办养老服务企业，培育多种服务方式和不同收费水平的服务行业供给主体，满足不同层次、不同类型的养老服务需求。”

2011 年 12 月 16 日，国务院办公厅发布的《关于印发社会养老服务体系建设规划（2011—2015 年）的通知》（国办发〔2011〕60 号）提出：“政府主导、多方参与。加强政府在制度、规划、筹资、服务、监管等方面的职责，加快社会养老服务设施建设。发挥市场在资源配置中的基础性作用，打破行业界限，开放社会养老服务市场，采取公建民营、民办公助、政府购买服务、补助贴息等多种模式，引导和支持社会力量兴办各类养老服务设施。鼓励城乡自治组织参与社会养老服务。充分发挥专业化社会组织的力量，不断提高社会养老服务水平和效率，促进有序竞争机制的形成，实现合作共赢……鼓励有条件或新建的公办养老机构实行公建民营，通过公开招投标选定各类专业化的机构负责运营。负责运营的机构应坚持公益性质，通过服务收费、慈善捐赠、政府补贴等多种渠道筹集运营费用，确保自身的可持续发展……加大资金投入，建立长效机制。对公办养老机构保障所需经费，应列入财政预算并建立动态保障机制。采取公建民营、委托管理、购买服务等多种方式，支持社会组织兴办或者运营的公益性养老机构。”这一文件三次提到“公建民营”一词，显示了中央政府对这一问题的高度关注。

2015 年 12 月 22 日，浙江省财政厅、浙江省发展和改革委员会及浙江省民政厅联合发布《关于加快推进政府购买养老服务的意见》（浙财社〔2015〕193 号），对政府购买养老服务的重要意义、基本原则、工作目标、建立健全政府购买养老服务机制及工作要求都做了详细的规定，是浙江省关于政府购买养老服务的第一个专门文件。

2016 年 2 月 25 日，浙江省民政厅发布了《关于推进养老机构公建民营规范化的指导意见》（浙民福〔2016〕26 号），对养老机构公建民营的定义、公益性定位、发展原则、社会主体资格要求、遴选方式、招标文件、遴选标准、招标程序、风险保证金和设施使用费、合同管理、运营管理、退出机制和违约责任追究、机构评估和进入退出联动机制、政策保障等都做了较为详细的规定，是浙江省关于养老机构公建民营的第一个专门文件。

2016 年 12 月 26 日，浙江省民政厅及浙江省发展和改革委员会联合发布的《浙江省社会福利事业发展“十三五”规划》提出了浙江省社会福利事业到 2020 年要实现的“十三五”发展指标，其中预期性指标包括民办（公建民营）养老机构床位占机构床位比例达到 70%。

2017 年 1 月 23 日，民政部等 13 部门在《关于加快推进养老服务业放管服改革的通知》（民发〔2017〕25 号）中提出：“鼓励各地采取公建民营等方式，将产权归政府所有的养老服务设施委托企业或社会组织运营。”

2017 年 6 月 9 日，浙江省政府印发的《浙江省老龄事业发展“十三五”规划》提出：“优化养老服务机构布局，加快发展民办养老机构，稳妥推进公办养老机构改革，增强机构养老服务能力。新建公办养老机构要以护理型为主……通过公建民营、购买服务等措施，持续推进民办养老机构发展。强化养老服务机构之间的功能整合和资源共享，大力支持社会力量兴办以长期照料、专业护理和临终关怀为主的护理型养老机构。”

2019 年 3 月 29 日国务院办公厅发布的《关于推进养老服务发展的意见》（国办发〔2019〕5 号）规定：“充分发挥公办养老机构及公建民营养老机构兜底保障作用，在满足当前和今后一个时期特困人员集中供养需求的前提下，重点为经济困难失能（含失智，下同）老年人、计划生育特殊家庭老年人提供无偿或低收费托养服务。坚持公办养老机构公益属性，确定保障范围，其余床位允许向社会开放，研究制定收费指导标准，收益用于支持兜底保障对象的养老服务。探索具备条件的公办养老机构改制为国有养老服务企业。制定公建民营养老机构管理办法，细化评审标准和遴选规则，加强合同执行情况监管。公建民营养老机构运营方应定期向委托部门报告机构资产情况、运营情况，及时报告突发重大情况。（民政部、发展改革委、财政部、中央编办、国资委、卫生健康委按职责分工负责，地方各级人民政府负责）……集中清理废除在养老服务机构公建民营、养老设施招投标、政府购买养老服务中涉及地方保护、排斥营利性养老服务机构参与竞争等妨碍统一市场和公平竞争的各种规定和做法。（统计局、发展改革委、民政部、财政部、市场监管总局按职责分工负责，各省级人民政府负责）……全面落实外资举办养老服务机构国民待遇。境外资本在内地通过公建民营、政府购买服务、政府和社会资本合作等方式参与发展养老服务，同等享受境内资本待遇。境外资本在内地设立的养老机构接收政府兜底保障对象的，同等享受运营补贴等优惠政策。将养老康复产品服务纳入中国国际进口博览会招展范围，探索设立养老、康复展区。（民政部、发展改革委、商务部按职责分工负责）……从2019年起实施特困人员供养服务设施（敬老院）改造提升工程……积极发挥政府投资引导作用，充分调动社会资源，利用政府和社会资本合作、公建民营等方式，支持特困人员供养服务设施（敬老院）建设、改造升级照护型床位，开辟失能老年人照护单元，确保有意愿入住的特困人员全部实现集中供养。逐步将特困人员供养服务设施（敬老院）转型为区域性养老服务中心。（民政部、发展改革委按职责分工负责，地方各级人民政府负责）。”一个文件六次提到“公建民营”，显示了中央政府对这一问题的高度重视。

总体而言，养老机构公建民营和政府购买养老服务都是正在进行的改革，各地政府在中央基本精神的指导下正在进行各种类型的改革和探索，包括笔者在内的研究者对这两项改革的现状、问题及其原因也都还在持续观察和研究中。

本章的案例九介绍了浙江省最早的公建民营养老机构——2004 年开业的康薇养生老年公寓的改革起因、改革成效和面临的困难，发现公建民营模式解决了民办养老机构“立项难”“落地难”问题，有效降低了民办养老机构的投资门槛，减轻了民办养老机构的运营压力和风险，也有利于民办养老机构赢得老人信任，尽快降低床位空置率，实现收支平衡。对政府而言，公建民营改革不仅减少了政府的投资金额，而且不需要再配备包括事业编制管理人员在内的运营团队，可以大幅度减少甚至取消后期运营补贴和固定资产更新补贴，并收取租金。对于入住养老机构的老人而言，他们是公建民营模式的最终受益者。

案例十介绍了浙江省 G 县对四平镇敬老院进行公建民营改革的基本情况，通过对比院内五保老人改革前后享受的养老服务的质量，发现四平镇敬老院的公建民营改革使入住五保老人享受到更高质量的集中供养服务，镇政府五保集中供养的年支出减少约11%，四平镇敬老院管理服务中心的入住率有了较大提升，人均成本大幅度下降，机构成功地实现了扭亏为盈。可见，四平镇敬老院的公建民营改革能够实现老人、政府和养老机构三方的共赢。

案例十一介绍了浙江省J市I区政府通过向民办的伏骥养老院购买五保老人集中供养服务，提高了五保老人的供养标准和集中供养服务质量，街道和村委会五保老人供养的总开支减少，伏骥养老院也获得了稳定的客源和盈利来源。可见，通过向民办养老机构购买五保老人集中供养服务，也能够实现老人、政府和养老机构三方的共赢。

案例十二基于对两家公办养老机构和两家民办养老机构建设标准的比较案例分析，试图对公办养老机构什么样的建设标准才符合“保基本”原则这一问题作出初步的探讨。我们的比较案例分析发现，因为有政府低价甚至免费提供的土地、充足的资金保障加上不计提固定资产折旧免除了高建设成本带来的高运营成本压力，公办养老机构对于高建设标准给运营带来的成本负担并不敏感。然而民办养老机构在固定资产投入方面会充分考虑机构的市场定位和将来的运营绩效，精打细算，必要的投入肯下血本，但不必要的投入会尽量避免。

由此，我们提出公办养老机构按照全成本口径核算的营业成本应该大致上与政府对兜底保障对象的供养标准相当。如果一家公办养老机构全成本口径的营业成本超过了兜底保障对象的供养标准，那么这家公办养老的建设标准就超过了“保基本”的要求，就应该考虑将这家公办养老机构通过公建民营等方式交由合适的社会力量进行运营管理。

第二节　养老机构投资运营：公建公营还是公建民营

案例九　养老机构公建民营改革的探索：康薇养生老年公寓案例①

一、案例背景

康薇养生老年公寓（以下简称康薇养生公寓）经浙江省民政厅批准设立，由C市H区人民政府和台资的笑薇食品公司共同投资建造，是浙江省最早进行公建民营改革的民办养老机构之一，2004年12月开始营业。

C市H区民政局当时原计划是修建一家公建公营的养老机构，但是富有改革

① 本案例来自张翔指导的浙江大学公共管理学院社会保障与风险管理系2013届本科生潘羽佳的本科毕业论文《公建民营养老机构经营模式研究——以康薇养生老年公寓为例》，案例部分做了修订和补充。

意识的民政局领导认为在以往公建公营的模式下，政府不仅承担了所有的建设成本，而且还要负责机构运营，因为体制机制原因，公建公营机构常常无法做到自负盈亏，政府还要继续给予运营补贴和固定资产更新补贴。有没有可能将建好的场地出租给民办机构运营，发挥其运营效率高的优势，这样不仅可以减少将来的运营补贴和固定资产更新补贴，甚至还可以收取租金，形成良性循环。

这一想法最终改变了整个项目的运营模式。H区政府决定，在投资1200万元建好4300平方米的大楼之后，对外招收运营团队负责养老机构的后期运营。台资企业笑薇食品公司以每年30万元租金（每五年上涨2万元）的价格中标。笑薇食品公司投资了300万元用于房屋装修，并组建了专业团队负责康薇养生公寓的运营。

二、康薇养生公寓案例

康薇养生公寓占地0.75亩，建筑面积约4300平方米，设有单人间、标准间和套间等共55间，养老床位129张。公寓共9层，其中第1层和第2层用作值班室、医疗康复室、电视室、图书阅览室、餐厅、活动室、健身房等公用场所，第3～9层供老人居住，房间内有衣柜、储物柜、卫生间、桌椅、空调、床头呼叫器、电视机，有的房间里老人自已备有电脑、电磁炉、冰箱。

康薇养生公寓的收费标准如表4.1所示，主要面向经济条件较好的老年人，为其提供中高档养老服务。其入住老人主要是来自全国各地的单位退休人员，甚至有来自美国的侨胞和中国香港、澳门的同胞。开业三年多后，其床位全部住满，还有许多老人排队等待入住。

表4.1 康薇养生公寓2011年收费标准情况

房型	面积/米^2	房费/（元/间）	基本服务费/（元/人）	餐费
朝南双人套间	41.5	2970～3960	300（不含护理费）	自理
朝南双人大标间	28.6	2090～2640		
朝北双人小标间	23.5	1870～2090		
朝北单人间	20.6	1650～1760		

创办初期，康薇养生公寓基于降低成本、规避风险等方面的考虑，只接收身体健康的自理老人入住。老人们在入院之前需要提供体检档案，符合其设定的健康标准（身体健康、无传染病、无精神疾病）的老人才可入住。

然而开业多年后，康薇养生公寓很多原先自理的入住老人由于慢性疾病等，身体状况逐渐变差，成为半失能甚至失能老人。在老人失去自理能力之后，院方会通知家属将老人接回家或转移到医院。但大多数老人已习惯在康薇养生公寓的生活，不愿意改变居住环境，部分老人甚至早已将房子卖掉或出租。2008 年，康薇养生公寓成立了护理部，护理部配有兼职医生和康复理疗室，为老人提供看病、买药、医疗咨询等服务。2009 年，又成立了专门针对失能老人的护理型分院康薇益智公寓，鼓励失能老人转到康薇益智公寓居住。

2011 年康薇养生公寓共有 24 位员工，其中包括院长 1 人，办公室人员 1 人，财务部人员 2 人（副院长和人事主管分别兼任会计和出纳），护工 12 人，食堂工作人员 6 人，工程部人员 2 人。

康薇养生公寓对全护理老人实行包房制，3 位护工均持专业护理证书，24 小时在房间里进行护理，月工资 3000～4000 元，面议确定。照顾自理老人的护工每月收入 2800～2900 元。负责全护理老人的护工通常由工作时间长、经验丰富的护工担任。其余护工负责打扫卫生等服务。

康薇养生公寓将收取的护理费和基本服务费共 44.10 万元全部发给护工，其中 70%当月发放，30%作为年终奖。公寓方面每年会对老人进行满意度调查，对护工进行考核，年终奖与调查和考核结果挂钩。

康薇养生公寓为员工提供免费宿舍。如果员工在外面租房，还有每月 200 元的补贴。为保持员工队伍稳定，每多一年工龄每月增加 20 元的工龄津贴。

康薇养生公寓不实行包餐制，住套间的老人可以在厨房自己做饭，也可以选择在食堂点餐或出去就餐。康薇养生公寓的食堂原先不对外开放，但处于亏损状态。2010 年康薇养生公寓和社区一起合作筹建社区食堂，2011 年开始对外营业。食堂的建设资金、场地都由康薇养生公寓方面负责提供，后期由社区和康薇养生公寓共同运营。食堂分为对内食堂和对外食堂，后者主要面向附近社区的老年人，但菜品价格内外一致。食堂设主厨 1 人、厨师 3 人、主任 1 人、清洁工 1 人，年工资共 18 万元。仅靠对内营业额仅够厨房工作人员的人工成本，对外开放后，勉强做到收支平衡。

2011 年入住老人 98 人，其中自理老人 69 人，占 70.41%；半失能老人 20 人，失能老人 9 人；其中 80 岁以上高龄老人 23 人，占 23.47%。整体上看，入住老人年龄不算很大，身体健康状况较好，这与机构的市场定位有关。

2011 年，康薇养生公寓的营业收入共计 210 万元，其中床位费收入 165.90 万元，基本服务费收入 25.20 万元，护理费收入 18.90 万元。此外政府按每张床位每月 30 元发放运营补贴，129 张床位的运营补贴共计 4.644 万元。

2011 年，康薇养生公寓的成本共计 185.54 万元，其中人工成本 74.76 万元，房屋租金 32 万元，水电费 24.92 万元，伙食费 16.02 万元，车辆费用 5.34 万元，节假日活动费 5.34 万元，固定资产折旧 20 万元，其他费用 7.16 万元。

2011 年康薇养生公寓营业利润 24.46 万元，营业利润率为 11.65%；如果加上政府运营补贴 4.644 万元，2011 年盈利为 29.104 万元，占营业收入的 13.56%。

公建民营模式很好地结合了“公建”和“民营”两方面的优势。

“公建”解决了民办养老机构“立项难”“落地难”“融资难”问题，降低养老机构的投资门槛，减轻了民办养老机构的运营压力。

民办养老机构在建设过程中，场地有购置土地和租赁两种模式。购置土地自建设施的土地成本高，一次性投资金额大，且获取土地、环保、消防等审批周期长。因此大部分民办养老机构选择租赁已建房屋并进行装修改造，有承租闲置的仓库、厂房、学校等的，也有租赁当地街道、社区的配套用房、原国有企业厂房、医院房屋等的。这些房屋原先不是根据养老机构的需要设计的，所以为了达到使用和审批的要求，尤其是为了消防达标，可能需要投入大量资金进行后期改造。

在康薇养生公寓的案例中，政府将花费 1200 万元修建的 4300 平方米毛坯状态的养老机构用房以每年 30 万元的低廉租金出租给康薇养生公寓，不仅一次性解决了“立项难”“落地难”问题，而且使康薇养生公寓的固定资产投资门槛从原先的 1500 万元降低到 300 万元。如果资金的成本按 5%计算，1500 万元投资下，即使床位无空置，康薇养生公寓也难以达到每年 75 万元的盈利水平；而在 300 万元投资下，目前的年盈利超过了 15 万元的资金机会成本。这无疑大大减轻了康薇养生公寓投资和运营的压力。

另外，与纯粹的民办养老机构相比，经过政府招投标程序入选的公建民营类养老机构某种程度上意味着政府对运营方资质和能力的认可，对于入住老人而言，公建民营养老机构的服务质量相对更加可信任。因此与纯粹的民办养老机构相比，公建民营养老机构相对更容易打开市场，积累声誉，在成立初期较快地降低空置率实现盈亏平衡。

对于新建养老机构而言，开业三年能够实现盈亏平衡就算不错。康薇养生公寓开业三年即被住满，并开始出现排队现象，这是相当不错的经营业绩。康薇养生公寓的负责人对笔者说：“在康薇养生公寓成立初期……百姓对我们的信任度要高一些。”

公办养老机构中的部分工作人员属于事业编制，其人工成本远高于市场价格，而且公办养老机构不会像民办养老机构那样面临收支平衡的运营压力，在人工成本和管理成本方面存在浪费现象。相对于公办养老机构，民办养老机构在控制运营成本方面特别是控制人工和管理成本方面具有很大的优势（本书案例四）。

2011 年康薇养生公寓的 24 位员工中，管理人员仅 4 人，副院长和人事主管分别兼任会计和出纳，平均工资 3000 元，甚至低于护理失能老人的护工工资，管理人员工资占总人工成本的不到 17%，这极大地降低了管理成本，提高了运营效率。

对于政府来说，原先公办公营模式下，政府不仅要全额出资 1500 万元进行土建和后期装修，配备包括若干事业编制人员的运营团队，而且常常还需要每年给予运营补贴并定期提供固定资产专项补贴。在公建民营模式下，政府只需要出资

1200万元完成土建任务，然后招标确定民营运营团队，不仅不再需要组织包括事业编制人员在内的运营团队，免除此后的运营补贴和固定资产专项补贴，而且还能每年收取30万元租金。

然而，康薇养生公寓的发展也面临一些问题，其中最主要的一个问题是服务价格调整困难。

公建民营养老机构属于民办养老机构，按照规定可以自行确定服务价格，向物价局备案即可。然而，康薇养生公寓自成立以来从未提过价。市场上的人工成本年年在上涨，2004年护工工资每月800元，2011年已经涨到3000余元。

面对不断上涨的人工成本，康薇养生公寓曾多次和入住老人商议调整下一年的服务价格问题，但每次都会有部分入住老人强烈反对，第二天就投诉到市长信箱和12345热线，民政局调查之后没有明确说法，所以每次服务价格调整最后都不了了之。

康薇养生公寓负责人告诉笔者："入住老人说'你们是养老机构，政府把房子便宜租给你们，你们怎么能够提价？我们是老人，已经没有工资收入了'……我让有异议的老人明年选择其他养老机构入住，他们又会说'我哪里都不去，就在你这里养老送终了，我家里房子都租掉了，我能去哪里'……"

面对这样既不同意服务价格调整，又不愿意离开康薇养生公寓的老人，康薇养老公寓的负责人毫无办法："我总不能把人家赶出去吧？"

所以最后妥协的办法就是"新人新办法，老人老办法"：所有原先已入住的老人维持原来的服务价格不变，对新入住的老人实行新的服务价格。但这终究只是权宜之计，因为今天的"新人"，到了明年又会成为新的"老人"。长此以往，必然对老年公寓的运营产生不利影响。

康薇养生公寓里居住的98位老人中有69位自理老人，20位半自理老人，9位失能老人。护工的大部分工作为打扫卫生等日常工作，但是非常忙碌。康薇人事主管告诉我们："护工们非常忙，一天都闲不下来。"但是和医院护工及住家保姆相比，养老机构护工的工资明显偏低。

康薇养生公寓人事主管表示："我们这里的老人有很多都是大学教授，还有一些离退休干部，教育程度较高，很多都会用电脑。因此他们的要求也较高，常常需要护工帮忙处理一些电脑问题，这就需要一定的文化水平。而且文化水平高的话跟老人也能聊起来。"

但是，由于康薇养生公寓的服务价格长期无法调整，不仅高文化程度的护工进不来，而且优秀的老员工也留不住。虽然康薇养生公寓通过免费提供住宿等措施试图留住护工，但每年仍会流失两三位护工，特别是有证书有经验的护工。频繁招聘新员工不仅给管理者增添了培训成本和管理成本，也不利于老人的长期护理，每次新的护工来，都需要重新了解老人们的生活习惯，度过磨合期。

三、案例小结

本案例通过对康薇养生公寓的调查，研究了公建民营养老机构的优势。公建民营可看作是政府和民间资本的“联姻”，是政府对民间资本兴建养老机构的扶持，亦可以弥补公办养老机构组织结构僵化、需要大量财政补贴的缺陷，实现政府、老人和民办养老机构的共赢。

通过康薇养生公寓的个案研究，笔者发现：公建民营模式解决了民办养老机构“立项难”“落地难”问题，有效降低了民办养老机构的投资门槛，减轻了民办养老机构的运营压力和风险，也有利于民办养老机构赢得老人信任，尽快降低床位空置率，实现收支平衡。对政府而言，这不仅减少了投资金额，而且不需要再配备包括事业编制管理人员在内的运营团队，大幅度减少甚至取消后期运营补贴和固定资产更新补贴，并收取租金。老人们则是公建民营模式的最终受益者。

当然我们也发现康薇养生公寓的发展仍然存在服务价格调整困难及由此带来的护工队伍不稳定等问题，需要政府方面进一步明确公建民营养老机构的服务价格调整是和民办养老机构一样实行备案制，还是和公办养老机构一样实行审批制。

我们认为，只要是登记为民办非企业单位或公司的养老机构都属于民办养老机构，其服务价格都应该实行备案制。政府可以在签订公建民营协议时，将兜底床位相关要求作为合同条款写入公建民营相关协议，但不宜将公建民营养老机构作为公办养老机构一样实行政府指导价或政府定价管理。

案例十　敬老院的公建民营改革：四平镇敬老院案例①

一、案例背景

由民政部颁布并于 2006 年 3 月 1 日开始施行的《农村五保供养工作条例》规定，“老年、残疾或者未满 16 周岁的村民，无劳动能力、无生活来源又无法定赡养、抚养、扶养义务人，或者其法定赡养、抚养、扶养义务人无赡养、抚养、扶养能力的，享受农村五保供养待遇……农村五保供养包括下列供养内容：（一）供给粮油、副食品和生活用燃料；（二）供给服装、被褥等生活用品和零用钱；（三）提供符合基本居住条件的住房；（四）提供疾病治疗，对生活不能自理的给予照料；（五）妥善办理丧葬事宜。农村五保供养对象未满 16 周岁或者已满 16 周岁仍在接受义务教育的，应当保障他们依法接受义务教育所需费用……农村五保供养资金，在地方人民政府财政预算中安排。有农村集体经营等收入的地方，可以从农村集体经营等收入中安排资金，用于补助和改善农村五保供养对象的生

① 本案例来自张翔指导的浙江大学公共管理学院 2019 届硕士毕业生阮涵淇同学的硕士学位论文《政府购买五保老人集中供养服务的效果研究》，案例分析部分做了较多修订。

活……农村五保供养对象可以在当地的农村五保供养服务机构集中供养，也可以在家分散供养。农村五保供养对象可以自行选择供养形式。集中供养的农村五保供养对象，由农村五保供养服务机构提供供养服务；分散供养的农村五保供养对象，可以由村民委员会提供照料，也可以由农村五保供养服务机构提供有关供养服务……县级人民政府和乡、民族乡、镇人民政府应当为农村五保供养服务机构提供必要的设备、管理资金，并配备必要的工作人员"。

2008年8月1日施行的《浙江省实施〈农村五保供养工作条例〉办法》对浙江省的农村五保供养工作做了更详细的规定："（一）无法定赡养、抚养、扶养义务人，或者虽有法定赡养、抚养、扶养义务人，但是赡养、抚养、扶养义务人无赡养、抚养、扶养能力的；（二）无劳动能力的；（三）无生活来源的……农村五保供养对象应当参加新型农村合作医疗，其个人缴费部分由人民政府承担，其医疗费用先按规定在新型农村合作医疗基金中报销，不足部分全额由医疗救助资金解决。农村五保供养标准应当按照不低于所在县（市、区）上年度农民人均纯收入的60%确定……农村五保供养实行集中供养为主、分散供养为辅的制度。农村五保供养对象可以自行选择供养形式。集中供养的农村五保供养对象，由农村五保供养服务机构提供供养服务；因特殊原因不愿或者不宜集中供养的，可以采取院户挂钩的办法，落实其供养服务和管理。……设区的市、县（市、区）人民政府应当按照批准的农村五保供养标准在财政预算中安排供养资金。乡（镇）人民政府应当按照上级人民政府核定的供养标准安排供养资金。财政部门应当及时足额拨付农村五保供养资金。有农村集体经营等收入的地方，可以从农村集体经营等收入中安排资金，用于补助和改善农村五保供养对象的生活。"

《浙江省实施〈农村五保供养工作条例〉办法》第十五条规定："农村五保供养服务机构，是公益性的社会福利机构。政府举办的或者其他组织利用国有资产举办的农村五保供养服务机构，符合登记条件的，按照国家和省有关事业单位登记管理的规定办理登记。对企事业单位、团体和其他社会力量及公民个人利用非国有资产举办，从事非营利服务的农村五保供养服务机构，符合登记条件的，按照国家和省有关民办非企业单位登记管理的规定办理登记。"第十八条规定："农村五保供养服务机构在保证满足农村五保供养对象的条件下，可以向社会提供自费寄养服务，对要求自费寄养的在乡孤老优抚对象、革命'三老'人员、计划生育独生女儿户老年人等，应当给予优先优惠。"附则部分的第三十三条规定："根据需要和条件，当地政府可以采取政府采购的形式，向社会力量举办的养老机构购买农村五保供养服务，但其供养服务水平不得低于当地农村五保供养标准。"

《浙江省实施〈农村五保供养工作条例〉办法》的第十五条、第十八条和第三十三条规定为浙江省农村五保供养服务机构的公建民营改革和购买五保集中供养服务提供了政策依据。下面将要介绍的四平镇敬老院公建民营改革案例（案例十）

和政府购买伏骥养老院五保集中供养服务案例（案例十一）就是在上述政策背景下出现的。

二、四平镇敬老院公建民营改革案例

四平镇敬老院位于浙江省G县城郊，距离四平镇汽车东站大约5分钟车程。1992年四平镇政府出资70万元，其中50万元建造了两幢房屋，20万元用于装修及购置固定资产，占地面积约为2000平方米。2005年，四平镇政府出资40万元在敬老院内兴建了第三幢房屋，使敬老院总建筑面积达到了 1350 平方米。2017年上半年为落实消防安全工作，四平镇政府出资120万元用于院内消防设施建设。

敬老院实行院长负责制，设院长1名、副院长1名、财务人员1名、厨师2名、护理人员3名，共有床位100张。2017年9月被承包出去之前，其实际收住的老人为36人，其中五保老人32人，入住率为36%。

因四平镇敬老院长期处于亏损状态，四平镇政府开始探索敬老院的民营化改革路径，决定引导社会资源参与农村五保户集中供养工作。2017年9月，四平镇政府对四平镇敬老院养老服务外包采购项目进行了公开招标。招标公告明确要求参与投标的需是在四平镇行政区域内注册的具有养老服务经营范围的企业或社会组织，而且至少要有1名护理人员具有养老护理员职业资格证书。

一共有五家单位参与投标，最后一家民办的花港养老院以每年56 000元的承包费中标。承包后，机构更名为四平镇敬老院管理服务中心（以下简称管理服务中心）。四平镇政府按每名五保老人每月 890 元的五保补助标准向管理服务中心购买五保老人集中供养服务。在满足保障五保老人集中供养服务需求的前提下，管理服务中心可以将剩余床位面向社会招收社会老人入住。

新的运营团队共9人：院长1名、副院长1名、财务人员1名、厨师2名、门卫 1 名、护理人员 3 名。截至 2018 年末调研时，管理服务中心共有床位 100 张，实际收住老人63人，其中五保老人32人，入住率为63%。

购买服务前四平镇敬老院2016年的收入和支出情况如表4.2和表4.3所示。

表4.2　四平镇敬老院2016年收入情况

项目	金额/元	备注
社会老人入住费	57 600	4名自费半护理社会老人，1200元/月
五保老人入住费	341 760	四平镇政府支付32位五保老人费用，890元/月
全年收入总计	399 360	—

表 4.3　四平镇敬老院 2016 年支出情况

项目	金额/元	备注
员工工资	165 600	
老人零花钱	19 200	32 位五保老人，50 元/月
伙食费	197 100	餐标 15 元/天
水电费	12 000	1 000 元/月
固定资产折旧费	106 667	106 667 元/年
全年含固定资产折旧支出合计	500 567	
全年不含固定资产折旧支出合计	393 900	

注：①五保老人药物费由敬老院垫付，每月末再由敬老院向各村收取，老人住院费由各村直接向医院支付；②若老人需要特别护理，需要各村自行出面聘请护理人员对老人进行看护；③员工工资中包含了院长（1 名）、副院长（1 名）、财务人员（1 名）、护理人员（3 名）、厨师（2 名）的工资；④公办敬老院不计提固定资产折旧，但为了便于与后面公建民营养老机构进行比较，这里报告包含固定资产折旧和不包含固定资产折旧两种统计口径的支出。固定资产折旧按年限平均法按 15 年计提。1992 年第一期建设投入购置固定资产的 70 万元已计提完毕，2005 年第二期建设投入 40 万元购置的固定资产及 2017 年投资 120 万元铺设的消防设施仍在折旧期内

四平镇敬老院 2016 年收入为 399 360 元，包括五保老人入住费用 341 760 元和社会老人入住费用 57 600 元。2016 年包含固定资产折旧的支出总额为 500 567 元，亏空 101 207 元；不包含固定资产折旧的支出总额为 393 900 元，仍然亏空 5 460 元。

在承包后，四平镇政府按每名五保老人每月 890 元的五保补助标准，一年支付给管理服务中心 341 760 元，四平镇政府还负责每月给每位五保老人发 50 元零花钱（承包前由四平镇敬老院负责发放零花钱），一年一共 19 200 元。管理服务中心每年需要上交 56 000 元的承包费用。因此，四平镇政府一年实际需要支付 304 960 元，其中 285 760 元支付给管理服务中心（表 4.4）。

表 4.4　购买服务前后四平镇政府每年需要支付款项

项目	购买服务前金额/元	购买服务后金额/元	备注
零花钱	0	19 200	五保老人零花钱每人 50 元/月
五保补助	341 760	341 760	五保老人每人每月 890 元
抵减：承包费收入	0	56 000	年承包费 56 000 元
总计	341 760	304 960	—

可以发现，在将四平镇敬老院承包出去之后，因为有每年 56 000 元的承包费收入，在保持 890 元/月的五保户供养标准不变且每年增加五保户零花钱支出

19 200 元的情况下，四平镇政府每年的支出仍然减少了 36 800 元，下降 10.77%。

那么，四平镇政府支出下降有没有影响五保老人们享受的集中供养服务的质量呢？我们随机地在 32 名五保老人中抽取了 8 名五保老人（全部为未婚男性，平均年龄 73.13 岁），询问他们承包前后服务质量的变化情况。

四平镇敬老院承包前老人们每日餐标 15 元，承包后对老人每日餐食没有明文规定。早餐一般是汤面、粥或者馒头；午餐和晚餐三菜一汤，一荤两素。如果午餐时荤菜是肉类，那么晚餐时荤菜就会是鱼类，而且素菜中会有一样菜品中包含蛋类。无论是菜品种类还是饮食卫生，承包前后几乎没有变化，但访谈中发现老人们普遍认为承包后菜的味道比以前更好了。

五保户张爷爷说：“猪肉鱼肉轮着来，天天都有肉吃。”

五保户陈爷爷对伙食表示满意：“吃得可以，生活比在家里自己住的时候好多了，以前自己又不会天天买肉吃。”

五保户胡爷爷也对伙食表示满意：“要说现在有什么变好了的话，那就是吃得比以前更好了，现在烧菜的人做的菜比以前好吃很多。”

承包前后，院方都不会为入院老人提供统一的床上用品，五保老人自带衣服、被褥入住。我们在调研时发现老人们的被褥各式各样，且都已经使用较长时间。五保老人每个月只有 50 元零花钱，基本上不会去自费添置衣服和被褥，老人认为衣服只要有的穿就足够了，没必要添置太多。

五保户林爷爷说：“前几年的时候，有一年过年镇里面有个工厂给我们这些五保户每人发了一件棉大衣，但这种好事不是每年都有的。”

五保户奚爷爷表示：“衣服基本上都是别人捐给敬老院的，不够分。”

五保户潘爷爷表示：“很早的时候政府还会过年的时候给我们点过节费，我就拿来买棉袄。现在没有了。”

五保户倪爷爷表示：“一个月就 50 块钱，现在衣服又贵，怎么可能自己买。”

承包前，四平镇敬老院有 50 间双人间，每个房间内都有老式电视机、电风扇、衣柜、桌子和独立洗手间，但没有热水供应，老人洗澡需要去各自楼层开水房打开水。承包之后，所有洗手间都装上了热水器，老人们洗澡方便多了。

承包前，四平镇政府在院内设置了健身器材、活动室等休闲娱乐设施。承包后，管理服务中心出资 60 万元，在 2017 年底移除了敬老院后面的垃圾堆，将地面铺上了水泥。承包后，章院长发现原来的老式电视机无法搜索到很多电视节目，就在活动室添置了一台连通数字电视节目的大尺寸液晶电视。

五保户陈爷爷说：“章院长是个大好人，平时对我们很有耐心，还自己出钱把垃圾堆给弄走了，以前夏天的时候，闻起来很臭烘烘的。”

五保户潘爷爷说：“现在反正有热水器了，我也爱干净，天天都会洗澡，不然身上会有味道。”

五保户潘爷爷表示："现在数字电视能看的频道比以前多很多。"

如果老人日常身体有不舒服需要买药的话，管理服务中心会负责统一采购药物并垫付相关费用，每月末再和老人所属村进行结算，对于需要住院或动手术的大病，则由老人所属村直接对接医院进行结算。承包前，四平镇敬老院与镇上一家中医馆建立合作关系，每周三上午中医馆会派一名中医前来敬老院免费坐诊，提供把脉、测量血压等服务，不涉及开药诊疗。承包后，管理服务中心与镇上一家医院建立了合作关系，服务项目和原先中医馆相同，但这家医院一周会过来坐诊两天。

五保户林爷爷说："反正是免费的，我就每次都去量个血压。"

五保户胡爷爷表示："和原来没什么差别，就是看看小毛病，大病还是要去医院看的，这里也看不出来什么。"

在五保老人死亡后，四平镇会通知老人所属村的村干部或家属来负责料理老人的后事。据当地民政局分管五保工作的工作人员回忆，在2000年左右，因为村里集体经济不景气，没有多少资金可以用于料理老人的后事，五保老人丧葬的相关工作都推给四平镇政府处理。但是现在当地的村子比以前富裕多了，没有再发生类似情况。

综上，敬老院承包前后在伙食条件、住宿环境、医疗条件方面都有所改善，在"保穿"和"保葬"方面和原先一样，总体上看四平镇敬老院的公建民营改造提升了五保老人们享受的集中供养服务的质量。

承包方管理服务中心从2017年10月开始对四平镇敬老院进行承包经营。因此我们选取了管理服务中心2017年10月到12月的各项支出情况进行初步分析（表4.5）。

表4.5　管理服务中心2017年10月到12月支出情况（单位：元）

支出项目	金额
食品购置费	36 000
员工工资	51 600
水电费	5 000
承包费	14 000
固定资产折旧	10 000
三个月含固定资产折旧支出总额	116 600

2017年10月到12月，管理服务中心食品购置费支出36 000元，9位员工工资支出51 600元，水电费支出5000元，承包费支出14 000元，60万元固定资产

的折旧按 15 年折旧期计提，共 10 000 元，三个月累计支出 116 600 元。

因为入住老人数从承包前的 36 人，经过三个月快速增长到 63 人，表 4.6 中为三个月累计数，食品购置费折算成月度数据可能被低估。假定 2017 年 10 月、11 月和 12 月末老人数分别为 45 人、54 人和 63 人，则 12 月食品购置费调整为 14 000 元。我们将四平镇敬老院承包前后相关数据折算成年末月度数据以便于比较（表 4.6）。

表 4.6　四平镇敬老院承包前后支出情况对比

项目	承包前总额	承包前人均	承包后总额	承包后人均
入住老人数/人	36	—	63	—
月员工工资/元	13 800	383.33	17 200	273.02
月食品购置费/元	16 425	456.25	14 000	222.22
月水电费/元	1 000	27.78	1 667	26.46
月老人零花钱/元	1 600	44.44	0	0
月承包费/元	0	0	4 667	74.08
月固定资产折旧费/元	8 889	246.92	3 333	52.90
含固定资产折旧月支出/元	41 714	1 158.72	40 867	648.68
不含固定资产折旧月支出/元	32 825	911.81	37 534	595.78

可以发现，虽然入住老人数从承包前的 36 人增加到承包后的 63 人，月支出反而从 41 714 元下降为 40 867 元。分项目看，承包后增加 1 名门卫，月人工成本增加 3 400 元，但人均月负担员工工资从 383.33 元降低到 273.02 元；食品购置费支出反而下降 2425 元，人均月负担食品购置费支出从 456.25 元降低到 222.22 元，这和访谈中发现老人对承包后伙食质量的评价反而提高形成鲜明对比，这可能是因为原先敬老院每人每天 15 元的伙食标准存在较大浪费；人均负担水电费和承包前基本持平；承包后每位老人每月 50 元的零花钱改由四平镇政府发放，每月的承包费 4667 元也远低于原先每月 8889 元的固定资产折旧，这些都体现出镇政府对公建民营养老机构的优惠和支持。

总体上看，承包后人均月负担支出 648.68 元，仅为承包前 1158.72 元的 55.98%，低于政府每月 890 元的五保老人供养标准，更低于承包前人均月负担支出（不含固定资产折旧）的 911.81 元。换言之，管理服务中心承接五保老人集中供养服务是有盈利空间的。

即使四平镇政府的优惠政策全部取消，五保老人的零花钱改由管理服务中心发放，且承包费提高到承包前每月 8889 元固定资产折旧的水平，管理服务中心的人均月负担支出也仅为765.70元,仍然低于政府每月890元的五保老人供养标准。可见，承包经营后，吸引了更多老人入住和节约人工与伙食费用支出是敬老院扭亏为盈的主要原因。

三、案例小结

对比四平镇敬老院承包经营前后的经营状况，我们发现在四平镇敬老院承包后，因为四平镇政府有了每年56 000元的承包费收入，在保持890元/月的五保户供养标准不变，且每年增加五保户零花钱支出19 200元的情况下，四平镇政府每年仍然减少支出36 800元，下降10.77%。

但我们的访谈和观察发现，镇政府支出的减少并没有降低五保老人集中供养服务的质量，五保老人在伙食条件、起居条件、医疗条件方面都较承包前有一定程度的改善，其他方面也都维持了原有水平。

提供集中供养服务的管理服务中心，平均每位老人的月成本约为648.68元，远低于每月890元的五保老人供养标准。更高的入住率和更好的伙食成本与人工成本控制是服务成本降低的主要原因。

因此，四平镇敬老院的承包经营和政府购买五保老人集中供养服务改革，老人的供养标准和实际享受的集中供养服务质量有所提升，镇政府的年支出反而减少10.77%，而提供集中供养服务的管理服务中心的入住率有了较大提升，人均成本大幅度下降，机构成功地实现了扭亏为盈。

可见，将长期亏损的乡村敬老院通过承包等方式进行民营化改造，政府通过向民办养老机构购买五保老人集中供养服务，能够实现老人、政府和养老机构三方的共赢。托底的五保集中供养服务也同样可以由民办养老机构提供。

案例十一　政府购买五保老人集中供养服务：伏骥养老院案例[①]

一、案例背景

根据《2018年I区国民经济和社会发展统计公报》，J市I区2018年地区生产总值为675.16亿元，同比增长7.6%。户籍人口人均地区生产总值为147 068元，增长7.0%。截至2018年末，I区全区户籍人口46.01万人，常住人口62.80万人，城镇人口比重为69.0%。I区有各类养老机构16家，床位4068张。城乡居民最低生活保障人数3554人，特困供养人员210人。

本案例中的I区南岭街道敬老院（以下简称南岭敬老院）于2005年建成，位

① 本案例来自张翔指导的浙江大学公共管理学院2019届硕士毕业生阮涵淇同学的硕士学位论文《政府购买五保老人集中供养服务的效果研究》，案例分析部分做了较多修订。

于平昌南街，其房屋为南岭街道平昌村集体所有的一处村屋，街道每年向平昌村村委会支付1.32万元的租赁费用。南岭敬老院为农村五保对象提供集中供养服务，并将剩余床位面向有需要的其他社会老人，为其提供养老服务。南岭敬老院建筑面积约500平方米，在建成时共26张床位。南岭敬老院设院长1名、护理人员1名、厨师1名及出纳1名。

2015年5月25日，河南省鲁山县一所老年公寓发生特大火灾事故，造成38人死亡、2人重伤、4人轻伤。I区政府随即印发《全区养老服务机构消防安全专项检查方案》，并快速部署落实，对辖区内所有养老机构的消防安全管理是否到位、消防设施是否健全、消防通道是否通畅等作出排查。

在此次消防安全排查过程中，南岭敬老院的房屋被核定为危房，整体抗灾能力弱，房子耐火等级低，安全隐患较为严重，无法通过整改而达到消防安全要求。因此南岭敬老院被要求关停并尽快做好院内8名五保老人的安置工作。

南岭敬老院的五保老人在安置过程中共经历了两次搬迁。2016年1月，他们搬迁到南岭街道梧桐村养老院。梧桐村养老院是民办养老机构，其负责人吴院长受到民办养老机构床位补贴政策的激励兴办了这家养老院，但是因为后续验收不合格，未能得到政府的补贴。王院长希望尽快收回投资，就将部分房屋改造为厂房用于生产经营，2017年7月开始实施改造工作，因此五保老人们只好二次搬迁至I区伏骥养老院。

二、I区伏骥养老院案例

伏骥养老院成立于2014年，属于民非性质的养老机构，地处青龙街道高岙山，占地面积约8000平方米，建筑面积约2000平方米，床位150张，2019年调查时共收住老人71人，入住率为47.33%。伏骥养老院的活动空间较大，但建设标准暂时还未达到领取床位补贴的标准。养老院共有服务人员15人，其中管理人员5人、养老护理员7人、后勤人员3人。

伏骥养老院内设有二人间、三人间及特护间，共有床位150张。房间内设独立卫生间（24小时热水供应），还配有多功能医用床、紧急呼叫器、衣柜、液晶电视、淋浴等设备。伏骥养老院设有能同时容纳150多人就餐的食堂，配备电器化炊具和自动消毒器材。院内的公共娱乐设施包含文娱活动厅、棋牌室、户外健身器械、观鱼池等。

五保老人的入住费用在伏骥养老院收费标准（表4.7）的基础上给予300元优惠，确定为每月1500元。每月1500元费用中的705元由政府的五保补助支付，剩余费用则由五保老人所属村补齐。入住伏骥养老院的8名五保老人中有七男一女，平均年龄72岁，除了王爷爷和管奶奶丧偶外，其他老人均未婚。

表 4.7　伏骥养老院收费标准（单位：元/月）

房间等级	自理程度	床位费	伙食费	护理费	合计费用
双人间（卫生间、空调、电视）	自理	900	600	300	1800
双人间（卫生间、空调、电视）	半自理	900	600	800	2300
双人间（卫生间、空调、电视）	不能自理	900	600	1300	2800
三人间一楼（空调、电视）	自理	900	600	300	1800
三人间一楼（空调、电视）	半自理	900	600	800	2300
三人间一楼（空调、电视）	不能自理	900	600	1300	2800

下面，我们首先分析一下政府购买五保集中供养服务前，南岭敬老院的收支情况。南岭敬老院 2015 年的收入和支出情况分别如表 4.8 和表 4.9 所示。

表 4.8　南岭敬老院 2015 年收入情况

项目	金额/元	备注
街道补助	40 000	街道每年定额补助 40 000 元
各村村委会补助	16 000	每位五保老人所属村委会每年支付 2 000 元/人
医疗补助	1 600	街道按每位五保老人每年 200 元支付
养老服务补贴	10 500	街道支付，只有 5 名五保老人获得这项 2 100 元/年的补贴
五保补助	67 680	街道按每位五保老人 705 元/月支付
全年收入总计	135 780	—

表 4.9　南岭敬老院 2015 年支出情况

项目	金额/元	备注
员工工资	63 600	
服装费	1 600	每位老人每年 200 元，由老人自购服装
日用品	960	由敬老院统一采购
零花钱	4 800	每位老人每年 600 元
伙食费	37 960	每位老人每天伙食标准 13 元
水电费	6 000	每月 500 元
村屋租赁费	13 200	
全年支出总计	128 120	

注：①老人药物费由敬老院垫付，老人可以挂账形式自行前往村内药房购买，每年末再由敬老院向各村收取；老人住院费由各村直接向医院支付；②若老人需要特别护理，需要各村自行出面聘请护理人员对老人进行看护；③每逢传统节日敬老院会组织老人聚餐，因数额不等且难以查证，因此未计入支出总额中；④员工工资中包含了院长（1 名）、出纳（1 名）、厨师（1 名）、护理人员（1 名）的工资

可以发现，南岭敬老院2015年各项收入合计135 780元，各项支出合计128 120元，结余 7 660 元。事实上，支出项中尚未考虑南岭敬老院内传统节日聚餐等零星费用，倘若考虑上这些费用，敬老院收支相抵。以往如果出现收不抵支情况，街道会补足缺口部分。如表 4.8 所示，除了各五保老人所属村委会每年支付每人2000元共16 000元补助外，其余的119 780元均由南岭街道承担。

购买集中供养服务后，8位五保老人的入住费用为每月1500元，而该笔费用先由每名五保老人每月 705 元的五保补助、每人每年 200 元的医疗补助、5 位五保老人享受的每年2100元的养老服务补贴等先行支付，不足部分由五保老人所属村的村委会向养老院补齐。购买集中供养服务前后，南岭街道每年需要拨付的款项如表4.10所示。可以发现，与原先自己办敬老院相比，通过政府购买五保老人集中供养服务，南岭街道每年可以减少支出35 200元，下降29.4%。

表 4.10　购买集中供养服务前后南岭街道支出情况比较

项目	购买服务前金额/元	购买服务后金额/元	备注
街道补助	40 000	0	购买服务后不再补助敬老院
医疗补助	1 600	1 600	每人200元/年
养老服务补贴	10 500	10 500	五位老人享受，每人2100元/年
五保补助	67 680	67 680	每人705元/月
零花钱	0	4 800	每人50元/月
全年支出总计	119 780	84 580	—

农村五保供养工作包括“保吃、保穿、保住、保医、保葬”。2006年国务院颁布《农村五保供养工作条例》，明确指出五保对象的供养标准不能够低于当地的平均生活水平。下面，我们看看购买集中供养服务改革前后五个方面的变化。

购买集中供养服务前，南岭敬老院老人每日餐标为13元，早餐一般是粥和馒头，午餐和晚餐是一荤一素两菜一汤。在清明等传统节假日，敬老院会安排聚餐，菜品会比日常丰盛许多。所有餐食均由敬老院唯一的炊事员负责提供。

五保户林爷爷告诉我们：“大锅饭嘛虽然种类不怎么多，但是味道还是挺好的，想吃多少就可以吃多少，逢年过节的时候管院长还会带我们吃得更好一点，围着大桌子坐一圈，过节的时候肉啊鱼啊都会有，吃得比平时会好许多。”

伏骥养老院每日菜单会随时节及价格定期变化，菜单每日公示。2018 年 12 月份伏骥养老院的一周菜单如表4.11所示。

表 4.11　伏驥养老院一周菜单

	周一	周二	周三	周四	周五	周六	周日
早餐	绿豆粥 馒头	白粥 水煮蛋	炒米粉 馒头	白粥 馒头	白粥 馒头	白粥 豆沙包	白粥 馒头
午餐	肉丝 番茄蛋 菜花 白菜	肉皮 咸鸭蛋 南瓜 白菜	鸭腿 肉丝 包菜 茄子	肉包 豆面汤	酱肉沫 豆腐 南瓜 白菜	红烧肉 肉丝 山药 白菜	汤糕
晚餐	胖头鱼 豆腐 包菜 山药	汤面	酱肉沫 带鱼 南瓜 白菜	虾 青菜 山药 包菜	小黄鱼 番茄蛋 莴笋 包菜	水饺	红烧肉 肉皮 川豆 千里香

可以看到，早餐多为白粥、馒头、水煮蛋、豆沙包等；午餐和晚餐较为丰盛，一般是四个菜，一荤三素或者两荤两素。因为地处沿海，当地人偏好吃鱼，带鱼、虾、小黄鱼等海鲜也都在菜单之中。伏驥养老院配备了两名厨师，一名负责食材采购及切菜等杂活，另外一名则主要负责烧菜。食堂配备了电器化炊具、自动消毒器材等厨房用品。

五保户李爷爷对伏驥养老院的伙食表示满意："以前住在敬老院的时候虽然每天都有肉可以吃，有的时候吃猪肉，有的时候吃鸡肉，但是不怎么做海鲜吃，现在来这个养老院了，每天基本上都可以吃到鱼或者虾，现在吃得挺好的。"

五保户吴爷爷也觉得："现在菜烧得真的蛮好吃的，种类又多，中午和晚上基本上都有三四个菜可以吃，荤素都有。"

可以发现，伏驥养老院的伙食种类更丰富，并且考虑到了当地人的海鲜偏好。南岭敬老院只有 1 名炊事员负责老人的餐食，伏驥养老院则有 2 名，而且伏驥养老院还配备消毒橱柜等器具，食品安全更有保障。

在保穿方面，绝大多数的地区都没有作出明文规定，如多久为五保对象添置衣服、床上用品等。在五保老人一开始入住南岭街道敬老院的时候，敬老院按照每人每年 200 元统一采购衣服和床上用品。但是后来老人反映款式不喜欢、尺码不合身，就改为由敬老院每年四月初和十月初分别给老人发 100 元钱，供其自行购置衣物和床上用品。

五保户吴爷爷说："衣服（钱）每年都会发两次，我自己也有，够穿的，年纪大了穿不了这么多。"

五保户王爷爷说："我自己的衣服就够穿了，不用买的，还不如把钱给我，我可以自己买别的东西，但是一开始的时候敬老院不给现钱，每年都是买衣服。"

伏驥养老院会为所有入院老人提供统一的床上用品，并定期进行清洗、消毒和更换，不再给老人单独发放购置衣服和床上用品的 200 块钱。

五保户管奶奶表示：“现在床铺干净了很多，原来那个护工也会洗被子，但没那么勤，现在护理人员经常给被子消消毒什么的，衣服也洗得勤快。”

可以发现，入住伏骥养老院之后，老人们不再有每年 200 元自行购置衣物的钱，但访谈中 8 位五保老人普遍认为自己的日常衣物其实是够穿的，所以并没有多大影响。伏骥养老院定期为老人清洗衣服、床单、被褥等，而且定期会将床单、被褥进行消毒、更换，因此老人的衣物和床上用品的整洁度有较大改善。

南岭敬老院所用房屋为南岭街道平昌村的一处一层平房，总建筑面积约为 500 平方米，由于建造时间比较早，已经属于危房，抗灾能力弱，耐火等级低，存在严重的安全隐患，这也是南岭街道决定通过政府购买五保老人集中供养服务的主要原因。从内部设施看，虽然五保老人每人单独住一间房，但是每间房内除了有一张床之外，只有一个床头柜、一台老式电视机和一个电风扇，房内并没有单独卫生间，老人需要去到院内的公共洗手间。南岭敬老院的电视机是老式的，没有接通数字节目，更别提其他的休闲娱乐设施。因此自理老人的休闲娱乐活动就是在敬老院或村子里散散步，非自理的老人只能院内聊聊天或晒晒太阳。

五保户管爷爷说：“敬老院里面一起用一个卫生间，晚上起夜不太方便，一般就在房间里面放个痰盂拿来上厕所。”

五保户林爷爷说：“房间不大，天气不好的时候就看不见东西，有时候潮起来还会有霉味。”

五保户管奶奶说：“现在流行跳广场舞，五六点的时候，我就散步去看看别人跳舞，我自己不会跳。”

五保户林爷爷说：“一有太阳，我就喜欢在院子里晒太阳，晒了太阳，身上不容易有味道。”

伏骥养老院的房屋则是符合国家建筑标准的三层楼房，占地面积约 8000 平方米，建筑面积约 2000 平方米，目前 71 个老人只使用了第一层和第二层楼房。养老院有单人包间、双人间、三人间三种房型。单人包间和双人间房内有 24 小时热水供应的独立卫生间、空调、电视、多功能医用床，三人间除了没有 24 小时热水供应的独立卫生间外其他设施与单人包间和双人间相同。八位五保老人都是住双人间。伏骥养老院内还有一些公共娱乐设施，包括文娱活动厅、棋牌室、户外健身器械和观鱼池。

调研时我们发现文娱活动室和棋牌室的老人特别多，而户外健身器材使用者较少。文娱活动室有一台较大的液晶电视，除了可以收看普通的电视节目之外，还可以观看一些付费电影，其中包括老年人较为感兴趣的抗战片、古装剧等。

五保户沈爷爷说：“半山上的空气很好，早上吃了早饭还有下午吃了晚饭之后经常会在院子里散散步。”

五保户陈爷爷："以前不想在房间躺着了，就和其他人一起聊聊天，一天的时间也很快就过去了，现在还可以一起在棋牌室打打麻将，可以玩一天。"

五保户王爷爷告诉我们："原来人少，很难凑齐一桌打麻将，现在算是找到了牌搭子。"

五保户吴爷爷说："没读过书，书也看不来，平时就和其他的老人一起看看电视。自己一个人看电视没什么意思，大家聚在一起看的话还可以聊聊天。"

可以发现，无论是从房间内的硬件设施还是从公共娱乐设施来看，伏骥养老院都比南岭敬老院有了很大的提升，也更方便老人的日常生活。

《农村五保供养工作条例》规定为五保供养对象提供疾病治疗，并且在实施的过程中与当地医疗保险制度和医疗救助制度相互衔接。因为五保老人的年纪通常较大，或因自身有残疾或慢性病，所以对医疗保障的需求较大。

五保户李爷爷睡眠不好："晚上睡不着，晚上七点睡着了，有时候隔天 2 点没到就醒了，之后睡不着了就在床上躺着等吃早饭。"

五保户管奶奶抱怨："小毛病很多的，动不动就脚麻，牙齿也经常痛，苹果也咬不动了，很多东西都没福气吃。"

五保户沈爷爷说："上半年的时候医生说我肺里面长了泡，拍了个片子，又在医院里前后住了差不多两个星期，不见好就又回来了。"

南岭敬老院的附近有一家平安大药房，走路大约 8 分钟，五保老人如果日常身体有不舒服可以到平安大药房买药。五保老人买药时只需在药房挂账，敬老院每月末会去平安大药房结账，垫付老人药费，到每年末再统一向老人所属的村进行结算。如果是需要去医院治疗的大病支出，如住院费、手术费这些，则由老人所属村出面直接对接医院进行结算。

伏骥养老院在半山上，老人自己下山买药不方便。如果老人日常身体有不舒服要买药，需要委托养老院统一采购，费用也由养老院垫付，每月末再向老人所属村进行结算。如果需要去医院进行治疗，伏骥养老院的司机会开车送老人去医院，如果是急病则由 120 救护车负责送医，抵达医院后的费用都是由老人所属村直接对接医院进行结算。

可以发现，除了伏骥养老院交通稍有不便之外，南岭敬老院和伏骥养老院在医疗方面基本没有差别，吃药看病所产生的费用都是由老人所属的村来承担。

"保葬"主要涉及当地村委会或者是养老机构处理五保对象丧葬后事的方式。南岭敬老院和伏骥养老院对于五保老人丧葬的处理是一样的。在五保老人死亡后，敬老院和养老院会马上通知村委会或老人亲属来料理老人的后事。

老人们除了有物质方面的需求，也还有精神方面的需求。亲情获得对于五保老人这一特殊群体来说更是如此。在调研的过程当中，笔者发现，农村的五保老人大多数未婚，没有配偶更没有子女、孙子女，当他们的父母离世之后，他们就很难再获得来自家庭的关怀。南岭敬老院在平昌村，本村的五保老人白天可以去亲戚家串串门，而且这些老人的亲戚有时也会来探视老人，捎上新的衣服及水果零食等，但探视的频次不高，来得勤的每个月探视一次，有的甚至一年只来一两次。

五保户陈爷爷说：“我年轻的时候家里很穷，性格脾气也不好，村里的女孩子都不愿意嫁给我，以前做光棍感觉没什么，现在年纪大了，日子还挺难过的。”

五保户林爷爷说：“我爸妈很早的时候就去世了，那个时候我也没有成家，后来我的几个兄弟都结婚了，他们的孙子孙女现在都很大了，就我一个到现在还是一个人。”

五保户李爷爷抱怨说：“从我开始住到敬老院以后，亲戚都不来叫我吃酒了，有什么事情也都不和我说，估计是觉得我没钱又没用。”

五保户王爷爷说：“我几个兄弟姐妹家基本上都是小辈当家做主了，人家都不认识我，面都没见过。”

五保户管爷爷说：“我从敬老院到我哥哥家走路也就十几二十分钟，但是他也有自己的日子过，总去他家找他也不好，他老婆也不怎么待见我。”

伏骥养老院比较靠近城区，离原来的南岭敬老院大约 30 分钟车程，离老人所属的村庄都比较远，所以老人无法和原来一样那么方便地去亲戚家串门。可能也是由于距离的问题，老人亲属来养老院的探视次数也稍有减少。

五保户王爷爷说：“和原来没什么差别，就是我自己没办法随便到村子里串门了，现在住得还是有点远。”

在入住敬老院之后，和原来在家居住的时候相比，五保老人和左邻右舍、亲戚朋友之间的距离拉开了，再加上有的老人腿脚不方便，而且老人基本上都不会使用现代化的通信工具，所以和原先交往的对象之间的联系慢慢地减少，随着入住年数的增长，和原先的左邻右舍更是会断了联系，和亲朋好友之间的联系也没有原先那么密切。取而代之建立起来的是和院里面其他五保老人之间的联系。因为敬老院的设施有限，除了电视机以外没有其他可以消磨时光的设施，老人们在天气好的时候就在院子里一边聊天一边晒太阳。

五保户沈爷爷说：“刚来的时候，哪儿都不舒服，又没人管我，也没有人可以说话，心里面憋屈得很。”

五保户管奶奶则说：“住的都是五保，也有话聊。”

搬至伏骥养老院这一变化，对于五保老人而言，其本质只是从家以外的一个地方搬到了家以外的另一个地方，和原来的左邻右舍及亲朋好友之间的人际交往网络仍然处于一定程度的断裂状态，而之前一起住在南岭敬老院的老人也都一起搬到了这里。此外，伏骥养老院共收住了 71 个老人，其中既有社会老人，也有来自其他地方的五保老人，而且都是讲本地方言的本地人。本案例中的五保老人在伏骥养老院也建立起了新的人际交往网络。

五保户陈爷爷说：“刚刚住进来的时候感觉老人那么多，比原来热闹多了，现在嘛，还想着有时间回平昌村去看看朋友。”

五保户管爷爷则抱怨：“有的老人看不起我，觉得我是个老光棍，还经常开我的玩笑。”

可以发现，搬到规模更大的伏骥养老院之后，老人的生活环境变得比以前更加热闹，但部分社会老人对五保老人存在成见，所以五保老人的人际交往还是主要局限于五保老人之间，尤其是和原先南岭敬老院的老人之间。

那么，以每月 1500 元为标准为五保老人提供集中供养服务的伏骥养老院是否能够盈亏平衡呢?

8 位五保老人是 2017 年 7 月 1 日迁移至伏骥养老院的，表 4.12 列出了伏骥养老院 2017 年下半年的费用支出结构。

表 4.12　伏骥养老院 2017 年下半年支出情况（单位：元）

支出项目	金额
食品	97 102.00
人工	20 223.50
水电费	21 128.00
日用品	59 918.00
维修费	13 896.50
广告费和租金	250 335.00
固定资产折旧	20 275.00
半年支出总额	482 878.00
人均月支出金额	1 133.52

包含固定资产折旧在内，伏骥养老院的 2017 年 7 月到 12 月的支出总额为 482 878 元，月均支出 80 479.67 元，人均月支出为 1133.52 元，远低于政府每月 1500 元的五保老人供养标准，即使每位老人的供养标准维持原先每月 1 414 元的水平不变，伏骥养老院承接五保老人集中供养服务业务也是有足够盈利空间的。

三、案例小结

综上所述，8 位五保老人在伏骥养老院的伙食条件、衣物被服、起居条件、医疗条件都较购买集中供养服务之前有了较大的改善，而供养标准从原先每人每月 1414 元提高到现在的每月 1500 元，费用略有上涨，但与生活品质的提高相比，应该说是物超所值。

与原先自己办敬老院相比，南岭街道通过购买五保老人集中供养服务，每年支出从原先的 119 780 元减少到现在的 84 580 元，每年减少支出 35 200 元，而五保老人所在村支出从原先的 16 000 元增加到现在的 64 220 元，增加了 48 220 元，人均每年增加 6027.5 元。南岭街道的各村集体经济较为发达，对这样的安排没有异议。将街道和村委会的年支出增减合并，支出累计增加 13 020 元，人均每月增加 135.63 元。如果对南岭敬老院的原址进行开发利用，即使只收取原先每年 13 200 元的租金，也恰好可以覆盖增加的支出。

提供集中供养服务的伏骥养老院，平均每位老人负担月成本约 1133.5 元，远低于每月 1500 元的供养标准，即使政府将供养标准维持原先的 1414 元不变（这样的话，村委会的支出就和原先一样），伏骥养老院也有足够的盈利空间。

因此，从原先的政府自己办敬老院到向民办的伏骥养老院购买集中供养服务，老人的供养标准略有提高，而实际享受的供养服务质量有了较大的提升，街道支出大幅度减少，约减少 29.4%，村委会支出增加（但可以通过服务价格再谈判做到村委会支出维持不变），但街道和村委会的总开支是减少的；提供集中供养服务的伏骥养老院也获得了稳定的客源和盈利来源。

可见，在部分因为建筑年代久远、防护等级低、难以消防达标的农村地区，政府不一定要投资新建公办敬老院。通过向民办养老机构购买五保老人集中供养服务，能够实现五保老人、政府和养老机构三方的共赢。民办养老机构可以高效优质地提供托底的五保集中供养服务。

案例十二　养老机构的建设标准：四家养老机构比较案例[①]

一、案例背景

2014 年，笔者到 C 市一家民办养老机构调研，该机构是当时 C 市最大的一家民办养老机构。

机构负责人赵院长给我们介绍该机构的基本情况：“我们是 2011 年 5 月 1 号筹建，2012 年 10 月 18 日正式开业。7000 平方米的土地是租赁的，每年租赁费为 350 万元。两幢建筑中，一幢是将一座仓库推倒后新建的住宿楼，一幢是在原住宿楼基础上改建的，一共 858 张床位，总投资一共 3500 万元，其中 1750 万元为固定资产投入……”

此时笔者打断赵院长的介绍：“你们总投资 3500 万元，建了 858 个床位？一个床位才 4 万元的投资？”

① 本案例来自张翔指导的浙江大学公共管理学院社会保障与风险管理系 2014 届本科生胡丹丹的本科毕业论文《公办与民办养老服务机构建设标准的分析对比》，案例分析部分做了较大修订。

赵院长回答："对啊！"

笔者奇怪地问："可是……不是说在C市市区要增加一个养老床位，没有15万拿不下来吗？"

赵院长回答："如果是公办养老机构，没有15万是拿不下来，但我们民办养老机构不需要这么多……"

笔者当时正带着学生做当地另一家公办养老机构的案例调查。这家总投资4.6亿元，床位数达2000张的养老机构是当地最大的公办养老机构，地段优越、场地宽敞、建筑美观、设施先进，让人印象深刻。那天赵院长的话让我大开眼界：同一个地方的公办养老机构和民办养老机构的单床位建设成本居然有这么大的差别！

由此，养老机构的建设标准问题开始进入笔者的视野。公办养老机构不仅可以得到低价甚至免费的土地和充足的财政资金支持，而且其运营成本中不需要计提固定资产折旧，因此在建设标准方面不需要有太多运营成本方面的顾虑。民办养老机构所有的固定资产投资最终都需要通过服务收费来补偿，因此对固定资产投资会精打细算。

本案例中，我们选取了杭州市第三社会福利院（差额拨款事业单位）、金菊老年公寓（自收自支事业单位），以及白鹿温馨家园、梅花老年公寓两家民办养老机构分别作为公办和民办养老机构建设标准比较案例研究的调查对象。

二、养老服务机构的建设成本比较案例研究

（一）公办养老服务机构个案

1. 杭州市第三社会福利院

杭州市第三社会福利院是杭州市"十二五"规划的民生项目，也是省、市重点工程建设项目，市政府A类重点管理项目，2011年4月18日正式开工。项目坐落在皋亭山风景区内，项目总征地面积为112 833平方米（约169.25亩），建筑面积90 688.46平方米，建筑密度（建筑基底面积/占地面积）为26.8%，容积率（建筑面积/占地面积）为0.80，绿地率为35.5%。

三福院的地块呈东西长600余米、南北宽200余米的长方形，以场地中央原有的"一山一水"（水面面积约5000平方米）为界，分为东西两个区。东区以自理老人为主，西区以非自理老人为主。

因风景区限高，三福院最高建筑仅五层，共有 36 个建筑单体：老人住宿楼27栋、员工宿舍楼1栋、为老服务交流中心1栋、医疗康复中心1栋、食堂2栋、设备房1栋、临终关怀楼1栋、传达室1栋、电力开关站1栋。此外有机动车车位228个（含大巴、中巴、货车停车位9个），非机动车位438个。

2011 年 10 月份，杭州市三福院正式获得批准为公益二类政府差额拨款事业单位，共有 45 个事业编制（2014 年采访时汪院长提到只计划用 20 个左右事业编制），包括一正二副和 14 个中层岗位。我们详细询问了各类建筑的建筑面积和户型床位设置情况，见表 4.13 与表 4.14。

表 4.13　杭州市三福院各类建筑面积明细表

项目	老年人住宿用房	康复理疗用房	活动用房	管理用房	食堂配给用房	地下建筑	其他	总建设面积
面积/米 ^{2}	63 684.06	4 495.79	4 904.32	5 967.31	4 863.55	4 954.1	1 819.33	90 688.46
人均面积/米 ^{2}	31.84	2.25	2.45	2.98	2.43	2.48	0.91	45.34

资料来源：杭州市三福院官方宣传资料

表 4.14　杭州市三福院床位基本情况

项目	双套间	单套间	单人间	双人间	三人间	总数
面积/米 ^{2}	65/75	40/45/50	28/33	33	42	—
间数/间	9	97	351	504	143	1104
床位数/张	18	194	351	1008	429	2000
2014 年 4 月登记人数/人	355	322	751	1245	152	2825
登记人数/床位数	19.72	1.66	2.14	1.24	0.35	1.41

资料来源：根据笔者调研访谈资料整理，轮候人数去掉了多种户型皆可的重复部分

三福院基建项目投资金额为 37 557 万元，开办费预算为 8574 万元，共 46 131 万元。依此计算平均每张床位包含土地成本的建设成本高达 23.0655 万元，不含土地成本的单床位成本也高达 19.0653 万元，如果再除去开办预算费，单床位成本也高达 14.7785 万元。

三福院汪院长为我们提供了三福院各项建设成本的具体数据（表 4.15）①。

表 4.15　杭州市三福院各项建设成本

项目	土地征用	土建	装修	桌椅床铺	强电设备	弱电设备	电梯	中央空调	太阳能	市政绿化	节能设备	代建费	其他	合计
金额/万元	8 000+	13 600	2 000+	8 500+	1 690	501	1 308	2 388	1 040	2 240	300+	200+	4 364	46 131

资料来源：杭州市三福院汪院长访谈提供

① 表 4.15 中的数据是访谈中提供的，当时三福院尚未最终完工，一部分工程还在进行收尾工作，因此不是精准的决算数据，但可以让我们了解大致的投资结构。

活动室设置的监控室配有巨大的监控显示屏，据悉相关设备采购价格高达 31 万元，控制着 7000 多个摄像头的运行。护理间配有移动洗头机、洗澡机、吊床器，其采购价格也高达三四万元。每栋住宿楼只有朝南间为老人居住，北间均为储藏室、活动室或者供护理人员居住。

2. 金菊老年公寓

金菊老年公寓是一家隶属于 D 区民政局的自收自支事业单位。原先的 D 区养老院在城市改造中被拆除，因此 D 区人民政府将新建金菊老年公寓列为 2006 年为民办实事工程之一，金菊老年公寓共投资 3300 万元。由于建设资金不足，分两期建设。3300 万元的土建成本包括了 6368 平方米的二期毛坯房（后一度出租），如果按照三福院 2011 年每平方米 1500 元的土建成本进行测算，二期毛坯房的土建成本为 955.20 万元，因此金菊老年公寓的实际总投资约为 2344.80 万元。

金菊老年公寓占地 20 亩，建筑面积 9700 平方米，容积率 0.73，共设 223 张床位。每个房间使用面积约 24 平方米，配有独立卫生间、供热、空调、电视和呼叫系统等。另外浙江老年关怀医院（三级乙等医院）在此设有医疗点。金菊老年公寓于 2007 年 10 月 18 日正式营业，2007 年入住老人仅 28 人，2008 年入住率升至 50%，到 2009 年入住率达到 80%，机构实现盈利。2013 年，由于人力成本上涨压力，金菊老年公寓的护理费上调 100 元。表 4.16 为金菊老年公寓收费表。

表 4.16　金菊老年公寓收费表（单位：元/月）

<table>
<tr><th colspan="2">床位费</th><th colspan="4">护理费</th></tr>
<tr><th>房型</th><th>金额</th><th rowspan="2">三级
（健康老人）</th><th rowspan="2">二级
（偶尔需护理）</th><th rowspan="2">一级
（送饭到房）</th><th rowspan="2">特级
（患病卧床）</th></tr>
<tr><td>单人间</td><td>1000</td></tr>
<tr><td>双人间</td><td>700</td><td rowspan="3">280</td><td rowspan="3">350</td><td rowspan="3">400</td><td rowspan="3">500～1100</td></tr>
<tr><td>双人套间</td><td>850</td></tr>
<tr><td>三人间</td><td>600</td></tr>
</table>

资料来源：根据采访金菊老年公寓章院长访谈资料整理

2012 年 10 月，金菊老年公寓在 D 区某小区内办了金菊老年公寓分院（以下简称分院）。分院建筑为小区配套用房，是一幢四层楼房，建筑面积 2980 平方米，有 23 间护理间，共 101 张床位，主要是面向失能或半失能老人的护理型床位。院方投入 600 万元进行装修。公寓东南临河，而北面一墙之隔就是春晖福利院。

章院长觉得，和春晖福利院相比，他们分院的最大优势就是在居民小区里，老人住进来仍像原来住在小区一样，能看到孩子上学放学，看到家庭主妇买菜，过的仍是小区居民的生活。唯一变化的是，老人们可以享受到专业人员的护理，生活有人照料。

分院的收费标准和金菊老年公寓差别不大，每位老人床位费为 500～600 元（分三人间和四人间），伙食费每人每月 400 元，而护理费根据老人身体状况、服务时间和具体内容等进行收费，为每月 1000 元到 1500 元不等。章院长提到，入住率到五成后，收支能够持平。

在人员配置上，两个养老服务机构只有一个事业编制人员，章院长自己是民政系统公务员，一共 8 位行政人员，另有 35 位护工，17 位管理、后勤人员。作为自收自支的事业单位，章院长的理念是进行企业化管理，鼓励多劳多得。

（二）民办养老服务机构个案

1. 白鹿温馨家园

白鹿温馨家园是一家民非性质的养老机构，位于杭州市某区繁华地段，2011 年 5 月 1 日筹建，2012 年 4 月 28 日试营业，2012 年 10 月 18 日正式开业，是当时杭州市床位数最多的一家民办养老机构。

白鹿温馨家园的 7000 平方米用地是租赁的，租赁费为一年 350 万元，租期 15 年，每五年调整一次租金。白鹿温馨家园的两栋建筑中，一幢是将一座仓库推倒后新建的住宿楼，一幢是在原住宿楼基础上改建的，建筑面积 18 000 平方米，容积率 2.57，共有房间 260 间，以单人间和双人间为主，一共 858 张床位，其中护理型床位 630 张。白鹿温馨家园的配套设施按三星级宾馆标准配备。

根据房屋朝向、户型的不同，白鹿温馨家园确定收住自理老人的疗养楼朝南标准间床位费为每月 1200～1520 元，朝北标准间的床位费为每月 840～1120 元；收住失能老人的护理楼朝南三人间的床位费为每月 720～1000 元，朝北三人间的床位费为每月 490～600 元。

白鹿温馨家园一次性投资 3500 万元，其中 1750 万元为基础设施固定资产投入，主要用于新建、改建和装修营业场所，消防成本 100 万，用于建设喷淋系统、灭火器、烟雾感应器、160 吨的水泵房等。平均每床位投资额约为 4.0793 万元，平均单床位建筑面积为 20.98 平方米。政府按一张床位 2.6 万元的标准提供了建设补贴共 2230.80 万元。政府还按每位入住老人 122 元/月的标准提供运营补贴。

白鹿温馨家园一年的运营成本大约为 700 万元，其中约 1/3 为员工福利，其余为水电、维修、办公、食堂运营等费用。白鹿温馨家园开业初期亏损严重，但到 2014 年 3 月调研时已入住 300 多位老人，90 间双人间全部住满，实现了收支平衡。2014 年调研时，白鹿温馨家园的康复医院也在筹办中，届时将配备 10 位医生、20 位护士和 120 张床位。

2. 梅花老年公寓

梅花老年公寓为金菊老年公寓的二期项目。金菊老年公寓为公办养老机构，二期工程梅花老年公寓则为民办养老机构，该机构总用地面积为 10 亩，建筑面积 6368 平方米，容积率 0.96。

梅花老年公寓户型有双人间、三人间、四人间、六人间和七人间，共 400 个床位。每个房间配备独立卫生间、中心供氧系统、电子呼叫系统、护理床、家具、电视、电话、空调等。梅花老年公寓主办方原来经营梅花民营医院，为春晖福利院提供了长达 11 年的医疗康复服务，梅花老年公寓是医养结合型养老机构，院内配有全科、内科、中医、针灸、推拿、康复室、口腔等临床科室，可以提供化验、放射、心电、B 超、骨密度等检测及输液等基本医疗诊疗服务。

自 2014 年开业以来，已入住七十余位老人。它是 D 区首家全程由专业护士参与日常护理的养老服务机构。公寓主要为失能、失智老人提供全方位服务，实践创新“养医结合”的养老模式，配备专业养老护理员，让每一位入住老人都享受到“家庭式氛围”“亲情式照顾”，体验到“中医养生、饮食养生、精神养生、运动养生”四维养生服务，打造一个“人性、便利、亲和、环保”的颐养乐园。公寓设置的 4 个专业功能区分别为失能区、失智区、监护区、休养区。

在采访杨院长的过程中，我们了解到，杨院长同时也是梅花医院、阳光社区综合服务中心总经理。梅花医院的前身为 D 区社区医疗服务站，2004 年改制成为民办非企业单位。梅花医院积累了丰富的老年人慢性病管理、预防保健和床边康复的工作经验，包括随访、调查、干预追踪等。阳光综合社区服务中心是 D 区政府居家养老和上门评估合作单位。

当初金菊老年公寓要扩建，政府方面便联系杨院长，考虑到护理型床位需求量非常大，而梅花医院可以作为后盾保障，便将其定位为护理型机构。梅花老年公寓以每年 100 万元租用政府回收的二期项目毛坯房，并投入 1500 万元进行装修，平均每张床位装修成本为 3.75 万元。

2014 年 1 月 4 日梅花老年公寓正式营业。北楼为面向自理老人的住养楼，南楼为面向失能老人的护理楼。食堂借用隔壁金菊老年公寓食堂，代收每人每月 400 的伙食费。调查时有员工四十多人，其中有 14 位护工。杨院长提到，入住 150 位左右老人就能维持盈亏平衡。

表 4.17 和表 4.18 分别为梅花老年公寓 2014 年床位费和护理费的月收费标准。

表 4.17　梅花老年公寓 2014 年床位费月收费标准（单位：元）

双人间（朝南）	双人间（朝北）	带阳台四人间	四人间	六人间	七人间	带阳台七人间
1680	1480	1280	1080	880	880	1080

资料来源：梅花老年公寓宣传资料

表 4.18　梅花老年公寓 2014 年护理费月收费标准（单位：元）

专护	特五	特四	特三	特二	特一
3600	2500	2300	2100	1600	1100

资料来源：梅花老年公寓宣传资料

考虑到不同养老机构的建造年代不同，当时的建材价格、设备价格、人力成本也会存在差异，笔者选取了建造时间相近的两家公办养老机构和两家民办养老机构进行比较案例研究，四家机构的总体情况表 4.19 所示。

表 4.19　四家养老机构的基本情况

<table>
<tr><th>性质</th><th colspan="2">养老服务机构</th><th>建造年份</th><th>总投资/万元</th><th>土地成本/年租金/万元</th><th>土地成本外投资金额/万元</th><th>用地面积/米^2</th><th>建筑面积/米^2</th><th>容积率</th><th>床位数/张</th><th>单床位土地外投资金额/万元</th><th>单床位建筑面积/米^2</th></tr>
<tr><td>公办</td><td colspan="2">杭州市第三社会福利院</td><td>2011</td><td>46131</td><td>8 000</td><td>38 131.0</td><td>112 833</td><td>90 688.46</td><td>0.80</td><td>2 000</td><td>19.065 5</td><td>45.34</td></tr>
<tr><td>民办</td><td colspan="2">白鹿温馨家园</td><td>2011</td><td>3 500</td><td>350</td><td>3 500.0</td><td>7 000</td><td>18 000.00</td><td>2.57</td><td>858</td><td>4.079 3</td><td>20.98</td></tr>
<tr><td rowspan="2">公办</td><td rowspan="2">金菊老年公寓</td><td>主院</td><td>2006</td><td>3 300</td><td>免费</td><td>2 344.8</td><td>13 333</td><td>9 700.00</td><td>0.73</td><td>223</td><td>10.514 8</td><td>43.50</td></tr>
<tr><td>分院</td><td>2012</td><td>600</td><td>免费</td><td>600.0</td><td>—</td><td>2 980.00</td><td>—</td><td>101</td><td>5.940 6</td><td>29.50</td></tr>
<tr><td rowspan="2">民办</td><td colspan="2" rowspan="2">梅花老年公寓</td><td rowspan="2">2013</td><td rowspan="2">1 500</td><td>100</td><td>1500.0</td><td rowspan="2">6 667</td><td rowspan="2">6 368.00</td><td rowspan="2">0.96</td><td rowspan="2">400</td><td>3.750 0</td><td rowspan="2">15.92</td></tr>
<tr><td>0</td><td>2 455.2①</td><td>6.138 0</td></tr>
</table>

资料来源：笔者访谈所得

杭州市三福院于 2011 年 4 月 18 日正式开工建设，而白鹿温馨家园于 2011 年 5 月 1 日正式开工建设，二者的时间非常相近；杭州市三福院是当时杭州市床位数最多的公办养老机构，而白鹿温馨家园是当时杭州市床位数最多的一家民办养老机构。因此我们将这两家养老机构进行比较。

杭州市三福院的土地是政府出钱征地，总征地面积 112 833 平方米，用地面积 112 833 平方米，征地费用 8000 万元，每亩征地费用约为 47.2674 万元，平均每张床位土地成本为 4 万元。白鹿温馨家园为租赁用地，用地面积 7000 平方米，租赁费用为 350 万元一年，共租用 15 年且每五年调整一次价格，头五年每亩地每年租赁价格为 33.3333 万元，平均每张床位每年的土地租赁费用为 4079.25 元。我

① 梅花老年公寓的土建工程是 2007 年金菊老年公寓建设时一起完成的，此处按照 1500 元/米^{2}的价格（这个价格参照 2011 年到 2014 年修建的杭州市三福院土建成本，应该偏高）估算了其 6368 平方米的土建成本为 955.20 万元。梅花老年公寓方实际上只投资 1500 万元对每年 100 万元租赁的二期毛坯房进行了装修。为了比较金菊老年公寓和梅花老年公寓的单床位建设成本，此处列出了把 955.20 万元的历史土建成本进行估算后计入单床位投资金额的另一种算法。

们在比较两家机构平均每张床位的投资金额时扣除了土地成本。

扣除土地成本后，杭州市三福院的投资金额为 38 131 万元，建筑面积 90 688.46 平方米，每平方米建筑面积投资金额为 0.4205 万元，平均单床位建筑面积为 45.34 平方米，平均单床位土地外投资金额为 19.0655 万元。白鹿温馨家园投资金额为 3500 万元，建筑面积 18 000 平方米，每平方米建筑面积投资金额为 0.1944 万元，平均单床位建筑面积 20.98 平方米，平均单床位土地外投资金额为 4.0793 万元。

三福院的平均单床位土地外投资金额是白鹿温馨家园的 4.67 倍。两家机构平均单床位土地外投资金额差距为 14.9862 万元。如果白鹿温馨家园的单床位建筑面积增加到 45.34 平方米而单位建筑面积投资金额保持不变，则只需要增加投资 4.7356 万元。这 4.7356 万元（占 31.60%）可以归咎于两者单床位建筑面积的差别，另外的 10.2506 万元投资金额差距（占 68.40%）则归咎于两家机构单位建筑面积投资金额的差异。

杭州市三福院的土建投资金额为 1.36 亿元，每平方米建筑面积的土建投资金额为 1500 元，而白鹿温馨家园的土建投资金额为 1750 万元，每平方米建筑面积的土建投资金额 972 元。考虑到白鹿温馨家园两幢楼中有一幢为改建，两家机构的土建投资金额差别不算太大。但由于三福院的单床位建筑面积达 45.34 平方米，两家机构单床位土建投资金额相差 4.7617 万元，占两家机构单床位非土地投资金额差距 14.9862 万元的 31.60%。4.7617 万元的单床位土建投资金额差距中，有 2.3677 万元（占 49.72%）来自单床位建筑面积差别带来的投资金额差距，其余 2.3940 万元（占 50.28%）的投资金额差距来自每平方米建筑面积土建成本的差别。

杭州市三福院除了土建费用之外的装修费用、桌椅床铺、强弱电设备、电梯、中央空调、太阳能、市政绿化、节能设备、代建费及其他投资金额共计 2.4531 亿元，平均每个床位土地/土建外投资金额为 12.2655 万元，而白鹿温馨家园所有土地/土建外投资金额为 1750 万元，平均每个床位土地/土建外投资金额为 2.0396 万元，两者单床位土地/土建外投资金额相差达 10.2259 万元，占两家机构单床位土地外投资金额差距 14.9862 万元的 68.23%。在 10.2259 万元的土地/土建外投资金额差距中，有 2.3682 万元（占 23.16%）来自单床位建筑面积差别，其余 7.8577 万元（占 76.84%）可以归咎于每平方米建筑面积非土建成本的差别（表 4.20）。

表 4.20　杭州市三福院和白鹿温馨家园投资金额对比情况

性质	养老服务机构	土地成本外投资金额/万元	土地和土建成本外投资金额/万元	建筑面积/米^2	床位数/张	单床位土地外投资金额/万元	单床位土建成本/万元	单床位土地/土建外投资金额/万元	单床位建筑面积/米^2
公办	杭州市三福院	38 131	24 531	90 688.46	2 000	19.065 5	6.801 0	12.265 5	45.34
民办	白鹿温馨家园	3 500	1 750	18 000.00	858	4.079 3	2.039 6	2.039 6	20.98

杭州市三福院地处郊区，征地成本相对较低，政府承担所有征地和建设费用，因此建筑密度（建筑物基底面积/占地面积）仅 26.8%，容积率（建筑面积/占地面积）仅 0.80；人均建筑面积达到 45.34 平方米，居住用房建筑面积 63 684.06 平方米，仅占总建筑面积 90 688.46 平方米的 70.22%，近 30%的建筑面积为各类辅助功能用房，所有老人居住用房都为朝南间，朝北房间为各类活动室、储藏室及护工居住室等功能用房；其院区中心的为老服务交流中心高大宽敞气派，足以举办各类大型文娱活动和排球、篮球等体育比赛，令人印象十分深刻。

白鹿温馨家园位于市区核心繁华地段，寸土寸金，2014 年其路对面的某新建楼盘开盘价高达 4 万元/米^2，2020 年该楼盘二手房售价在每平方米 8 万元以上。白鹿温馨家园每亩土地的年租赁费用为 33.3333 万元，相当于三福院每亩土地征地费用 47.2674 万元的 70.52%。昂贵的土地成本和自负盈亏的民办养老机构属性，使得白鹿温馨家园必须非常集约地利用土地。白鹿温馨家园的容积率为 2.57，是三福院的三倍多，两幢高楼拔地而起，与三福院 36 幢建筑平面铺开形成了鲜明对比。在全部建筑面积中，白鹿温馨家园会尽可能地多安排居住用房和养老床位，其老人居住用房既有朝南的也有朝北的，根据楼层朝向不同价格各异。

以上所有的这些最终都体现在两家机构单床位建筑面积的差异上。白鹿温馨家园的单床位建筑面积仅 20.98 平方米，不到三福院单床位建筑面积 45.34 平方米的一半，甚至仅为三福院单床位住宿用房建筑面积 31.84 平方米的 2/3。

但比起单床位建筑面积的差异，更大的差异来自单位建筑面积的投资金额。根据笔者的实地观察，三福院除了房间的面积大一点外，从老人居住的房间室内环境与基本生活设施看，两家机构没有大的差别，自理老人住的标准间基本格局与室内设施和普通宾馆的标准间类似，真正的差别可能在其他配套设施上。

杭州市三福院由于地处皋亭山风景区，所有建筑都限高，每栋楼最高只能盖五层，因此 27 栋老人住宿楼和 9 栋配套楼共 36 栋建筑都需要单独配备中央空调和电梯设施，每部电梯每年的维护费就需要 2 万元，而白鹿温馨家园由于只有两栋楼，只需要配备两套中央空调和电梯。三福院的绿地率为 35.5%，仅初期的市政绿化就花了 2240 万元；三福院的东区和西区之间有约 5000 平方米的水景区，因为东西区跨度长达 600 余米，园区内专门配备接送用的电瓶观光车。大面积的市政绿化、园林、水域的维护也增加了运行维护费用。三福院为了引进市民政局下属的市推拿医院（二级乙等医院）专门修建了 1 栋医疗康复中心，设内科、外科、中医科、口腔科、骨伤科、急诊科等科室；三福院在照顾失能老人的户型中配备了移动辅助设备，如洗头机、洗澡机、吊床器，经了解这些设备单价高达三四万元；三福院还为每位老人配备了智能手环，提供健康监测和安全提醒服务。民办的白鹿温馨家园则受到成本收益和市场竞争的约束，内部设施设备的设置既要能够满足为老人提供全面周到服务的需求，又要经济实惠，精打细算努力降低建设成本。相比较而言，白鹿温馨家园的老人活动场所和设施等远不如三福院齐全和高档。所有这些最终都体现在两家机构单位面积投资金额的差异上。

综上，杭州市三福院和白鹿温馨家园单床位土地外投资金额 14.9862 万元的差距中，单床位土建投资差距和非土建投资金额差距分别占 31.60%和 68.40%。从单床位建设建筑面积和投资金额看，本来应该“保基本”的三福院却是中高档养老机构的设计和建造标准，而民办的白鹿温馨家园则在提供经济实惠的基本养老服务，两家养老机构的定位存在着明显的错位。

下面我们来比较一下金菊老年公寓和梅花老年公寓。

如前所述，民办的梅花老年公寓和公办的金菊老年公寓比邻而居，梅花老年公寓还借用金菊老年公寓的食堂设施。事实上，金菊老年公寓建立初期共征 30 亩地，由于资金不够便自用 20 亩，将剩余 10 亩地建造房屋后用于出租，预留作为金菊老年公寓的二期用房。只是后来启动二期工程的时候政府的主导思路转变为公建民营模式，因此就把二期用房回收后以每年 100 万元的价格租赁给民办的梅花老年公寓使用。两家养老机构的投资金额情况如表 4.21 所示。

表 4.21　金菊老年公寓和梅花老年公寓投资金额对比情况

<table>
<tr><th>性质</th><th colspan="2">养老服务机构</th><th>年租金/万元</th><th>土地成本外投资金额/万元</th><th>建筑面积/米²</th><th>床位数/张</th><th>单床位土地外投资金额/万元</th><th>单位建筑面积投资金额/万元</th><th>单床位建筑面积/米²</th></tr>
<tr><td rowspan="2">公办</td><td rowspan="2">金菊老年公寓</td><td>主院</td><td>免费</td><td>2344.80</td><td>9700</td><td>223</td><td>10.5148</td><td>0.2417</td><td>43.50</td></tr>
<tr><td>分院</td><td>免费</td><td>600.00</td><td>2980</td><td>101</td><td>5.9406</td><td>0.2013</td><td>29.50</td></tr>
<tr><td rowspan="2">民办</td><td colspan="2" rowspan="2">梅花老年公寓</td><td>100</td><td>1500.00</td><td rowspan="2">6368</td><td rowspan="2">400</td><td>3.7500</td><td>0.2356</td><td rowspan="2">15.92</td></tr>
<tr><td>免费</td><td>2455.20</td><td>6.1380</td><td>0.3856</td></tr>
</table>

资料来源：笔者访谈所得

金菊老年公寓在 2007 年时，占地面积 13 333 平方米，建筑面积 9700 平方米，容积率 0.73，床位数为 223 张，共投资 3300 万元，包括土建、装修、配套设施、设备等费用。因为其中的土建成本中包括了 6368 平方米的二期毛坯房，如果按照三福院 2011 年到 2014 年每平方米 1500 元的土建成本进行测算，金菊老年公寓的总投资为 2344.80 万元，金菊老年公寓的单床位投资金额为 10.5148 万元，单床位建筑面积 43.50 平方米。

梅花老年公寓占地面积 10 亩，建筑面积 6368 平方米，容积率为 0.96（金菊老年公寓为三层楼，一门之隔的梅花老年公寓为五层楼），2014 年初共投资 1500 万对每年 100 万元租赁的毛坯房进行装修（不含土建），共有床位 400

个。金菊老年公寓单床位装修成本为 3.75 万，如果把 955.20 万元的估算历史土建成本包括在内的话，单床位投资金额为 6.1380 万元（为金菊老年公寓单床位投资金额的 58.37%），单床位面积为 15.92 平方米。

通过两家机构的比较可以发现，梅花老年公寓包括估算历史土建成本的单床位投资成本为 6.1380 万元，仍然比金菊老年公寓 10.5148 万元的单床位投资成本低 4.3768 万元。如果比较两家机构的“单床位年固定资产折旧与租金支出”，金菊老年公寓每年计提 10.5148 万元的 1/15，即 7010 元/年；而梅花老年公寓每年除了计提单床位装修投资 3.75 万元的 1/15，即 2500 元/年之外，还得支付 2500 元的单床位年租金，因此梅花老年公寓的单床位年支出为金菊老年公寓的 71.33%。

两家养老机构单床位投资金额存在差异的原因主要在于金菊老年公寓单床位建筑面积为 43.50 平方米远大于梅花老年公寓的 15.92 平方米。9700 平方米的金菊老年公寓只设了 223 张床位，而 6368 平方米的梅花老年公寓却设了 400 张床位。表面上看，这是因为金菊老年公寓主要收住标间的自理老人，梅花老年公寓收大量住多人间的失能老人，但深究下去，公办养老机构得到大量建设和运营补贴，缺乏收支平衡压力，而民办机构必须自力更生、自负盈亏，这才是两家机构单床位投资金额差异的深层次原因。

我们可以把 2012 年开业的金菊老年公寓分院和 2013 年开业的梅花老年公寓做进一步对比。分院的用房是现成的社区配套用房，分院方面投资 600 万元进行了装修，这与梅花老年公寓不需要土建投资只需要装修投资的租赁用房非常类似，只是分院的社区配套用房不需要支付年租金，而梅花老年公寓还需支付 100 万元的年租金。

分院的建筑面积为 2980 平方米，共设 101 张床位，主要为面向失能半失能老人的护理型床位。虽然同样主要面向失能半失能老人，单床位投资额同样不包括土建费用，但分院的单床位投资成本为 5.9406 万元，仍然比梅花老年公寓单床位投资成本 3.75 万元高出 58.42%。

分院的单位建筑面积投资金额仅 0.2013 万元，甚至低于梅花老年公寓的 0.2356 万元，但由于分院单床位建筑面积 29.50 平方米是梅花老年公寓 15.92 平方米单床位建筑面积的近两倍，公办的分院单床位投资金额仍然远高于民办的梅花老年公寓。这也佐证了我们上面关于机构性质对单床位投资金额影响的论断。

三、案例小结

上面两组案例其实并非个案，部分公办养老机构的建设标准远超民办养老机构建设标准带有普遍性。下面列出了本书作者调查过的一部分有相关信息的公办养老机构和民办养老机构建设标准基本情况，见表 4.22 和表 4.23。

表 4.22　6家公办养老机构建设标准基本情况

养老服务机构	建造年份	总投资/万元	征地费用/万元	土地外投资金额/万元	占地面积/米^2	建筑面积/米^2	容积率	床位数/张	单床位土地外投资金额/万元	单床位建筑面积/米^2	单位建筑面积土地外投资金额/万元
春晖福利院	1999	16 100	1 750	14 350.00	40 000	55 000.00	1.38	1 489	9.637 3	36.94	0.260 9
庆春福利院	2001	250	0	250.00	9 167	2 800.00	0.31	58	4.310 3	48.28	0.089 3
西湖区福利中心	2005	5 600	700	4 900.00	30 667	17 758.00	0.58	300	16.333 3	59.19	0.275 9
金菊老年公寓	2006	3 300	0	2 344.80	13 333	9 700.00	0.73	223	10.514 8	43.50	0.241 7
杭州市三福院	2011	46 131	8 000	38 131.00	112 833	90 688.46	0.80	2 000	19.065 5	45.34	0.420 5
G县老年公寓	2014	38 000	0	38 000.00	92 667	69 000.00	0.75	1 512	25.132 3	45.63	0.550 7
平均值	—	18 230	1 741.67	16 329.30	49 777.83	40 824.41	0.82	930	14.165 8	46.48	0.400 0
合计	—	109 381	10 450	97 975.80	298 667	244 946.46	—	5 582	—	—	—

资料来源：根据笔者历年调查资料整理

表 4.23　10家民办养老机构建设标准基本情况

养老服务机构	建造年份	投资金额/万元	年租金/万元	占地面积/米^2	建筑面积/米^2	容积率	床位数/张	单床位投资金额/万元	单床位年租金/元	单床位建筑面积/米^2	单位建筑面积投资金额/元
松林苑	2002	100	51.00	4 300	—	—	146	0.684 9	3 493	—	—
夕阳红托老院	2004	200	0	2 640	2 700	1.02	130	1.538 5	0	20.77	741
康薇养生公寓	2004	300	30.00	500	4 300	8.60	129	2.325 6	2 326	33.33	698
彩虹老年公寓	2006	0	15.00	1 520	—	—	66	0	2 273	—	—
健桥老年公寓	2009	60	23.50	2 000	3 100	1.55	63	0.952 4	3 730	49.21	194
银树老年公寓	2009	60	40.00	—	—	—	158	0.379 7	2 532	—	—

续表

养老服务机构	建造年份	投资金额/万元	年租金/万元	占地面积/米 ^{2}	建筑面积/米 ^{2}	容积率	床位数/张	单床位投资金额/万元	单床位年租金/元	单床位建筑面积/米 ^{2}	单位建筑面积投资金额/元
康薇益智公寓	2009	300	0	—	1 800	—	100	3.000 0	0	18.00	1 667
时代养老院	2009	82	0	5 000	2 000	0.40	140	0.585 7	0	14.29	410
白鹿温馨家园	2011	3 500	350.00	7 000	18 000	2.57	858	4.079 3	4 079	20.98	1 944
梅花老年公寓	2013	1 500	100.00	6 667	6 368	0.96	400	3.750 0	2 500	15.92	2 356
平均值	—	610.20	60.95	3 703	5 467	1.53	219	2.786 3	3 349	21.03	1 553
合计	—	6 102	609.5	29 627	38 268	—	2 190	—	—	—	—

资料来源：根据笔者历年调查资料整理。因为部分数值缺失，平均占地面积和平均建筑面积、平均容积率按有相关数值养老机构家数计算；平均单床位年租金和平均单床位建筑面积按有租金支出和建筑面积数值养老机构床位数合计 1820 张计算；平均单位建筑面积投资金额按有建筑面积数值养老机构的投资金额合计 5942 万元和建筑面积合计 38 268 平方米计算

笔者所调研的有代表性的公办养老机构（表 4.22），除了庆春福利院和春晖福利院外，其余的单床位土地外投资金额都在 10 万元以上，有的甚至超过 20 万元。公办养老机构的建设成本偏高的原因如下：①公办养老机构容积率低。以上六家公办养老机构平均容积率为 0.82，远低于表 4.23 中民办养老机构的 1.53。②公办养老服务机构平均床位面积大。以上六家公办养老机构平均单床位建筑面积达 46.48 平方米，远高于表 4.23 中民办养老机构的 21.03 平方米。③公办养老机构建设标准高。六家公办养老机构平均每平方米建设面积的投资金额为 4000 元，远高于民办养老机构的 1553 元。④公办养老机构所有基础设施建造和设备设施采购都需要走政府采购流程，周期长，成本高。例如，白鹿温馨家园 2011 年 5 月 1 日开工筹建，2012 年 4 月 28 日试营业，2012 年 10 月 18 日正式开业；而杭州市三福院 2011 年 4 月 18 日开工建设，2013 年 12 月 28 日试运营，2014 年 10 月 2 日才正式开业。

以上四个方面其实都和公办养老机构的性质有关。因为公办养老机构都是政府财政投资的，只要列入政府的重点建设项目名单，项目立项、资金、土地等都会得到充分保障，而按照现行财务规定事业单位性质的公办养老机构不需要计提固定资产折旧，即使出现了运营亏损政府往往也会给予运营补贴。低价甚至免费提供的土地、充足的资金保障，加上不计提固定资产折旧免除了高建设成本带来的高运营成本压力，公办养老机构对于高建设标准给运营带来的成本负担并

不敏感。

民办养老机构要修建大型养老机构，在项目立项、资金、土地等方面普遍存在“立项难”“融资难”“落地难”现象。与公办养老机构不同，民办养老机构需要计提固定资产折旧，每一分钱的固定资产投资最终都有待通过入住老人的服务收费得到补偿。不必要的高建设标准可能会给将来的机构运营绩效带来沉重的成本负担，高服务收费标准可能会拉低入住率，拉长投资回报期，增加运营风险。因此，民办养老机构在固定资产投入方面会充分考虑机构的市场定位和将来的运营绩效，精打细算，必要的投入肯下血本，但不必要的投入会尽量避免。

从表 4.23 可以发现，大部分民办养老机构选择了轻资产的“公建民营”模式，通过租赁政府提供的毛坯房进行装修，甚至租赁可以“拎包入住”的精装房新建民办养老机构，可以大大缩短项目立项、审批、建设周期和投资回报周期，降低项目投资门槛，降低民办养老机构的成本压力和运营风险，有利于将注意力聚焦在提高入住率、提升入住老人的入住体验和服务满意度上。

近年来在建设所谓“示范型公办养老机构”的口号下，很多市区县都新建了至少一家公办养老机构，这类公办养老机构不仅单体规模较大、床位数较多，而且人均建筑面积大、建设标准高、高大气派，有的机构堪称豪华。本应该“保基本”的公办养老机构“高财政补贴、高建设标准、低服务收费”，即使是“经济适用”型的民办养老服务机构相对于公办养老服务机构而言收费也较高，加剧了公办养老机构的床位供求矛盾，加大了民办养老机构的床位空置压力。这一方面反映了地方政府对养老事业的重视，但另一方面中高档公办养老机构违背了“保基本”的初衷，抢占了部分民办养老机构的市场，造成了公办养老机构和民办养老机构功能定位上的严重错位①。

那么作为“保基本”的公办养老机构，其建设标准应该如何确定才体现“保基本”原则呢？杭州市三福院长期空置的 200 张托底床位给了我们很好的启示。

杭州市三福院建设之初预留了 200 张托底床位，为市级低保家庭和市级困难家庭中经评估为生活不能完全自理的老人开通特殊保障通道。三福院的特殊保障

① 2013 年 9 月 6 日国务院发布的《关于加快发展养老服务业的若干意见》（国发〔2013〕35 号）提出：“办好公办保障性养老机构。各地公办养老机构要充分发挥托底作用，重点为‘三无’（无劳动能力，无生活来源，无赡养人和扶养人，或者其赡养人和扶养人确无赡养和扶养能力）老人、低收入老人、经济困难的失能半失能老人提供无偿或低收费的供养、护理服务。政府举办的养老机构要实用适用，避免铺张豪华。”2014 年 4 月 23 日，浙江省政府发布的《关于加快发展养老服务业的实施意见》（浙政发〔2014〕13 号）提出：“办好公办保障性养老机构。公办养老机构要充分发挥托底作用，重点为农村五保、城镇‘三无’老人及低收入、经济困难的失能、半失能老人提供无偿或低收费的供养、护理服务。现有社会福利机构和乡镇（街道）敬老院，要完善设施、增强功能、提高服务质量，加快发展为护理型养老机构。尚未建有敬老院的乡镇（街道）原则上都要建设 1 所以上以护理为主的养老机构。福利院、敬老院在满足特困人员集中供养的同时，要积极为有需求的其他老年人、残疾人提供服务，并向周边社区提供居家养老服务项目。政府举办的养老机构要实用适用，避免铺张豪华。”

对象为市主城区范围内低收入（持有有效期内“杭州市困难家庭救助证”）的失能半失能老人，按照满足老人的基本养老服务需求进行补助。这部分入住老人享受的政府补助金（个人低保收入、养老服务补贴）等带入三福院，由提供方按期支付给三福院，入住实际发生的费用与各类补助总和相比，仍有不足的部分由市财政补足，每年底以财政转移支付的方式由各区支付给市财政。

如案例八所述，杭州市三福院是公办养老机构基本养老服务价格改革试点单位，最后确定的改革方案使得一位自理老人每年入住费用为 31 560 元。这大大超过了杭州市各区当时的“三无”、五保老人供养标准（基本每年不到 20 000 元）。各区因为无法补足中间的差额部分，宁愿让其辖区内的“三五”、五保老人入住本区的街道/乡镇敬老院也不愿意送他们入住三福院。

2015 年 7 月 15 日，因为有记者反映投资 4.6 亿元的杭州市三福院 2013 年 12 月 28 日试营业一年半，2000 张床位仅入住 400 多人，杭州市三福院邀请了杭州市人大代表等数十人到三福院参观，解释服务价格改革对入住率的影响。

虽然价格改革的确影响了三福院的入住率，但其 200 张托底床位长期空置的事实却反映出杭州市三福院建设标准过高带来的深层次矛盾，只是成本定价改革将这一深层次矛盾暴露出来了而已。

三福院长期空置的 200 张托底床位为公办养老机构的建设标准提供了一个可供参考的答案：公办养老机构的建设标准应该以按照全成本核算基本养老服务的成本与当地“三无”、五保老人的供养标准相当为基本原则。比如说，如果当地“三无”、五保老人的供养标准为每年 20 000 元，那么公办养老机构收养“三无”、五保老人的实际全部成本应当大体上也是 20 000 元（保穿、保医和保葬的部分可做适当扣除）。按照这一原则，我们可以大致估算出公办养老机构“保基本”的建设标准应该是什么水平。

第三节　浙江省养老机构公建民营和政府购买服务的改革探索

浙江省养老机构的公建民营和政府购买服务改革开始得较早，经历了一个由各地政府自发探索试点到省级政府有意识鼓励和提倡的过程。

据浙江省民政厅提供的材料，浙江省最早的三家公建民营养老机构是成立于 2001 年的杭州市上城区城站敬老院、宁波颐乐园和松阳县夕阳红老年公寓。本章案例九中成立于 2004 年的康薇养生老年公寓是浙江省第五家公建民营养老机构。中央政府文件最早提到“公建民营”是在 2006 年 2 月 9 日发布的《国务院办公厅转发全国老龄委办公室和发展改革委等部门关于加快发展养老服务业意见的通知》（国办发〔2006〕6号）中："要建立公开、平等、规范的养老服务业准入制度，积极支持以公建民营、民办公助、政府补贴、购买服务等多种方式兴办养老服务业，鼓励社会资金以独资、合资、合作、联营、参股等方式兴办养老服务业。"

2006年5月23日浙江省政府办公厅发布的《关于促进养老服务业发展的通知》（浙政办发〔2006〕84号）规定："发展养老服务业要按照政策引导、政府扶持、社会兴办、市场推动的原则，逐步建立和完善以居家养老为基础、社区服务为依托、机构养老为辅助、各类养老服务机构协调发展、多种养老方式相互补充的养老服务体系。要建立公开、平等、规范的养老服务业准入制度，积极支持以公建民营、民办公助、政府补贴、购买服务等多种方式兴办养老服务业，鼓励社会资金参与兴办养老服务业，形成能满足各类老年群体多层次、多样化服务需求的养老服务新格局……养老机构接收的农村五保和城镇'三无'人员，其费用由政府按规定支付或通过购买服务的方式承担；接收符合分层分类救助的其他困难老人，收费应适当减免或由政府予以适当补助……加大财政对养老服务业的投入。各级政府要将养老服务业纳入当地经济和社会发展规划，加大对养老服务事业投入，在继续安排好养老机构建设资金的同时，根据需要适当安排一部分资金用于养老机构补助、购买服务和贷款贴息。"

2008年11月14日浙江省人民政府出台的《关于加快推进养老服务体系建设的意见》（浙政发〔2008〕72号）提出："加大扶持力度，大力推进民办养老服务机构发展。通过建设资金补贴、公建民营、税费优惠、政府购买服务等优惠扶持措施，促进非营利性民办养老服务机构的发展。到2012年，全省非营利性民办养老服务机构床位数占全部床位数的比重力争达到50%。积极扶持鼓励社会兴办养老服务企业，培育多种服务方式和不同收费水平的服务行业供给主体，满足不同层次、不同类型的养老服务需求。"这是浙江省政府第一次对非营利性民办养老机构的床位数占比提出要求。

2014年4月23日浙江省人民政府发布的《关于加快发展养老服务业的实施意见》（浙政发〔2014〕13号）规定："深化体制改革。加快转变政府职能，加大政策支持和引导力度，推进政府购买服务。充分发挥市场在资源配置中的决定性作用，激发各类服务主体活力，创新服务供给方式，提供多样化、多层次的养老服务。"

2015年3月1日正式开始施行的《浙江省社会养老服务促进条例》提出："积极鼓励社会力量投入养老机构建设，有序推进养老机构公建民营，积极发展护理型养老机构，健全长效运行机制。"

2015年12月22日，浙江省财政厅、浙江省发展和改革委员会及浙江省民政厅联合发布《关于加快推进政府购买养老服务的意见》（浙财社〔2015〕193号），这是浙江省关于政府购买养老服务的第一个专门文件。

《浙江省财政厅 浙江省发展和改革委员会 浙江省民政厅关于加快推进政府购买养老服务的意见》（浙财社〔2015〕193 号）指出：“推行政府向社会力量购买服务是创新公共服务提供方式，加快服务业发展，引导有效需求的重要途径，对于深化社会领域改革，推动政府职能转变，整合利用社会资源，增加公共服务供给，提高公共服务水平和效率，具有重要意义。近年来，我省各地积极推进政府购买养老服务工作，不断创新养老服务供给模式，较好地满足了人民群众的养老服务需求，取得了良好的效果。目前，普遍开展政府购买养老服务的各项条件基本具备，各地要高度重视，切实把这项工作抓紧抓好。”

浙财社〔2015〕193 号文件对政府购买养老服务提出了基本要求：“（一）坚持需求导向。以老年人基本养老服务需求为导向，重点安排与老年人生活照料、康复护理等密切相关的项目，优先保障经济困难的孤寡、失能、高龄等老年人的服务需求，加大对基层和农村养老服务的支持，并逐步拓展政府购买养老服务的领域和范围。（二）坚持政府引导。政府要加强对购买养老服务的组织领导、制度设计、政策支持、财政投入和监督管理，将政府推进购买养老服务与逐步使社会力量成为发展养老服务业的主体相结合，按照公开、公平、公正原则，坚持费随事转，通过竞争择优的方式选择政府购买养老服务的承接主体，确保具备条件的对象平等参与竞争。（三）坚持规范操作。明确各方责任、权利和义务，建立以项目申报、项目评审、资质审核、组织采购、合同签订、项目监管、绩效评估等为主要内容的规范化购买流程，有序开展工作。（四）坚持体制创新。要做好相关政策的完善和相互衔接，推进管办分离，放开市场准入。凡社会能够提供的养老服务，尽可能交给社会力量承办。及时总结行之有效的管理办法和政策措施，尽快形成各方衔接配套、操作性强的政府购买养老服务政策体系。”

关于政府购买养老服务的工作目标，浙财社〔2015〕193 号文件规定：“到 2017 年，基本建立比较完善的政府购买养老服务制度，促进形成与经济社会发展相适应、高效合理的养老服务资源配置机制和供给机制，支持和参与养老服务的社会氛围更加浓厚，养老服务水平和质量显著提高，推动建成功能完善、规模适度、覆盖城乡的养老服务体系。”

浙财社〔2015〕193 号文件对政府购买服务的购买主体、承接主体、购买内容、购买方式和程序等问题做了较为详细的规定：“政府购买养老服务的主体是承担养老服务的各级行政机关和参照公务员法管理、具有行政管理职能的事业单位。纳入行政编制管理且经费由财政负担的群团组织，也可根据实际需要，通过购买服务方式提供养老服务……承接政府购买服务的主体（以下简称承接主体），包括在登记管理部门登记或经国务院批准免予登记的社会组织、按事业单位分类改革应划入公益二类或转为企业的事业单位，依法在工商管理或行业主管部门登记成立的企业、机构等。鼓励各承接主体之间公开、公平参与政府购买服务的竞争……政府购买养老服务内容应突出公共性和公益性，按照量力而行、尽力而为、可持续的原则确定。各地要全面梳理现行由财政支出安排的各类养老服务项目，凡适合市场化方式提供、社会力量能够承担的，应按照转变政府职能要求，通过政府购买服务方式提供方便可及、价格合理的养老服务。要根据养老服务的性质、对象、特点和地方实际情况，重点选取生活照料、康复护理和养老服务人员培养等方面开展政府购买服务工作。在购买居家养老服务方面，主要包括为符合政府资助条件的老年人购买助餐、助浴、助洁、助急、助医、护理等上门服务，以及养老服务网络信息建设；在购买社区养老服务方面，主要包括为老年人购买社区日间照料、老年康复文体活动等服务；在购买机构养老服务方面，主要为'三无'老人、低收入老人、经济困难的失能半失能老人购买机构供养、护理服务；在购买养老服务人员培养方面，主要包括为养老护理人员购买职业培训、职业教育和继续教育等；在养老评估方面，主要包括老年人能力评估和服务需求评估的组织实施、养老服务评价等。各地要根据养老服务的项目范围，结合本地经济社会发展水平、财政承受能力和老年人基本服务需求，制定政府购买养老服务的指导性目录，明确服务种类、性质和内容，细化目录清单，并根据实际情况变化，及时进行动态调整。对不属于政府职责范围内的服务项目，政府不得向社会力量购买。”购买方式和程序：①设计项目。民政部门按照当地政府购买服务指导目录，可采取公开征求社会公众意见、专家咨询等方式，充分了解社会需求，精心论证和设计购买养老服务项目……②编制预算。各地民政部门要结合工作实际，合理确定购买养老服务的资金规模，并将购买养老服务项目资金纳入财政预算管理……③组织采购。预算经批复后，民政部门要主动向社会公开需购买的服务项目、内容、对承接主体的要求、绩效评价标准等内容，并按照公开择优的原则，采用公开招标、邀请招标、竞争性谈判、竞争性磋商、单一来源采购等方式确定承接主体……各级民政部门或乡镇（街道）一律不得自行指定单位、组织和个人承接政府购买养老服务项目。严禁层层转包、暗箱操作等违规违法行为……④合同管理。民政部门或乡镇（街道）要按照采购文件确定的事项及时与承接主体签订政府采购合同，明确购买养老服务具体事项、内容、标准、期限、资金支付方式、权利义务、违约责任以及绩效评价标准、要求、方式等，按照合同约定支付资金，并加强对养老服务的全过程跟踪监管和对养老服务成果的检查验收……⑤资金支付。政府购买养老服务资金实行国库集中支付……⑥绩效评价。要按照全过程预算绩效管理制度要求，加强对政府购买养老服务项目的绩效评价，对项目的任务实施、目标实现、政策效能、透明程度、专业化水平及资金使用进行综合、客观评价，建立健全由购买主体、服务对象及第三方参与的综合性绩效评价机制。

2016 年 2 月 25 日，浙江省民政厅发布了《关于推进养老机构公建民营规范化的指导意见》（浙民福〔2016〕26 号，以下简称《指导意见》），第一条对“养老机构公建民营”定义作出了界定：“本意见所称的养老机构公建民营是指由政府出资兴建并拥有所有权的养老机构，委托给具有一定资质的社会力量进行整体性的运营和管理。PPP[①]项目，以及公办机构对部分项目实行委托管理或服务等不适用于本意见。”关于公建民营之后的机构性质，《指导意见》第二条规定：“公建民营养老机构应该履行公办机构保基本、兜底线的政府保障职责，确保面向广大普通老年人的公益性。”

《指导意见》第三条确定了公建民营的“积极稳妥、公开公正、管办分离、持续发展”的原则。《指导意见》第四条对公建民营的社会主体资格要求、遴选方式、招标文件、遴选标准、招标程序、风险保证金和设施使用费的规定等做了具体推规定。关于标书的前置条件，《指导意见》规定，标书应当明确公建民营后中标人应承诺的前置条件：①不能挂靠投标；②中标后不得转让、转包；③明确用于城乡特困人员、养老服务补贴对象等政府需要提供服务的对象的床位数及保障措施。在综合评估社会主体资信基础上，应突出经营思路和能力要求，体现养老服务机构及养老服务需求的特性，避免成为单纯的招商引资项目。关于设施使用费的测算，《指导意见》规定应当考虑以下因素：①机构规模，主要是床位数量；②政府保障对象接收情况；③使用年限，年限较长的应当明确逐年递增方式和比例；④机构登记性质，登记为民非或企业，数额应有区别；⑤新建和已运营机构；⑥社会主体初期投入；⑦社会主体适宜的经营回报；⑧本项目其他应当考虑的因素。

《指导意见》的第五条对合同管理规定如下[②]：①委托方、运营方、监管方的名称及权利义务。其中市、县（市、区）社会福利机构、乡镇（含街道，下同）敬老院等为委托方。运营方独立承担运营过程中的债权债务和经济、安全、法律等责任；社会福利机构、乡镇敬老院原主管部门为监管方，履行监管职责，配合做好机构招标、合同审查、运营监督等工作，确保国有资产不流失。②明确委托项目的产权性质、功能定位、经营范围、服务内容等。其中产权性质应当且只能规定为国家或集体所有，经营范围应当且只能规定为开展养老服务，机构定位为设施配建标准适宜实用、面向广大普通老年人的护理型为主、助养型为辅的机构，服务内容应当为老年人提供生活照护、康复护理、精神慰藉、文化娱乐等服务。③价格管理。政府保障对象按照公办机构收费管理有关规定执行，其他社会老人根据机构登记性质，按省物价局、省民政厅有关收费管理规定执行。④合同期限及设施使用费、保证金的数额、支付方式。其中合同期应根据项目实际运营年限、

① PPP 即 public-private partnership，表示政府与社会资本合作。

② 2016 年 2 月 29 日，浙江省社会福利协会下发了《关于印发〈养老机构公建民营委托经营合同（参考文本）〉的通知》（浙社福协〔2016〕1 号），提供了养老机构公建民营委托经营合同的参考文本。

运营方前期投入、项目规模等具体情况来确定，最长不得超过 20 年。⑤政府供养或补贴对象的保障。根据政府保障对象变动情况预留一定数量的政府保障床位，应保证将当地财政拨付的供养经费、补贴经费落实到这些对象中，实行专账管理，不得挪用。机构不得向政府保障的特困对象收取任何其他费用。⑥明确风险责任分担机制、评价机制、监督机制、争端解决机制。⑦登记为企业的养老机构还需明确投入责任、利润分配等。

《指导意见》的第六条对公建民营养老机构的运营管理规定如下:①资产管理。在项目委托前，应委托有资质的第三方机构对国有资产进行评估，监管方应当督促并指导委托方对机构的全部资产进行清产核资、造册登记。运营方在合同期内负责日常耗损性设施、设备的维护和修缮，不得擅自出租、出借、处置国有资产，不得以国有资产进行抵押、融资、贷款等。②机构资质及性质选择。如原无许可，委托方应依法取得整体委托经营管理机构的《养老机构设立许可证》，并严格按照《养老机构管理办法》的规定执行。运营方可按合同约定，选择登记为企业法人或民办非企业法人。具体登记性质的选择，应考虑当地基本保障床位是否已满足需要等具体情况。③监管主体。按照“谁主管谁负责”的原则，实行主管部门主管，其他有关部门协助的方式。其中市、县（市、区）社会福利机构由同级民政部门主管，乡镇敬老院原则上由同级乡镇政府主管。④日常管理。运营方应当及时向监管方、委托方报告重大情况。每年 3 月 31 日前，向实施许可的民政部门提交上一年度的工作报告。年度工作报告内容包括服务范围、服务对象、服务质量、运营管理、经营收支等有关情况。⑤定期考核。民政部门要会同有关部门，每年对机构的管理、经费投入、收费标准、工作人员待遇、养老服务质量、公众评议等内容开展考核。

《指导意见》的第七条和第八条对公建民营养老机构的退出机制和违约责任追究、机构评估和进入退出联动机制做了规定。

《指导意见》的第九条对公建民营养老机构发展的政策保障规定如下：①政府要保障机构基本设施需要。新建养老机构应有较完整的基本设施，保证入住老年人的基本服务所需；已运营机构交由社会力量运营的，也要保证设施的完整，以减轻社会力量进入养老服务领域的负担。机构运营后，为保证基本养老服务所需的大宗维修所需经费，经委托方、监管方审核，可给予相应的专项建设资金补助。②公建民营养老机构按规定享受政府制定的有关民办养老机构税费减免、运营补贴、政府购买服务、投融资、人才队伍保障等扶持政策。③公建民营养老机构不享受省级床位建设补助；在委托运营期间，由社会力量出资扩建、兴建的新增床位，按民办养老机构床位建设补助政策享受补助。各地可根据项目实际情况，确定是否给予建设补助。④公建民营养老机构收住特困人员、养老服务补贴对象的，当地财政应当将其供养经费、补贴经费转入接收机构，用于支付这些对象的生活、照护服务等所需费用。

2016 年 12 月 2 日，浙江省政府办公厅转发省卫生计生委等部门《关于推进医疗卫生与养老服务相结合实施意见的通知》（浙政办发〔2016〕148 号）提出：“支持社会力量通过特许经营、公建民营、民办公助等模式，举办医养结合机构。”

2016 年 12 月 26 日，浙江省民政厅和浙江省发展和改革委员会联合发布的《浙江省社会福利事业发展“十三五”规划》提出了浙江省社会福利事业到 2020 年要实现的“十三五”发展指标，其中涉及养老服务的约束性指标包括：每千名老人拥有的养老机构床位数达到 40 张，护理型床位占养老机构床位比例达到 50%，养老服务补贴对象占老年人口比达到 3%；预期性指标包括民办（公建民营）养老机构床位占机构床位比例达到 70%。

2017 年 6 月 9 日，浙江省政府印发的《浙江省老龄事业发展“十三五”规划》提出：“优化养老服务机构布局，加快发展民办养老机构，稳妥推进公办养老机构改革，增强机构养老服务能力。新建公办养老机构要以护理型为主。到 2020 年，每千名老年人拥有机构养老床位达到 40 张，其中，民办（民营）机构养老床位占比力争达到 70%，护理型床位占比不低于 50%。探索发展社区嵌入式养老机构。通过公建民营、购买服务等措施，持续推进民办养老机构发展。强化养老服务机构之间的功能整合和资源共享，大力支持社会力量兴办以长期照料、专业护理和临终关怀为主的护理型养老机构。鼓励养老机构继续投保责任保险，鼓励保险公司承保责任保险。”

根据浙江省民政厅提供的数据，截至 2019 年底，浙江省共有 376 家公建民营养老机构，占当年全省 2382 家养老机构数的 15.79%，占当年全省 1487 家民办养老机构数的 25.29%；公建民营养老机构床位共 62 261 张，占当年全省 443 468 张养老机构床位数的 14.04%，占当年全省 303 284 张民办养老机构床位数的 20.53%。已入住老年人 28 564 人，名义入住率 45.9%，比全省 37.6%的养老机构平均入住率高 8.3 个百分点，其中失能（失智）老年人 11 391 人，占已入住公建民营养老机构老年人总数的 39.88%。

376 家公建民营养老机构中，改革前原为城镇社会福利机构的有 85 家，原为乡镇敬老院的有 291 家；改革后登记为民办非企业单位的养老机构有 311 家，登记为工商企业的养老机构有 65 家。2010 年之前成立的公建民营养老机构有 16 家，床位数合计 4196 张；2011～2015 年成立的公建民营养老机构有 48 家，床位数合计 14 195 张；其余 308 家（另有 4 家成立时间缺失）成立于 2016～2019 年，床位数合计 46 313 张；其中 2016～2019 年各成立 35 家、76 家、130 家和 67 家，当年新增床位数 5038 张、11 017 张、20 610 张和 9648 张。

第五章　浙江省民办养老机构发展的经营模式创新

第一节　民办养老机构经营模式创新的背景

近年来，中央政府的相关文件中越来越关注民办养老机构的连锁化经营模式。

2011 年 12 月 16 日国务院办公厅发布的《关于印发社会养老服务体系建设规划（2011—2015 年）的通知》（国办发〔2011〕60 号）提出："推动社会专业机构以输出管理团队、开展服务指导等方式参与养老服务设施运营，引导养老机构向规模化、专业化、连锁化方向发展。鼓励社会办养老机构收养政府供养对象，共享资源，共担责任。"

2013 年 9 月 6 日国务院发布的《关于加快发展养老服务业的若干意见》（国发〔2013〕35 号）提出："鼓励个人举办家庭化、小型化的养老机构，社会力量举办规模化、连锁化的养老机构。鼓励民间资本对企业厂房、商业设施及其他可利用的社会资源进行整合和改造，用于养老服务。"

民政部等 13 部门在 2017 年 1 月 23 日发布的《关于加快推进养老服务业放管服改革的通知》（民发〔2017〕25 号）中提出，"在社会领域推进养老服务业简政放权、放管结合、优化服务改革"的总体要求是"全面贯彻落实党的十八大和十八届三中、四中、五中、六中全会精神，按照国务院关于深化简政放权、放管结合、优化服务改革的部署要求，坚持问题导向，创新工作思路，进一步调动社会力量参与养老服务业发展的积极性，降低创业准入的制度性成本，营造公平规范的发展环境，培育和打造一批品牌化、连锁化、规模化的养老服务企业和社会组织……推进连锁化经营。进一步完善制度、规范流程，鼓励养老机构和服务企业依法设立分支机构，实现连锁化、规模化、品牌化发展"。

2019 年 3 月 29 日，国务院办公厅发布的《关于推进养老服务发展的意见》（国办发〔2019〕5 号）提出："支持养老机构规模化、连锁化发展。支持在养老服务领域着力打造一批具有影响力和竞争力的养老服务商标品牌，对养老服务商标品牌依法加强保护。对已经在其他地方取得营业执照的企业，不得要求其在本地开展经营活动时必须设立子公司。开展城企协同推进养老服务发展行动计划。非营利性养老机构可在其登记管理机关管辖区域内设立多个不具备法人资格的服务网点。（市场监管总局、知识产权局、民政部、发展改革委按职责分工负责，地方各级人民政府负责）。"

可以看出，中央政府对连锁化养老机构发展模式从最开始的引导、鼓励，到后来的培育、打造和鼓励设立分支机构，政策举措越来越具体，保护力度越来越强。

本章将要介绍的案例十三天行健连锁老年公寓是一家创办于 2001 年 7 月的民非性质的养老机构，通过连锁运营实现养老服务的规模化和品牌化，具有典型意义。我们将剖析连锁养老机构的独特优势及它们所面临的困难。

除了像天行健连锁老年公寓这样的大型连锁养老机构，浙江省还有一大批扎根城乡社区、服务基层百姓的中小型民办养老机构，它们也颇具特色。浙江省很多农村集体经济发达，老人协会活动组织得有声有色。随着越来越多农村劳动力进城就业甚至定居，农村养老问题日益突出。于是一些地方的村集体出面组织建造互助式农村老年公寓，低价甚至免费供村民入住，集中居住，独立生活，让老年村民能够低成本地享受到人居环境的改善和初步的养老服务，受到村民的热烈欢迎。

农村互助式老年公寓要落地，需要得到相关部门土地保障政策的支持。2000 年以来，中央政府和相关部委涉及养老机构土地保障政策的文件大致如下。

2000 年 2 月 27 日国务院办公厅转发民政部等部门《关于加快实现社会福利社会化意见的通知》（国办发〔2000〕19 号）规定：“社会福利机构的建设用地，按照法律、法规规定应当采用划拨方式供地的，要划拨供地；按照法律、法规规定应当采用有偿方式供地的，在地价上要适当给予优惠；属出让土地的，土地出让金收取标准应适当降低。”2005 年 11 月 16 日，民政部发布的《关于支持社会力量兴办社会福利机构的意见》（民发〔2005〕170 号）对社会福利机构的建设用地做了完全相同的表述。

2011 年 12 月 16 日发布的《国务院办公厅关于印发社会养老服务体系建设规划（2011—2015 年）的通知》（国办发〔2011〕60 号）规定：“各级政府应将社会养老服务设施建设纳入城乡建设规划和土地利用规划，合理安排，科学布局，保障土地供应。符合条件的，按照土地划拨目录依法划拨。”

2013 年 9 月 6 日发布的《国务院关于加快发展养老服务业的若干意见》（国发〔2013〕35 号）规定：“完善土地供应政策。各地要将各类养老服务设施建设用地纳入城镇土地利用总体规划和年度用地计划，合理安排用地需求，可将闲置的公益性用地调整为养老服务用地。民间资本举办的非营利性养老机构与政府举办的养老机构享有相同的土地使用政策，可以依法使用国有划拨土地或者农民集体所有的土地。对营利性养老机构建设用地，按照国家对经营性用地依法办理有偿用地手续的规定，优先保障供应，并制定支持发展养老服务业的土地政策。严禁养老设施建设用地改变用途、容积率等土地使用条件搞房地产开发。”

2016 年 10 月 9 日民政部等部委联合发布的《关于支持整合改造闲置社会资源发展养老服务的通知》（民发〔2016〕179 号）规定：“鼓励盘活存量用地用

于养老服务设施建设。养老服务设施用地符合《划拨用地目录》的，可采取划拨方式供地；不符合《划拨用地目录》的，应依法实行出让、租赁等有偿使用方式；同一宗地有两个以上意向用地者的，应采取招标拍卖方式公开出让。（三）改造利用现有闲置厂房、社区用房等兴办养老服务设施，符合《划拨用地目录》且连续经营一年以上的，五年内可不增收土地年租金或土地收益差价，土地使用性质也可暂不作变更。在符合规划的前提下，已建成的住宅小区内增加养老服务设施建筑面积的，可不增收土地价款。（四）城市经济型酒店等非民用房转型成养老服务设施的，报民政、住房城乡建设、国土资源、规划等部门备案。五年内可暂不办理土地和房产功能变更手续，满五年后继续用于养老服务设施的，可由产权人按有关规定办理使用功能变更手续。（五）农村集体经济组织可依法盘活本集体建设用地存量，为本集体经济组织内部成员兴办非营利性养老服务设施；民间资本举办的非营利性养老机构可以依法使用农民集体建设用地。鼓励村三产留地优先用于发展养老服务。"

2018 年 12 月 29 日修订后的《中华人民共和国老年人权益保障法》第四十条规定："地方各级人民政府和有关部门应当按照老年人口比例及分布情况，将养老服务设施建设纳入城乡规划和土地利用总体规划，统筹安排养老服务设施建设用地及所需物资。公益性养老服务设施用地，可以依法使用国有划拨土地或者农民集体所有的土地。养老服务设施用地，非经法定程序不得改变用途。"

本章的案例十四和案例十五就介绍了浙江省 M 市农村互助式老年公寓的建设情况。案例十四吉安桥村"一元房"模式是集体经济较为发达的农村地区建设互助式老年公寓的典型，而案例十五碧山村"宅基地换老年公寓"则巧妙地将宅基地复耕、城乡建设用地指标增减挂钩和农村互助式老年公寓建设结合起来，为村集体经济不够发达的农村地区建设互助式老年公寓提供了新思路。

第二节　养老机构经营模式创新：连锁制、品牌化、互助式

案例十三　民办连锁型养老机构：天行健连锁老年公寓案例[①]

一、案例背景

L 区是浙东南 K 市的市区，占地 294 平方千米，下辖 7 个街道和 1 个镇。根

① 本案例来自张翔指导的浙江大学公共管理学院社会保障与风险管理系 2011 届本科生许可的本科毕业论文《民营养老机构连锁模式之探索——以天行健老年公寓为例》，案例分析部分做了较大修订。

据《K 市 L 区 2011 年国民经济和社会发展统计公报》：2011 年，全区实现生产总值 636.12 亿元，按可比价格计算同比增长 7.8%，第一产业、第二产业、第三产业结构比为 0.2∶28.8∶71.0。户籍人口人均生产总值 88 685 元，增长 6.8%。全区城镇居民人均可支配收入 36 123 元；农村居民人均纯收入 15 836 元。2011 年，全区财政总收入 39.17 亿元，其中地方财政收入 22.25 亿元，全区一般预算支出 24.83 亿元，其中民生类支出 18.70 亿元，占支出总额的 75.3%。

2011 年末，L 区有户籍人口 72.06 万人，其中男性人口 35.88 万人，女性人口 36.18 万人；非农业人口 54.89 万人；全年出生人口 0.94 万人，死亡人口 0.39 万人；常住人口 84.55 万人。全区养老床位数累计 4244 张，每千位老人拥有床位数达到 37.1 张。72 名农村五保和 57 名城镇“三无”对象全部实现集中供养。

在民间资本高度活跃的 K 市，民办养老机构占据了大半江山。其中一家民营的天行健连锁老年公寓以其独有的“品牌服务、连锁经营”模式，自 2001 年创办至 2011 年已拥有十一家连锁养老公寓，在 K 市可谓是家喻户晓。

天行健老年公寓为何能在众多民办养老机构中异军突起？其成功背后蕴含着怎样的奥秘？连锁型民办养老机构进一步发展面临哪些困难和瓶颈？本案例试图通过对天行健连锁民办养老机构的实地调查，深入了解、剖析民办养老机构连锁经营模式的经营绩效、成功秘诀和面临困难。

二、天行健连锁老年公寓案例

天行健老年公寓创办于 2001 年 7 月，系民非性质的养老机构。自创办以来，天行健老年公寓以“宾馆式服务、医院式护理”为宗旨，不断改进服务理念，形成了“品牌服务、连锁经营”的特色，并以智能化管理提升行业竞争力，有效满足了老年人的多元化需求。

董事长冯健先生在 K 市某四星级酒店任中层管理。工作之余，冯健想做一份有意义的事业，一直工作到 70 岁。于是他把目光投向了缺口大、发展慢的养老服务业。他认为随着老龄化趋势日益加快，这应该是前景广阔的行业，而办得好的民办养老机构寥寥无几，几乎都处于亏损状态。他相信凭自己多年酒店管理的经验，应该可以在这个行业有所作为。

2001 年，冯健先生创办了天行健花港老年公寓。经营四年之后，随着入住率慢慢提高，老年公寓终于扭亏为盈，并慢慢出现了排队等待入住的老人。冯健先生开始有了做大做强的念头，他相信只有形成品牌连锁经营的特色，才有可能与实力强大的公办养老机构争夺市场。因为一个偶然的机会，他租赁到犀浦的一个场地，开出第二家分店——天行健犀浦老年公寓，这家老年公寓既提供社区居家养老服务，也收住全托老人。

成功开办两家老年公寓之后，冯健发现扩大规模，形成连锁经营，虽然前期投入大，但是能够降低成本，可能是扭转养老机构普遍亏损的好路子。在2005～2006年他又陆续开办了天行健春雷老年公寓、天行健百合老年公寓、天行健蓬莱老年公寓。天行健春雷老年公寓考虑到老人的居住喜好，设立了105间单人房；天行健百合老年公寓按港式酒店装修和管理，公寓内还配有大花园；天行健蓬莱老年公寓面向全护理老人，成为效益最好的一个细分市场。五家店的总投资规模近三千万元，需要四年到五年的时间逐步收回投资。

在五家老年公寓的入住率稳定，略有盈余之后，2009年，冯健又开始筹建天行健春兰老年公寓，创新地引入了智能化管理模式和"全球眼远程探视系统"。让老人的亲属随时随地都能看到老人在公寓的生活情况。随后，天行健红梅老年公寓也投入运营。

拥有七家连锁老年公寓的天行健老年公寓已成为当时K市规模最大的民办养老机构。很多面临倒闭的民办养老机构纷纷要求其接手。2009年和2010年冯健又先后接手了两家亏损民办养老机构，改名为天行健河滨老年公寓和天行健康福山庄，重新装修升级硬件设施，使两家机构的入住率在短时间内大大提高。2011年调研时，天行健雪山老年公寓与天行健玖捌老年公寓正在装修，交付后将形成11家连锁老年公寓的规模，成为K市民办养老机构名副其实的标杆（其中8家老年公寓的基本情况见表5.1）。

表5.1　2011年8家天行健连锁老年公寓办园时间、床位数与入住情况

机构名称	创办时间	床位数/张	入住老人数/人	入住率
花港老年公寓	2001年	130	130	100%
犀浦老年公寓	2005年	63	52	82.54%
春雷老年公寓	2005年	97	95	97.94%
百合老年公寓	2006年	85	68	80.00%
蓬莱老年公寓	2006年	111	77	69.37%
春兰老年公寓	2009年	92	79	85.87%
红梅老年公寓	2009年	126	110	87.30%
河滨老年公寓	2010年	75	62	82.67%
合计	—	779	673	86.39%

注：入住率的计算未考虑包房情况，实际床位利用率要高于入住率

若考虑存在包房现象，实际床位利用率有三家达到100%，三家达到90%以上，还有两家在80%左右。董事长冯健认为入住率高主要有四个原因：首先，K市民办养老机构占据了市场的大半江山，老人在选择机构时没有严重的"非公办

机构不住，民办机构就是来赚钱”的心理；其次，天行健老年公寓选点都选在市区的好地段，方便子女探视和老人外出活动；再次，舍得在装修、设备、环境方面加大投入（表 5.2）；最后，天行健的连锁品牌效应。

表 5.2　9 家天行健老年公寓的公共设施

机构名称	餐厅	医务室	康复室	健身房	活动室	多功能厅	阅览室	花园	会客厅
花港老年公寓	√	√			√	√		√	√
犀浦老年公寓	√	√		√	√			√	
春雷老年公寓	√	√			√	√		√	
百合老年公寓	√	√		√	√	√		√	
蓬莱老年公寓	√	√	√	√	√	√	√		√
春兰老年公寓	√	√					√		
红梅老年公寓	√	√	√	√	√	√			√
河滨老年公寓	√	√				√			
雪山老年公寓	√	√			√	√			

冯健董事长告诉我们：“公办养老机构如果修得都很大很好又便宜，老人就会宁愿排队也不会到我们这边来……我们选点都在市区范围内，打车十几块钱就能到的地方，这样老人的子女下了班可以很方便地过来看一眼父母，老人自己想出去也非常方便。这样，原来在犀浦（老年公寓）排队的老人，住到百合（老年公寓），回家也很近啊……K 市的老年人，家庭条件普遍不错，如果你不装修得好一点，人家怎么会到你这里（养老）呢……当然天行健的品牌很重要，一开始的花港（老年）公寓，我们做了四年才住满，后面慢慢地天行健品牌响亮了，新机构一年时间就能盈利……”

所有的连锁机构均配有急救药箱，部分机构配备吸氧气机、吸痰机，还有一辆急救车供所有机构共用。每一个房间内均配有电扇、电视机、电话、空调、紧急呼叫器、饮水机、书桌、衣柜等。

天行健老年公寓的房间户型有一人间、二人间、三人间和四人间。八家老年公寓共有一人间 132 间，二人间 237 间，三人间 39 间和四人间 14 间，共 422 间；总床位数 779 张，其中一人间床位 132 张（占 16.94%），二人间床位 474 张（占 60.85%），护理型的三人间和四人间床位各 117 张和 56 张，护理型床位占总床位数的 22.21%。床位费收费标准受机构地理位置、房间大小、朝向、装修、所住人数等影响，总体上看天行健老年公寓的床位费略高于市场整体水平，但与其设施配备水平大致相符（表 5.3）。

表 5.3　2011 年 8 家天行健老年公寓不同房型结构和月床位费标准

项目		一人间	二人间	三人间	四人间
花港老年公寓	间数/间	15	44	1	6
	月床位费/元	1000	700	700	400
犀浦老年公寓	间数/间	16	15	3	2
	月床位费/元	1000	800	700	700
春雷老年公寓	间数/间	15	38	2	0
	月床位费/元	600～900	1000	1000	0
百合老年公寓	间数/间	14	34	1	0
	月床位费/元	650～1000	650	650	0
蓬莱老年公寓	间数/间	27	33	6	0
	月床位费/元	800～1200	600～900	600	0
春兰老年公寓	间数/间	18	31	4	0
	月床位费/元	1300	750	400	0
红梅老年公寓	间数/间	12	21	16	6
	月床位费/元	750～1700	450～900	450～600	300～400
河滨老年公寓	间数/间	15	21	6	0
	月床位费/元	600	300～500	300～500	0
房间数合计/间		132	237	39	14
床位数合计/张		132	474	117	56
平均月床位费/元		969	732	550	421

天行健老年公寓的护理费及其他服务收费标准请见表 5.4。可以看出，自理老人月护理费 200 元，半护理老人月护理费 400～600 元，特护老人单月护理费 800～1800 元。冯健董事长告诉我们：“相对于自理老人，我们更喜欢收住失能老人。虽然失能老人的护工成本高，但能收取的护理费高得更多，另外特护老人一般行动不便，不会擅自出门，管理相对简单，不容易发生意外事故。”

表 5.4　天行健老年公寓分级护理和其他服务收费标准

级别	分级标准	护理服务内容	月护理费/元
三级	身体健康能自理日常生活并能参加力所能及的劳动和工作者	①清扫房间及卫生间；②整理床铺及桌柜；③上、下午各冲送开水一次；④组织休养人员参加康复和体育锻炼	200

续表

级别	分级标准	护理服务内容	月护理费/元
二级	年龄较大，身体基本健康，生活基本自理，需护理员送饭、送水者	①医生每天查房一次；②清洗床上用品及衣物；③督促休养人员参加康复锻炼；④帮助送饭、送菜、送水；⑤根据医嘱按时给予服药	400
一级	慢性病患者，一般较良好，自己能活动、吃饭、喝水，生活部分需护理者	①医生每天查房一次；②定期更换被服、保持床上及个人卫生；③帮助做洗澡前准备工作及帮助洗脸洗脚；④帮助洗头，夏天每周一次，冬天每半月一次；⑤帮助修剪指甲，半月一次；⑥每月理发一次（另收费）；⑦督促按时服药；⑧搞好康复计划实施	600
特一	轻度老年痴呆，较重慢性疾病，大、小便需帮助，糖尿病患者每天需打胰岛素者	①医生每天查房，量血压一次；②每天擦身、洗臂部；③每周洗澡一次，每天擦身；④根据医嘱按时给予服药打针，随时观察病情变化，需要时及时报告医生；⑤尿湿衣裤、被及时换洗，保持干净、干燥；⑥尽可能地实施康复计划	800
特二	中度老年痴呆，卧床不起，需喂水、喂饭者，大小便次数偏多，护理工作量重者	①医生每天查房，量血压一次；②每隔两小时翻身一次，轻拍按摩受压部位，预防褥疮生长；③尿湿衣裤、被及时换洗，保持干净、干燥；④定时喂水、喂饭、不使其饥饿；⑤注意口腔护理，经常漱口，清洁口腔	900
特三	卧床不起，并伴有中度压疮，大、小便失禁或排出困难者	①医生每天查房，量血压一次；②每隔两小时翻身一次，轻拍按摩受压部位，上药、防止疮加重；③大、小便排出困难；④给予服药，导尿、挖大便等相应处理	1000
特四	身体残疾，中度老年痴呆，常年卧床不起或伴有褥疮，护理工作量繁重并有一定困难者	①医生每天查房、量血压一次；②加强对病情观察，护理随叫随到；③一星期两次户外散步（推轮椅）；④需要时给予静脉注射等治疗	1100
特五	患有严重疾病，或刚从医院出院，需 24 小时不间断服务者	①医生每天查房、量血压一次；②24 小时给予全方位护理；③夜间护理员与老人同房间陪睡；④给予流质、半流质食物；⑤据身体情况每天到户外散步半小时（推轮椅）	1800（二人间），1400（四人间）

注：后一级的护理除本级规定内容外均包含前一级的内容；伙食费每月 400 元；电话费方面，接听电话不收费，打出电话按实际收费；电费实行一房一表，院方承担每人每月 15 千瓦时电费，其余超出电费自理，一月一清；医疗费方面，药品、注射、治疗费用按卫生部门标准收取（按医疗规定实施），免收挂号、查房、一般体检费；入院一次性收急救医疗费备用金 3000 元，离院时全额退还；预订房最多预留半个月，预交 300 元押金可免费预留 3 天，超过 3 天床位费按 50%收取，护理费免收；保留房短期离院保留床位者，一周内全额收取；一周以上床位费全额，护理费免收。以下每增加一项加收 50 元：①清洗床上用品及衣物；②帮助送饭、送菜、送水；③帮助洗头，修剪指甲；④帮助做洗澡前准备工作及帮助洗脸；⑤根据医嘱按时给予服药

入住 8 家天行健老年公寓老年人的性别、年龄和自理情况请见表 5.5。673 位入住老人中，女性有 528 人（占 78.45%），男性有 145 人（占 21.55%）。60～

70 岁和 71～80 岁年龄段老人分别为 12 人（占 1.78%）和 169 人（占 25.11%），80 岁以上的高龄老人有 492 人（占 73.11%）。自理老人有 385 人（占 57.21%），半自理老人有 140 人（占 20.80%），失能老人有 148 人（占 21.99%）。

表 5.5 2011 年 8 家天行健老年公寓入住老人基本情况

机构名称	老人数/人	性别		年龄			自理程度		
		男	女	60～70 岁	71～80 岁	80 岁以上	自理	半失能	失能
花港老年公寓	130	39	91	0	10	120	71	29	30
犀浦老年公寓	52	10	42	3	8	41	40	2	10
春雷老年公寓	95	10	85	2	10	83	65	22	8
百合老年公寓	68	19	49	0	40	28	42	9	17
蓬莱老年公寓	77	12	65	0	14	63	50	8	19
春兰老年公寓	79	21	58	4	60	15	15	34	30
红梅老年公寓	110	20	90	2	19	89	72	14	24
河滨老年公寓	62	14	48	1	8	53	30	22	10
合计	673	145	528	12	169	492	385	140	148

2011 年 8 家天行健老年公寓老人的护工和医生配备情况见表 5.6。8 家天行健老年公寓均配备 1～2 名医生。八家机构老人与护工人数的平均比例为 6.87：1。老人人数/护工人数较高的机构，通常其失能和半失能老人的占比较低。

表 5.6 2011 年 8 家天行健老年公寓老人的护工和医生配备情况

机构名称	床位数/张	老人数/人	自理老人数/人	半自理老人数/人	失能老人数/人	护工人数/人	医生人数/人	老人人数/护工人数
花港老年公寓	130	130	71	29	30	26	2	5.00
犀浦老年公寓	63	52	40	2	10	7	1	7.43
春雷老年公寓	97	95	65	22	8	15	2	6.33
百合老年公寓	85	68	42	9	17	7	1	9.71
蓬莱老年公寓	111	77	50	8	19	9	1	8.56
春兰老年公寓	92	79	15	34	30	8	1	9.88
红梅老年公寓	126	110	72	14	24	13	1	8.46
河滨老年公寓	75	62	30	22	10	13	1	4.77
合计	779	673	385	140	148	98	10	—

表 5.7 和表 5.8 列出了 8 家天行健老年公寓每月收入、支出与利润。8 家老年公寓每月的床位费、伙食费与护理费收入分别为 48.62 万元、26.92 万元和 37.29 万元，分别占 8 家机构月收入的 43.09%、23.86%和 33.05%。土地租金、固定资产折旧、水电费支出分别为 26.22 万元、12.80 万元和 4.25 万元，三项开支加总比床位费收入低 5.35 万元，床位费是年度盈利的重要来源；伙食费支出（不含水电、人工等）与伙食费收入大体相当；工资支出 28.43 万元，比护理费收入 37.29 万元低 8.86 万元，护理费是年度盈利的主要来源。

表 5.7 2011 年 8 家天行健老年公寓月收支利润表

机构名称	收入/万元			支出/万元					利润/万元	营业利润率
	床位费	伙食费	护理费	土地租金	工资支出	伙食费支出	水电费	固定资产折旧		
花港老年公寓	8.83	5.20	7.50	3.40	6.50	5.00	0.65	1.67	4.31	20.02%
犀浦老年公寓	5.08	2.08	1.90	3.00	1.32	2.00	0.55	1.67	0.52	5.74%
春雷老年公寓	9.33	3.80	3.42	3.50	5.45	3.80	0.60	1.67	1.53	9.24%
百合老年公寓	5.81	2.72	2.99	3.20	2.75	2.70	0.35	1.67	0.85	7.38%
蓬莱老年公寓	6.06	3.08	5.38	3.75	3.19	3.10	0.57	1.67	2.24	15.43%
春兰老年公寓	6.41	3.16	5.90	4.00	2.62	3.10	0.38	1.67	3.70	23.92%
红梅老年公寓	4.25	4.40	6.74	3.17	3.55	4.50	0.55	1.67	1.95	12.67%
河滨老年公寓	2.85	2.48	3.46	2.20	3.05	2.50	0.60	1.11	−0.67	−7.62%
合计	48.62	26.92	37.29	26.22	28.43	26.70	4.25	12.80	14.43	12.79%

注：所有机构均无政府财政拨款。医疗卫生服务以成本价提供，机构无盈利。吊针收取 10%～20%的费用，归医生所有。一家新公寓初期固定资产投资约 300 万元，按 15 年折旧期计提。八家机构中除了河滨老年公寓外均为新建。河滨老年公寓是 80 万元转让来的，装修投入约 120 万元，故每月固定资产折旧约 1.11 万元。

表 5.8 2011 年 8 家天行健老年公寓月收支利润分析表

机构名称	分项占总收入比率			分项占总支出比率					入住率	失能半失能占比	利润率
	床位费	伙食费	护理费	土地租金	工资支出	伙食费支出	水电费	固资资产折旧			
花港老年公寓	41.01%	24.15%	34.84%	19.74%	37.75%	29.04%	3.77%	9.70%	100%	45.38%	20.02%
犀浦老年公寓	56.07%	22.96%	20.97%	35.13%	15.46%	23.42%	6.44%	19.56%	82.54%	23.08%	5.74%
春雷老年公寓	56.37%	22.96%	20.66%	23.30%	36.28%	25.30%	3.99%	11.12%	97.94%	31.58%	9.24%

续表

机构名称	分项占总收入比率			分项占总支出比率					入住率	失能半失能占比	利润率
	床位费	伙食费	护理费	土地租金	工资支出	伙食费支出	水电费	固资资产折旧			
百合老年公寓	50.43%	23.61%	25.95%	29.99%	25.77%	25.30%	3.28%	15.65%	80.00%	38.24%	7.38%
蓬莱老年公寓	41.74%	21.21%	37.05%	30.54%	25.98%	25.24%	4.64%	13.60%	69.37%	35.06%	15.43%
春兰老年公寓	41.44%	20.43%	38.14%	33.98%	22.26%	26.34%	3.23%	14.19%	85.87%	81.01%	23.92%
红梅老年公寓	27.62%	28.59%	43.79%	23.59%	26.41%	33.48%	4.09%	12.43%	87.30%	34.55%	12.67%
河滨老年公寓	32.42%	28.21%	39.36%	23.26%	32.24%	26.43%	6.34%	11.73%	82.67%	51.61%	–7.62%
合计	43.09%	23.86%	33.05%	26.65%	28.89%	27.13%	4.32%	13.01%	86.39%	42.79%	12.79%

8 家老年公寓月收入 112.83 万元，月支出 98.40 万元，月利润 14.43 万元，营业利润率为 12.79%。平均每家老年公寓月盈利 1.8038 万元，相对于平均每家老年公寓约 300 万元的投资，资本收益率 7.22%。对于名义入住率达到 86.39%的民办养老机构而言，这样的营业利润率和资本收益率不尽如人意。

静态的月度财务数据也许还不能很好地刻画天行健连锁老年公寓的核心竞争力。与其他单个养老机构相比，天行健连锁老年公寓的财务数据并不特别突出。天行健的核心竞争力在于其标准化的服务和管理模式、一体化的供应链体系、人力资源和客户资源的内部共享体系及通过品牌连锁经营快速扩张的能力。具体而言，天行健老年公寓有如下几个方面的突出优势。

（一）集中规模采购、集中统一配送

天行健连锁老年公寓每天由总部统一采购食品、生活用品等，集中配送到各家老年公寓，总部有 3 名专职采购员、1 名仓库管理员和 1 名司机。此外，每家养老机构的装修、硬件设施也由总部统一采购。集中采购可以取得价格谈判的主动权，压低进货成本，减少采购管理漏洞。通过总部统一配送的专业化物流管理，可严格控制库存，减少流动资金占用，还可以合理统筹仓储运输设施的利用及配送时间、路线，降低物流成本。

（二）人力资源内部流通和内部晋升

很多公办养老机构亏损的一个重要原因是存在管理人员冗员，管理成本高昂。

天行健 11 家连锁老年公寓仅配有 2 名负责人、1 名会计、1 名出纳，每个老年公寓内配 1 名院长。这种高度集约的人力资源利用模式大大降低了管理成本，提高了管理效率。

天行健连锁老年公寓为各老年公寓的护理员提供集中培训，与单个机构分别培训护理员相比，能节省大量的时间成本与培训成本。在不同机构内老人数量发生变化时，总部可以在不同老年公寓之间灵活安排护理员，避免了临时招工的麻烦和成本。

连锁经营还给天行健老年公寓的普通护理人员提供了更好的职业发展前景，稳定员工队伍特别是年轻护工队伍。冯健董事长告诉我们：“养老院护工招工难是行业通病，同样的收入人家更愿意去做医院护工或者住家保姆。即使增加工资，提供免费住宿，往往招到的护工也都是外地来的中老年妇女，很难招到年轻人，因为年轻人认为养老院护工没有职业发展前景……我们天行健能为年轻人提供职业发展的上升通道。一个新手护工在我这坚持下来做几年，成为护理业务骨干，我就让她做护理业务负责人，学习管理经验，过几年我开了新的机构，就让她去那边做负责人，做得好的话还可以给她入股，从打工仔变成老板。这就能把一部分护理业务骨干留在天行健……”

（三）老人可任选分店入住，更快达到盈亏平衡点

通常一家养老机构开业后，其入住人数会呈现从平缓增长到快速增长的变化，因为一开始尝试入住的老人没有入住老人可参考的信息回馈，入住决策会比较谨慎，随着入住老人的增加，入住决策可参考的信息大量增加。行业内通常认为开业三年是个关键时间节点，如果新机构不能在三年内入住率超过盈亏平衡点，这家机构会凶多吉少。

如前所述，天行健老年公寓的入住率较高，很多机构都出现“人等床”现象。因为天行健的选点都在 K 市市区，如果一个老年公寓暂时没有空余床位，可以推荐老人到附近的连锁老年公寓入住。因此，天行健新开的老年公寓通常会在一年内入住率就超过盈亏平衡点，然后住满，再出现排队现象，再分流到新开业的老年公寓，从而形成良性循环。

（四）老人对品牌认知度高

天行健老年公寓因为其服务精细化、专业化、智能化而闻名。公寓内部引入“全球眼远程探视系统”，使老人亲属无论身在何处都可通过计算机、手机观看到老人在公寓内的生活情况，方便了很多在外经商的 K 市人。出入口设置红外线管理系统，时刻关注老人的出入公寓情况。老人的房间、卫生间都装有辅助呼叫铃，随时响应老人的呼叫。

除了硬件设施上的优势，管理服务上也不乏闪光点。雪山老年公寓负责人告诉我们："我们民办的，管理上就比公办的灵活。公办的每周菜谱都是规定死的，老人想有点变化都不行。我们每天集中采购，哪个新鲜买哪个，变着花样的，老人吃起来不腻味，就跟在家里一样。"

冯健董事长告诉我们："为了调动自理老人搞卫生的积极性，我们跟老人说要进行卫生评比，卫生达标的每个月床位费减少 100～200 元。结果老人们打扫卫生的积极性一下就被调动起来了，房间收拾得干干净净，我们也省了叫清洁工的钱，双赢。"

入住老人们对天行健老年公寓的服务质量表示满意。河滨老年公寓的王爷爷告诉我们："以前我也住在这里，是另一家机构办的，现在天行健接手过来，环境装修都比以前好，护理人员做得也到位。虽然价格上要高一点，但是住起来舒服，值这个钱。"

天行健老年公寓的名义入住率高达 86.39%，因为有包房现象，其实际入住率更高，其品牌的社会认可度可见一斑。

（五）社会团体更愿意资助

在创办初期，天行健的社会信任度尚不高。但随着连锁老年公寓的陆续开张，入住老人数的增加和口碑的积累，天行健连锁老年公寓不仅得到了入住老人的认可，也得到了社会各界的认可。

冯健董事长说："（刚开始）谁敢冒险给你投资，这跟不愿意给哪个旮旯地里的企业投资是一回事。就算你给别人股份，别人也不一定信得过你……现在的发展势头良好，有 11 家连锁机构摆在那里，就是一个形象，就能让人信服。K 市海外华侨特别多，不乏有愿意做慈善公益的。他们可以拿出几百万（元）支持你的项目，但是你得有让人看得起的资本，他们也看重这笔钱你拿去用的社会效益。"

天行健连锁老年公寓已经成为 K 市家喻户晓的养老品牌，先后获得"全国模范养老机构""全国民办非企业单位自律与诚信建设先进单位"等称号，董事长冯健先生也兼任浙江省老年服务业协会常务理事、K 市 L 区养老机构行业协会会长等社会职务。这些都是足以让投资人、捐赠人信服，为民间力量获取外界资源的资本。

在与天行健连锁老年公寓的负责人的访谈中，我们也发现他们在养老服务事业发展中遇到的几个方面的难题。

（一）公寓用房租赁难问题

天行健老年公寓的房屋都是租赁用房，平均每家公寓的年租金在 30 万～50

万元（表 5.7）。冯健董事长说："近年来每年的租金都水涨船高，以前年租金大概二十多万元，现在已经翻了一番。自从发生星空养老院火灾事件[①]之后，街道已经不愿意把房子租给我们这些开养老院的了……你说谁还肯担这么大的风险。街道老催我们搬走，但是搬哪儿去，老人在那，装修在那，投资在那，不是一朝一夕能解决的事情。现在最担心的就是租赁合同到期了。接下去要新开连锁分店，我们顾虑也很多，不敢下血本装修了，万一装修好没多久，政策收紧了让你搬走，那几百万元装修钱不就打水漂了吗。你要是装修装得不好，那谁还愿意住进来，连锁这块牌子就做坏了。"

2019 年，笔者再次访问天行健老年公寓，冯健董事长告诉笔者："因为 K 市这几年进行大规模的旧城改造，好几家老年公寓都在拆迁范围之内，公寓只好配合政府的工作，而因为是租房，公寓房得到的补偿完全无法弥补前期装修投入的大量固定资产投资，损失很大……目前在 K 市市区我们只剩下 4 家老年公寓。我们现在在福建、浙江等地又新开了天行健连锁老年公寓。现在都是公建民营模式，我们和当地政府签订长期租约，投资相对有保障……"

（二）财政补贴和优惠政策享受难问题

根据浙江省政府的规定，用房自建的非营利性民办养老服务机构，床位数达到 50 张（含）以上、取得《社会养老服务机构设置批准书》和《民办非企业单位证书》并投入使用后，由省财政按照核定的床位数给予每个床位 3000 元补助。租用房且租期 5 年（含）以上的非营利性民办养老服务机构，床位数达到 50 张（含）以上，由省财政按照核定的床位数分 5 年给予每个床位每年 500 元补助。床位数在 50 张以内和已建成投入使用的非营利性民办养老服务机构，是否给予补助及具体补助办法、标准，由所在县（市、区）政府确定。

冯健董事长对这种补贴机制不满意："这是种不公平的补贴机制，他只发放给 2008 年以后建成的民办机构。我们 2008 年以后建成的没几家，基本就拿不到补贴了。相反，补贴落到了钻政策空子应运而生的那些机构手里。他们可以用农民房，里面摆上床位，住不住人无所谓，拿到政府补贴就行，而像我们这种成立有些年头的、确实为政府分担了不少老人的反而得不到补贴了。"

很多地方都出台了有关减免养老服务机构税费的政策，如水电气实现与居民同价，免收电话、有线电视、宽带互联网一次性接入费，减半收取通信费、视听费、数字电视机顶盒购置费等优惠政策。

但天行健各家老年公寓的负责人反映，K 市没有实行这一优惠政策，有线电视、宽带费都必须缴齐，这对他们而言也是一笔不小的开销，故迟迟没有办理。

① 指 2008 年 12 月 3 日当地发生的一起民办养老机构火灾，造成 7 人死亡。事故发生后，当地展开养老机构消防大检查。

蓬莱老年公寓负责人说：“上海、杭州、宁波等几个城市都有出台优惠政策，而K市根本没有享受到。我们民办的，本身就是在为政府排忧解难了，这点政策优惠都不给，实在寒心。现在有线电视费没缴，老人每晚都只能收看到几个K市台，频道很少的，都有意见了。”

（三）与公办养老机构不公平竞争问题

公办养老机构的土地、房屋、启动资金及开办中所需的众多资源得到政府的大力支持，开办后还可以继续得到各类运营补贴和固定资产更新补贴，固定资产折旧按照规定不计入成本，价格往往远低于成本价。民办养老机构在上述这些方面完全无法和公办养老机构相比，不仅得不到多少政府的建设补贴和运营补贴，而且需要通过向老人收费来覆盖固定资产折旧成本。

（四）养老机构责任风险问题

养老服务是一种高风险的特殊行业。老年期是疾病的高发期。在服务过程中稍有不周或疏忽，会极易发生意外而产生纠纷，出现意外后，民办养老机构往往不得不采取“私了”的方式，用赔钱、降低服务收费、免费居住、赠送礼品等方式化解矛盾，给机构带来巨大的经济损失和社会声誉损失。

春兰老年公寓一名医生坦言机构之前因老人去世发生了一起纠纷：“一个老人住进我们院，住了才二十多天，突然得病去世了。老人家属就带了一帮人来闹，把所有责任都赖在我们头上，说我们害死他的。说真的，住进来的老人我们都当自己父母养着，万一出个闪失我们也担当不起啊，还哪里敢害他哟。家属就特别不理解，怎么人好好的一住进来就走了呢，人生老病死的事情你说哪里算得着啊。后来听说那位老人还是机关单位退休的，老板娘不想事情闹大，就赔钱私了了，赔了大概5000块，还退还了所有住院费用。哎，你说真要是老人突然意外走了，都算我们头上，我们养老院迟早赔到倒闭关门啊！政府办的有政府撑腰，我们这些民办的，谁会来帮我们啊。”

（五）民非性质制约民办养老机构规模化发展

1998年10月25日开始实施的《民办非企业单位登记管理暂行条例》第二条规定：民办非企业单位，是指企业事业单位、社会团体和其他社会力量及公民个人利用非国有资产举办的，从事非营利性社会服务活动的社会组织。第四条规定：民办非企业单位不得从事营利性经营活动。第十三条规定：民办非企业单位不得设立分支机构。

按照上述法规，民办非企业单位性质的民办养老机构“不得从事营利性经营活动”，从事养老服务获得的收益不得用于分红，而应该继续投入民办养老机构的发展上，而且民办养老机构不得设立分支机构。这些二十多年前制定的法规，对天行健连锁老年公寓的发展带来很大的影响。据了解，各家天行健老年公寓都是独立注册名为“××老年公寓”的民办非企业单位，而且冯健董事长找了其亲友担任各家老年公寓的法定代表人。

民办养老机构也可以通过工商登记，注册成企业（如××养老服务公司），但是企业是营利性组织，政府部门出台的支持民办养老机构发展的政策基本上都有一个限定条件，即必须是“民办非企业单位”性质的民办养老机构。因此，目前的民办养老机构中，大部分都是登记成“民办非企业单位”的民办养老机构。这些民非性质的养老机构中的确有不少机构严格遵循非营利性质进行经营活动，但也必须承认，至少其中部分民非性质的养老机构事实上是以营利为目的的。

其实在老龄化日益严重的今天，有社会机构为了营利而进入养老服务业，也是政府应该大力鼓励的事情。企业制养老机构可以和民非制养老机构及公办的事业单位性质养老机构相互竞争，相互补充。目前政府部门更倾向支持非营利性民办养老机构的发展①，出台的民办养老机构支持政策通常仅限于“民非制养老机构”，会导致部分民办养老机构挂着“民办非企业单位”的牌子，享受着政府的各项政策，却实际上同时在从事营利性经营行为，并把盈利以各种形式返还给创办人，从而给机构的长期稳定发展埋下隐患。

事实上，政府部门对民非性质养老机构的政策偏向也不能真的达到其政策目标。我们在调研中发现，近年来部分民办养老机构为了既享受到政府对民办非企业性质养老机构的各项优惠和补贴政策，又避免变相营利和分红带来的法律风险，开始采取“民非养老机构+工商登记企业”的模式。

这一模式大致的做法是由同一主体或其关联利益主体同时成立民非养老机构（如×××养老院）和工商登记的企业（如×××公司），由公司负责购置或租赁场地并进行装修和后期物业维护，然后公司与民非养老机构签署场地租赁协议定期收取场地租金；由民非养老机构负责养老服务业务并出面申请享受政府对民非养老机构的各项优惠和补贴政策。民非养老机构可以始终保持非营利状态，公司赚取利润依法缴纳各项税收后，税后利润在公司股东之间进行分配。

笔者认为，需要认真研究民非性质的养老机构创办者的合理收益问题，具体可以参照民办教育的相关做法。在相关办法出台之前，民政等政府部门可以先从平等对待民非性质和企业性质的两类养老机构开始，除了税收政策执行国家规定

① 比如《浙江省人民政府办公厅关于促进养老服务业发展的通知》（浙政办发〔2006〕84 号）提出：“搞好养老机构工作的登记管理。养老机构按其机构性质划分，可分为福利性、非营利性和营利性养老机构。福利性养老机构（即国办社会福利机构）是指在事业单位登记管理机关办理登记手续的养老服务机构；非营利性养老服务机构是指在民办非企业单位登记管理机关办理登记手续的养老服务机构；营利性养老机构是指在工商行政管理部门和税务部门办理登记手续的养老服务机构。鼓励各地重点兴办非营利性的养老机构。各有关登记机关要认真做好养老机构的登记管理工作，提供优质便捷的服务。”

外，其他所有优惠政策对两类机构一视同仁。这样，就会有很多民办养老机构愿意直接登记为企业，股东在交完企业相关税收之后，大大方方地行使股东权利，分配和分享企业的税后利润。

三、案例小结

天行健连锁老年公寓是民办养老机构探索连锁品牌经营模式的一个成功范例。凭借标准化的服务和管理模式、一体化的供应链体系、人力资源和客户资源内部共享体系，天行健连锁老年公寓从2001年的花港老年公寓起步，历经重重困难和挫折，经过近二十年的发展，创建了以天行健为品牌的拥有十几家连锁老年公寓的民办养老机构集团。

天行健连锁经营模式使其能够实现集中规模采购和统一配送、人力资源内部共享和内部晋升、客户资源的跨店流动等连锁经营独有的优势，有效降低采购成本、管理成本，稳定员工队伍，迅速提高新建机构的入住率，尽快度过盈亏平衡点。天行健连锁老年公益的成功实践不仅赢得了入住老年人的口碑，也赢得了社会各界的关注和肯定。

我们的调查也发现，天行健连锁老年公寓的长远发展仍然面临长期场地租赁难、优惠政策落实难、公办养老机构不公平竞争、机构责任风险大及民非性质制约连锁化规模化经营等问题，有待政府和社会各界继续关注和探索。

案例十四　农村互助式老年公寓的探索：吉安桥村“一元房”案例①

一、案例背景

近年来，随着我国城市化和工业化进程的加快，越来越多的农村青壮年流入城市，留下日渐年迈的老人在农村。农村老人由于经济收入不足、教育文化水平低、社会保障水平有限等，养老问题日益凸显。

我国传统的农村养老存在诸多弊端：如当子女不孝时，往往不愿承担赡养老人的责任，打骂老人、遗弃老人的现象时有存在。此外，即使老人的物质方面得到了满足，如果子女不在身边也容易导致他们因独守农村而产生精神空虚的问题。受传统思想影响，农村老人常常对在养老院养老产生排斥。因此，如何解决农村老年人的生活保障问题，满足他们的日常照料和精神慰藉等需要，变得越来越迫切。这直接关系到我国农村老人的晚年生活质量和年轻人的社会负担问题，也关系到社会的稳定。农村老年公寓养老模式就是在此背景下应运而生的。

---

① 本案例来自张翔指导的浙江大学公共管理学院社会保障与风险管理系2014届本科生张璐璐的本科毕业论文《农村老年公寓的个案研究——以M市“一元房”模式为例》，案例分析部分做了较大修订。

农村老年公寓不同于传统的居家养老，它是由村集体在村里建设集中居住式公寓，让本村老人在老年公寓里集中居住，独立生活，互助养老。因为老年公寓就建在本村，对于农村老人而言离家不离村，仍然生活在他们熟悉的人文环境和人际交往网络中。

在村级养老公寓模式中，J 市下辖的 M 市的“一元房”模式引发广泛的关注，曾被推荐参加地方政府创新奖。该模式中村里的老年公寓实行租赁制，只要是本村 60 岁以上的老人，通过申请就可以低价入住，每天的租金是象征性的一元钱。这种由家庭养老和机构养老相结合的老年公寓养老模式，作为农村集体养老的创新，是解决我国广大农村地区老人养老问题的有益探索，通过村民的自我服务，解决老年人生活照护和精神慰藉的问题。

本案例及“宅基地换养老公寓”的例子均来自浙江省 M 市，调查时间是 2014 年。通过对 M 市农村互助式老年公寓兴起原因、资金渠道、运行模式及各地推广中的模式差别的考察，考察当地政府、社区和老年人对农村互助式老年公寓的看法，以期为农村非营利性互助式养老模式的发展提出建议。

二、吉安桥村“一元房”案例

吉安桥村位于 M 市横峰街道，是当地远近闻名的珍珠村，珍珠养殖、加工业和贸易都很发达，珍珠产业收入占村民收入的 60%，村集体也因珍珠产业而收入颇丰。单是出租村里珍珠市场的摊位，村集体每年都能获得 30 万元的租赁收入。此外，村里有珍珠首饰加工厂、纽扣厂、纺织厂、皮鞋厂等中小企业，每年村集体的厂房出租收入就有 96 万元。

20 世纪 90 年代以来，随着经济的发展，村庄开始全面规划村容村貌。为了提高村民的居住质量，吉安桥村开始建设小康型住宅。在之后的几年中，村里的年轻人陆陆续续住进新房屋了，留下一些日渐年迈的老年人居住在简陋的老房子中。

这些老人因为各种原因不愿意和自己的子女一起居住。如何改善这些老年人的住房条件，消除老年人晚年生活的孤独感，让他们有个幸福快乐的晚年生活，成为吉安桥村面临的一个难题。由于看到年轻人纷纷住进了干净舒适的住宅，村书记赵彩玲心系仍然居住在旧屋的老人：“人老了，最怕的就是孤单。老人们也应该有自己的新房子。”她的这个给老年人单独建设公寓居住的主意得到了村干部的支持。

然而，当时村集体并没有多余的资金可以建设老年公寓。大家想到了贷款，但是以村子的名义去贷款是贷不到钱的，那么能不能让村干部以个人名义去贷款呢？起初大家都有顾虑，担心如果自己去贷款，这笔钱万一出现差错会让自己背上沉重的负债，因此都在犹豫。这时，村书记赵彩玲毅然带头，个人贷了几十万元，在她的号召下其他村干部也陆续加入了贷款队伍。这样，修建第一幢老年公寓的建设资金问题终于解决了。土地是村集体的建设用地，建成后的老年公寓产权属于村集体所有。

公寓盖好后，最初计划收取的租金是按照银行还贷标准，需要每月收取 100 元。老人们觉得月租金 100 元太贵了，迟迟没有人愿意入住。村干部们为了吸引村里老人入住老年公寓，进行了一次热烈的集体讨论。大家思来想去，最终决定把老年公寓的租金降低到每天一元钱，还贷差额部分全部由村集体承担。于是就在 M 市第一个开创了"一元房"老年公寓模式。也就是说，每位老人在入住前要交一万元押金，在老年公寓里住一天交一元租金，老人去世或搬离老年公寓时退还押金。

第一期吉安桥村老年公寓被称为安康苑老年公寓，2002 年动土兴建，一共有 46 个套间，每个套间 40 平方米。由于入住费用低廉，安康苑老年公寓建成后供不应求，全部房间都住满。为了满足村里老年人对集体老年公寓的需求，2006 年第二幢吉安桥村老年公寓柏寿苑也建成了，一共有 54 个套间，每套间也是 40 平方米。同时，还配套修建了老年活动室，配备了电视机、牌桌等文娱设施，老人们可以在里面下棋、跳舞、喝茶、聊天、打太极拳、唱歌等。这样，村里老人们的居住问题就得到了较好的解决。

共有 199 位老年人选择入住吉安桥村老年公寓，全部是 60 周岁以上的本村人，涵盖了本村全部 7 个生产队，其中男性 94 人，占 47%，女性 105 人，占 53%（表 5.9）。在年龄结构上，60～70 周岁的老人有 103 人，占全部入住老人的一半以上，其中男性 50 人，女性 53 人；71～80 周岁的老人有 61 人，其中男性 30 人，女性 31 人；81～90 周岁的老人有 28 人，其中男性 12 人，女性 16 人；91 周岁及以上老人有 7 人，其中男性 2 人，女性 5 人。有一些老人一个人住，有些老人和老伴一起住一个套间。

表 5.9　吉安桥村老年公寓入住老人基本情况

年龄段	男性	女性	总计
60～70 周岁	50	53	103
71～80 周岁	30	31	61
81～90 周岁	12	16	28
91 周岁及以上	2	5	7
总计	94	105	199

虽然吉安桥村老年公寓面向本村所有老人，并允许老人住在里面直到去世，

但实际上很多没有自理能力和临终的老人并不会选择住在老年公寓里面，他们喜欢住在自己家里，这样照料起来更方便。因此，实际居住在吉安桥村老年公寓里的老人基本上都是自理老人。

吉安桥村老年公寓里面的房间设施齐全，包括一个厨房、一个卫生间和一个卧室（表 5.10），配有电灯、坐便器、洗手台、吸油烟机、大理石灶台等基本设备。每个老人根据自己的需要，入住后再自主安置橱柜、冰箱、电风扇、空调、电视机、电话、床、锅具、洗脸盆、电水壶等家电和生活用品。

表 5.10　吉安桥村老年公寓设施情况

房间设施	一厨一室一厅
公共设施	值班办公室、会客厅、健身房、活动室、花坛广场
医疗设施	缺乏，没有医院和医护人员
房间设置	按年龄分组，高龄者和腿脚不方便者住在低楼层

在公共设施方面，吉安桥村老年公寓设有老人协会的值班办公室、公共会客厅，以及供老人消遣娱乐的健身房、阅览室、棋牌室和电视室。老年公寓前面有一个宽阔的大广场，设有 500 平方米的花坛，老人们可以在广场上自主活动。村里还计划未来在广场上设置室外显示屏，改善和丰富老年人平时的文化生活。

每年镇里会有医生定期来吉安桥村老年公寓为老人们进行一次免费体检，但公寓没有配备老年诊所及医疗设施，也没有配备专业医护人员。老人生病时，需要自行到当地卫生院或医院进行医治。

在老年公寓房间的分配上，村里充分考虑了老年人的特点，把入住老人按年龄分组，公寓一楼主要给 80 周岁以上和腿脚不方便的老人居住，二楼给 71～80 周岁的老人居住，最高的三楼则让相对身体比较健壮的 60～70 周岁的老人居住。

吉安桥村老年公寓由村里的老人协会负责日常管理。老人协会里面的会长、副会长、会计员等职务都由本村比较有威望的老人担任，重要事务会组织全体老人讨论，实行民主管理，形成了老年公寓自我管理和自我服务的机制。

老年活动室定期请清洁工打扫，并由两名环境卫生巡查员监督。公寓房间里面没有专门的服务人员负责打扫，老人的衣食住行包括打扫卫生等日常活动都自行完成。如果老人年纪大了行动有所不便，那么由老人的子女来公寓进行照料，或者出钱请保姆进行照料，老年公寓方不提供照料服务。

考虑到老人年纪大了以后生活自理能力下降，吉安桥村积极组建了由当地的学生、青年人，还有公寓里低龄的健康老人自愿参与的志愿者队伍，他们会推出各种免费的爱心服务，如帮高龄老人打扫卫生、代购柴米油盐等家用品，为老人们的生活提供便利。

吉安桥村老年公寓的建设费用主要来自村书记赵彩玲等的个人银行贷款300万元，政府给吉安桥村10万元的建设补贴。在公寓建成后的四年内，300万元贷款全部由村集体归还。吉安桥村有20个厂房用于出租，每个厂房600平方米，每年能收取租金48 000元，因此4年的厂房出租收入有384万元，用于还贷绰绰有余。

吉安桥村老年公寓的营业收入主要包括入住老人租金、押金银行利息收入、代收水电费（老年公寓每日一元的租金不包括水电费）、其他收入，如使用麻将桌等器具的收费。2012年2月12日到2014年2月11日的两年时间中，吉安桥村老年公寓营业收入为383 209元。

199位入住老人两年的租金收入是145 270元；199万元入住押金的银行利息收入为129 350元（这期间银行一年期利率经历了从3.5%到3%的下降过程，此处统一按3.25%计算）；每个套间水电费按月缴纳，由老人协会会计代为收取，2年水电费为72 000元；麻将桌等按使用次数付费，老年活动室平均一天可以收取50元，2年累计收入36 500元。除此之外，这两年吉安桥村老年公寓还收到社会捐助收入19 900元（表5.11）。因此吉安桥村老年公寓的总收入为403 020元。

表5.11 吉安桥村老年公寓2012年2月到2014年2月收入明细表（单位：元）

项目	营业收入				社会捐赠	总计
	租金收入	利息收入	代收水电费	其他收入		
金额	145 270	129 350	72 000	36 500	19 900	403 020

吉安桥村老年公寓的营业成本有代缴水电费、维修费和支付清洁工工资三项。2012年2月12日到2014年2月11日的两年时间中，吉安桥村老年公寓的营业成本共121 312元。其中代缴水电费72 000元，维修费（公寓门窗等的维修支出）44 512元，清洁工工资每月200元共4800元（表5.12）。

表5.12 吉安桥村老年公寓2012年2月到2014年2月支出明细表（单位：元）

项目	代缴水电费	维修费	清洁工工资	营业成本
金额	72 000	44 512	4 800	121 312

因此，吉安桥村老年公寓两年的营业收入比营业成本多261 808元，如果算上19 900元的社会捐赠，总收入比营业成本多281 708元。事实上，扣除代收代

缴性质的水电费收支，吉安桥村老年公寓仅仅凭借每天一元钱的租金收入 145 270 元，就足以支付维修费和清洁工工资 49 312 元，维持收支平衡毫无压力。

事实上，吉安桥村的老年协会每年都会组织入住老年公寓的老人春游和秋游，所需的交通费、食宿费、门票费等均由老年公寓的当年余额先行支付，不足部分由村集体补足。两年中，四次旅游花费约 796 000 元（每人每次约 1000 元），除了老年公寓两年的结余 281 797 元外，缺口部分的 514 203 元旅游费用由村集体补足，相当于村集体补助了旅游费用的 64.60%。

张奶奶对集体旅游非常满意："我年轻时忙于生计，现在老了空下来了，想出门看看祖国的大好河山。可是子女都忙于工作，不常在身边，没有时间和精力陪我好好出去走走。我从小没读过书，也不认识字，一个人出门不方便，也怕花太多的钱。村里每年春节左右会组织一次集体旅游，只要报名就好，交通、住宿、饮食等所有的事情村里都会有人给安排好，也不要一分钱，就像做梦一样。"

类似集体旅游这样的福利还有老年公寓会不定期地邀请戏班来演戏。

刘爷爷告诉笔者："我是文盲，电视剧之类的看不太懂，平时就爱好听戏。前段时间村里出钱请了一个戏班子来老年公寓唱戏，我那天拉着老伴提前吃好饭就在那里占位子，等着开唱。戏曲演出了近一个星期，老年公寓里的老人基本上都出来了。一些小商小贩也过来吆喝，孙女们拿着我给的零花钱跑去买吃的。村子里特别热闹，就像过年了一样……"

三、案例小结

吉安桥村老年公寓的案例中，吉安桥村提供了老年公寓所需的集体建设用地，并承担了吉安桥村老年公寓主要的建设费用，然后将老年公寓以很低的租金租赁给本村老年居民居住，因此吉安桥村老年公寓具有很强的集体福利性质。

从吉安桥村老年公寓的运行情况看，只需要承担物业维护和保洁服务，因此仅仅每人每天一元的租金收入就足以实现老年公寓财务上的可持续运营。吉安桥村老年公寓每年结余的资金还可以用于入住老年人的集体旅游。民主管理的老年协会在老年公寓建成后承担了物业管理职能，形成了老年公寓自我管理和自我服务的良性机制。

吉安桥村的"一元房"老年公寓模式对 M 市其他村庄的老年公寓建设影响很大。当地其他村子的老年公寓都在某种程度上模仿"一元房"模式，以低廉的价格租赁给本村老人居住，但具体入住费用在不同的村子中是会稍有差异。总体上看，除了"一元房"模式外，M 市的农村老年公寓还有三种不同的收费标准。

第一种是免费入住，如 M 市石桥头镇中扇村的老年公寓，免除了老人入住的全部费用，也不收取押金，只需要入住老人各自缴纳每个月的水电费即可。第二种是趸缴入住，如梅山镇乃崦村按照老人年龄的不同，一次性收取 6000～10 000

元不等的费用，水电费由老年人各自缴纳。老人入住时年龄越大费用越低，一次性缴费后即可终生入住老年公寓。第三种是押金入住。典型村子有梅山镇的红光村，该村老人入住老年公寓需要交 10 000 元押金，不管老人住多久，最后都只收 2000 元，去世或搬离时退还 8000 元，水电费由老年人各自缴纳。

其实这些收费模式和“一元房”模式大同小异，都可以看成是村集体根据自身财力，将老年公寓以低廉的租金出租（甚至免费）给本村老年人。

M 市以“一元房”为代表的农村互助式老年公寓对我国农村养老服务事业发展具有重要意义。虽然与城镇地区相比，农村地区出生率和死亡率相对较高，名义老龄化程度比城镇地区低。但是随着我国城镇化的进程，大量农村人口特别是年轻人口迁移到城镇就业、定居，近年来“留守妇女”和“留守儿童”也开始逐渐进城，老年人成了留守农村的最主要的群体，农村地区的实际老龄化程度远高于城镇地区。这对传统的农村家庭养老模式提出了挑战。

由于我国长期以来的城乡二元体制，我国农村老年人的社会保障仍然有待完善。根据《2019 年度人力资源和社会保障事业发展统计公报》，2019 年末城乡居民基本养老保险参保人数 53 266 万人，其中实际领取待遇人数 16 032 万人，全年城乡居民基本养老保险基金收入 4107 亿元，基金支出 3114 亿元。按此计算，城乡居民基本养老保险的人均月养老金待遇约为 161.86 元，不仅远低于职工基本养老保险每月 3332.52 元的养老金待遇水平，甚至远低于 2018 年农村低保平均保障标准的 402.78 元。

可见，目前的城乡居民基本养老保险尚不能很好地保障老年农村居民的基本生活。不仅老年人的收入保障水平有限，我国农村的养老服务供给也严重不足。很长一段时间内，我国农村地区的养老机构主要就是敬老院。根据《2018 年民政事业发展统计公报》，截至 2018 年末，有农村特困人员救助供养机构 13 885 个，床位数 1 542 000 张。很多农村敬老院屋舍陈旧，配套设施简陋，管理服务水平不高，入住农村敬老院的老人主要是政府兜底保障的五保老人，面向普通农村老人的机构养老服务供给严重不足。

M 市的“一元房”农村老年公寓模式是农村互助式养老的宝贵探索，具有乡土性和福利性等突出特点，受到了当地老年人的热烈欢迎。

农村老年公寓位于农村，很好地契合了农村老人安土重迁的乡土情结。这些农村老人在自己的村子里生活了几十年，他们主要的人际关系网络都在当地，因此对自己的家乡有一份难以割舍的情感。如果要他们搬离这片熟悉的故土，到一个陌生的环境中生活，即使是到自己子女在城镇的家里居住，心理上也常常很难接受。与居家养老相比，到养老机构养老对很多农村老人而言更是难以接受，因为担心会引发其子女不孝的猜疑。

农村老年公寓就修建在他们生活了几十年的村子里，离家不离村。居住在里面的老年人就是他们日常人际网络中最熟悉的亲戚朋友、街坊邻居，老年人想去自己家的田地里打理一下庄稼蔬果也非常方便。与普通养老院需要与一个陌生人同在一个房间内生活不同，农村老年公寓的每个房间都是以家庭为单位的独立生活单元，里面厨房、卫生间和卧室一应俱全，家电家具可以按照自己的习惯来配备，买菜、做饭、打扫卫生都由自己负责。这样的老年公寓让他们感觉像在新家中生活，而不是在养老机构中生活。

老人们在老年公寓中生活，不仅建筑质量和人居环境大为改善，而且相互之间的互动机会也大大增加了。老人们一起打牌、喝茶聊天、看电视、跳广场舞，文化生活比以前丰富多了。如果哪天哪位老人没有出来活动，大家马上会知道并给予问候和关照。这样，老年人内心的孤独感也会随之消除。

农村老年公寓的乡土性是互助式农村养老机构广受欢迎的前提条件，福利性是互助式农村养老机构广受欢迎的重要原因。

M 市的农村老年公寓都对本村老人实行低价收费，不管是“一元房”还是趸交几千元可终身入住，对于老人来讲都十分实惠。众所周知，这一代的中国老年人尤其是农村老年人一般都比较节约，平时省吃俭用，舍不得在自己身上花一分冤枉钱。如果要自己拆除老房子修建新房，因为老房子面积大，在当时至少要十几万元，即使是装修一下旧房子，也至少要几万元，而且费心费力。如果一个老人从 60 周岁起住进老年公寓，一直到 100 岁去世，“一元房”模式下租金仅为 14 600 元，趸交模式下甚至只需要数千元，尚不足旧房简单装修费用的零头。对比之下，马上可以拎包入住的老年公寓，福利性非常明显。

老年公寓的福利性不仅体现在租金便宜上，也体现在入住老人能够享受到的相关福利和助老服务上，如一年两次的集体旅游和定期请戏班到老年公寓演戏。此外，每隔一段时间，村里会有一支助老敬老志愿者队伍，帮助老人们打扫卫生，做做家务，让老人们感受到了真真切切的关爱。

综上所述，M 市以“一元房”老年公寓为代表的互助式农村老年公寓，很好地顺应了农村老人安土重迁的心理特点和居家养老的偏好，既集中居住，又独立生活，以十分低廉的成本极大改善了老年人的人居环境，增进了老年人的人际交往和互动，提高了农村老年人的生活质量，因此受到了当地老人们的热烈欢迎。

当然，资金缺乏仍然是很多村发展互助式老年公寓面临的一个普遍难题。2014 年调查时，M 市只有大约 10%的行政村建设了互助式老年公寓。建造老年公寓一般需要几百万元，给集体经济较为薄弱的村庄带来很大的包袱。我们的调研发现部分建设了老年公寓的村子，也会因为资金问题而无法进行公寓的第二期建设。例如，松门镇绿堤村一期建设了 3 层 22 间老年公寓，吸引了本村 80 位老人入住。但是由于村集体经济实力有限，短期内无法建设第二幢老年公寓。

吉安桥村能够承担老年公寓的建设成本，与吉安桥村发达的集体经济实力密不可分。那么，如果对于村集体经济实力没有吉安桥村那么强的村庄，如何解决廉价老年公寓少则数十万元，多则数百万元的建设成本呢？

根据我们的调查，M 市的互助式农村老年公寓主要有以下几种建设资金筹集方式：第一种是社会捐助，如石桥镇中山村的 40 间老年公寓由本村企业家陈氏兄弟捐资 300 万元建造；南虹镇南虹村老年公寓也是由当地企业家捐资 200 万元建造的。这样的案例有但是不普遍。第二种是集体经济发达的村，利用集体经济的积累，吉安桥村是此类案例的典型代表。第三种是更加普遍的集体经济不那么发达的村庄，他们通过收回老人原有宅基地进行复垦，政府对新增耕地和建设用地指标的补助与奖励及新增耕地的承包收入等资金，建设和运营农村互助式老年公寓，M 市碧山村就是其中的典型代表。

案例十五　“宅基地换老年公寓”：碧山村老年公寓案例[①]

一、案例背景

碧山村位于 M 市梅山镇，该村的集体收入和农民人均纯收入在 M 市处于一般水平，村集体没有像吉安桥村那样的厂房出租收入，是一个典型的以农业为主业的村子。村里的年轻人基本上都搬进了新房子，而老人们却还有很多居住在老房子中。

这些老房子大多建于 20 世纪 70～80 年代，建筑结构以砖木为主，经过几十年，已经比较破旧，抵御自然灾害能力较弱，有一些甚至被列为危房。碧山村靠近海边，每年当台风来临时，村委会都要专门组织相关人员转移安置，灾后还要帮助因灾倒房的贫困户修复房子，耗费了大量人力物力。

碧山村借鉴吉安桥村“一元房”老年公寓模式，决定修建老年公寓以妥善安置本村的老人。为了保证老年公寓资金的良性循环，碧山村结合旧村改造、土地复耕等新农村建设工作项目，经过多次商量，创新性地提出利用老人原有宅基地筹集部分建设资金的思路。

如果老人的老房子拆除后将老房子的宅基地交归村集体，村里按每间 3800 元的标准补偿给老人宅基地费用，老人只需缴纳 3000 元即可入住老年公寓直至去世，即老人以一间宅基地换得 800 元现金和终身免费入住老年公寓的权利；如果是没有老房子可拆的老人，入住老年公寓需要交 6000 元；如果是五保老人或低保老人，可以免费入住老年公寓。

---

① 本案例来自张翔指导的浙江大学公共管理学院社会保障与风险管理系 2014 届本科生张璐璐的本科毕业论文《农村老年公寓的个案研究——以 M 市“一元房”模式为例》，案例分析部分做了修订。

二、碧山村老年公寓案例

2003 年 10 月，两层楼高的 22 间老年公寓完工，每间 36 平方米，村里 40 位 60 岁以上的老年人住了进去，还有老人要求入住。2005 年 2 月份，为了满足老人的入住需求，第二期老年公寓开始动工建设并在同年 8 月份竣工。第二期老年公寓为三层楼房，共 22 间，每间面积 36 平方米，又吸引了 58 位老人入住。

第二期老年公寓兴建时，配套建设了一个老年食堂，聘用 3 个本村人作为食堂工作人员，工资每月 1500 元。老人食堂最初是免费用餐的，几个月后考虑到资金可持续和减少浪费，食堂改为老人按优惠价就餐。村集体每个月补贴老人食堂 5000 元，老年公寓的老人每天花费十多元，就能够吃上价廉物美的三餐。但 2014 年调查时，老人食堂已停止经营，主要是因为有一些老人生病后对餐饮要求会更严格，村里觉得众口难调，于是关闭了老年食堂。

老年公寓的建设成本和土地复垦成本共 260 万元，全部先由村集体垫资。待老人入住老年公寓后村集体将其旧房拆除并复垦，复垦土地在国土部门验收合格后收到政府对宅基地复垦的补助和奖励款。浙江省政府对于通过宅基地整理而新增的耕地给予每亩 0.6 万元的奖励，M 市政府的补助标准也从原来的每亩 2.5 万元增加到每亩 4.5 万元。碧山村通过两次老年公寓的建造，总共新增了 60 亩复垦耕地，获得了 M 市政府补助 270 万元及浙江省政府奖励 36 万元，除了弥补了 260 万元“拆旧建新”成本之外还剩余了 46 万元。

碧山村老年公寓的经营收入主要有代收水电费、复垦耕地承包费、奖励补贴款余额的利息等。入住老年公寓的老人都选择将宅基地归还村庄，因此都免费入住老年公寓，但他们需要自己负担水电费。2013 年公寓方代收的水电费共 30 000 元。村集体将回收的宅基地复垦后的耕地承包给农业种植大户种植水稻、西瓜等农作物，租金每年每亩 750 元，60 亩复垦耕地每年承包费收入 45 000 元。两级政府奖励和补助款弥补“拆旧建新”成本后剩余资金 46 万元，再扣除发给 98 位入住老人的宅基地现金补贴 78 400 元（每人 800 元），剩余 381 600 元。按照 2013 年银行一年期利率 3%计算，这 381 600 元每年产生利息收入 11 448 元。因此，碧山村老年公寓一年的经营收入为 86 448 元（表 5.13）。

表 5.13　碧山村老年公寓 2013 年收入明细表（单位：元）

项目	代收水电费	复垦耕地承包费	奖励补助款余额利息	营业收入
金额	30 000	45 000	11 448	86 448

和吉安桥村类似，碧山村老年公寓的营业成本有代缴水电费、维修费和支付清洁工工资三项。2013 年，碧山村老年公寓的营业成本共 52 400 元。其中代缴水

电费 30 000 元，维修费 20 000 元，清洁工工资每月 200 元共 2400 元（表 5.14）。

表 5.14　碧山村老年公寓 2013 年支出明细表（单位：元）

项目	代缴水电费	维修费	清洁工工资	营业成本
金额	30 000	20 000	2 400	52 400

因此，碧山村老年公寓 2013 年的营业收入比营业成本多 34 048 元。扣除代收代缴性质的水电费收支，碧山村老年公寓每年的复垦土地承包费收入 45 000 元，就相当于 2013 年维修费和清洁工工资 22 400 元的两倍有余，维持老年公寓日常运营的收支平衡毫无压力。

和吉安桥村类似，碧山村老年协会每年都会组织入住老年公寓的老人旅游，所需费用先由老年公寓当年收支结余先行支付，不足部分由村集体补足。2013 年，碧山村的旅游花费约 199 000 元，除了老年公寓 2013 年的收支结余 34 048 元外，缺口部分的 164 952 元旅游费用由村集体补足，相当于村集体补助了全部旅游费用的 82.89%。

“宅基地换老年公寓”模式是一种能够实现村集体、地方政府和参与项目的老年人多方共赢的模式。

首先，对于碧山村而言，除了在项目实施初期需要垫付老年公寓的建设费用外，在几乎没有额外支出的情况下，通过“宅基地换老年公寓”项目的实施，解决了本村 98 位老年人的旧房改造和养老服务难题，大大减少了应对灾害天气时的转移安置成本。

拆除这些老房子以后，村子可以根据村庄未来的整体发展规划，集中建设农村集聚区，优化村庄用地布局，使得村庄面貌得到相当大的改观。“宅基地换老年公寓”项目也增加了碧山村的耕地面积，新增复垦耕地的承包费及复垦耕地奖励补偿款结余资金的利息可以持续地用于改善本村老年人的福利。

其次，“宅基地换老年公寓”模式也让当地政府获益。对于地方政府而言，回收和复垦宅基地，不仅增加了耕地面积，增进了粮食安全，更重要的是获得了宝贵的建设用地指标。通过城乡建设用地增减挂钩机制，即每拆除农村旧房减少一亩农村建设用地，地方政府就相应地获得一亩城镇建设用地的指标，地方政府盘活了原先处于闲置状态的农村宅基地资源。

城镇商品房市价很高，而闲置的农房由于限制交易市价很低，拆除农村旧房，新建城镇新房，大大提高了单位建设用地指标的价值。商品房的房价高，地方政府就可以把城镇土地卖出远高于征地补偿标准的价格，获得巨额的土地增值收益。因此地方政府有动力拿出土地增值收益的一部分（本案例中省市政府每亩宅基地复垦耕地的补助和奖励共 5.1 万元）来鼓励农民上交宅基地并复垦，获得宝贵的城镇建设用地指标。

最后，“宅基地换老年公寓”让自愿参与项目的老年人盘活闲置的农房资源，低成本地迅速改善住宿条件。对于这些老人而言，虽然宅基地属于集体所有，但建在宅基地上的农房是其私人财产。城市化之后，很多家庭中的年轻人进城工作、定居甚至户口都迁到了城镇，原先的农房往往只留下老年人居住，大量住房事实上处于闲置状态。

我国目前的法律严格禁止城市居民购买农村居民的农房。2008 年住房和城乡建设部发布的《房屋登记办法》将农房的交易范围限制到本村农村居民内部[①]。很多地方对于在宅基地上特别是在通过交易或继承得到的宅基地上翻修旧房有严格的规划限制。农房的交易和修缮都受到严格限制，其市场价格自然大打折扣。因此，旧农房对老人们而言，没有多高的市场价值。在 2003 年前后，如果要在原址上翻修旧房至少也需要十几万元。“宅基地换老年公寓”意味着老人们不掏腰包马上就可以住上新房。从碧山村老年公寓的受欢迎程度看，这对当时一部分老人很有吸引力。

本案例中 98 位碧山村老人上交村集体的宅基地面积共 60 亩，按每亩获得省市补助和奖励 5.1 万元计算，人均获得宅基地复垦补助和奖励金额为 31 224 元，在扣除给每位老人 800 元的现金补偿后，老人们相当于把剩余的 30 424 元交给村集体，换取在新建老年公寓免费居住直至死亡并享受老年公寓相关服务与福利（打扫卫生、定期旅游等）的权利，30 424 元中的 26 531 元被村集体用于“拆旧建新”，其余 3893 元的利息收入及复垦土地承包费收入被老年公寓用于老年公寓的日常运转和入住老人的福利（包括每年每人 2000 元左右的集体旅游）。

此外，集中居住在配套设施齐全的老年公寓中，不仅建筑质量和人居环境大大改善，而且老人们可以相互做伴，没有了独居家庭的冷清寂寞，也没有了大家庭常见的代际矛盾和家庭冲突，老人们一起喝茶聊天、打牌跳舞，文化生活大大丰富，精神上可以得到很大的慰藉。

我们在调查中也发现，M 市农村的老年公寓是近十年内兴建的，还处于起步摸索阶段，存在以下几个问题需要改善。

首先，这些老年公寓都只是让老年人到公寓里居住，基本上并没有提供餐饮、照护服务，尤其是医疗服务，使得失能老人难以入住老年公寓。老年公寓里没有配备医务室和医护人员，如果老人发生突发性心脏病、脑溢血等危急情况，可能会因为救治不及时而耽搁了最佳治疗时机。当然，医疗服务缺失问题不是农村老年公寓本身的问题，而是农村基层普遍存在的问题。失能老人的照护这一农村养

① 住房和城乡建设部 2008 年颁布的《房屋登记办法》规定：“申请农村村民住房所有权转移登记，受让人不属于房屋所在地农村集体经济组织成员的，除法律、法规另有规定外，房屋登记机构应当不予办理。”

老服务最短的短板无法通过现有的互助式老年公寓得到改善。

其次，部分农村老年公寓没有到民政部门登记注册，缺乏规范的内部管理制度。调查发现，不是每一个村的老年公寓都像吉安桥村那么规范运作。部分村的老人协会并没有组织有力的领导班子，不能很好地承担起管理老年公寓的职责。有的老年公寓没到民政部门登记注册，也没有独立的对公账户，容易导致财务管理上出现管理漏洞。

最后，在“宅基地换老年公寓”项目的实施过程中，还存在需要先垫资建设老年公寓的问题。碧山村的做法是由村集体先垫资建设，但对于那些拿不出垫资所需建设资金的村庄而言，项目的启动仍然是个难题。将来也许可以考虑将银行、信用社引入到项目流程中，以城乡建设用地指标为抵押申请贷款解决项目启动资金问题。

三、案例小结

M 市碧山村“宅基地换老年公寓”模式对于类似于碧山村这样集体经济不那么发达的农村发展互助式老年公寓有重要的启示意义。

通过“宅基地换老年公寓”项目的实施，能够实现农村老年人、村集体和地方政府的多方共赢。老年人盘活了交易受到严格限制的农房资源，用很低的经济成本迅速实现了住房质量和人居环境的极大改善；村集体通过复垦宅基地增加了耕地面积和新增耕地承包费收入，利用宅基地复垦的政府补助和奖励款修建了互助式老年公寓，保障了村民的住房安全，改善了村容村貌，剩余资金还可以将来用于改善本村老年人的福利；地方政府则利用城乡建设用地指标增减挂钩机制，获得了宝贵的城镇建设用地指标，既有力地推进了城镇化建设，也通过城乡建设用地指标的城乡统筹，让参与挂钩项目的农村地区分享到城镇化带来的红利。

碧山村的“宅基地换老年公寓项目”2003 年 10 月启动，而关于“城乡建设用地增减挂钩”的《国务院关于深化改革严格土地管理的决定》（国发〔2004〕28 号）在 2004 年 10 月 21 日才正式出台，因此碧山村“宅基地换老年公寓项目”的做法带有很强的地方试点探索的意义。在今天看来，当时 M 市建设用地指标的补偿标准可能很有限，但在当时这个补偿标准对于农民和村庄都很有吸引力。如果现在在浙江实施类似的“宅基地换老年公寓”项目，每亩宅基地复耕能获得至少 50 万元的经济补偿[①]。因此，“宅基地换老年公寓”的做法具有很大的潜力。

---

① 《浙江省国土资源厅关于做好城乡建设用地增减挂钩节余指标调剂使用管理工作的通知》（浙土资规〔2018〕11 号）规定：“节余指标调剂实行市场调剂，建立最低保护价。最低保护价综合考虑节余指标市场行情、建设用地复垦地类及成本、房屋拆迁安置、融资成本，以及农户和农村集体经济组织合理收益等因素。县（市、区）确定的结余指标最低保护价要及时报省国土资源厅备案。最低保护价可根据市场行情，不定期进行调整更新。省国土资源厅调剂平台最低保护价为每亩 50 万元。节余指标调剂价格不得低于最低保护价。县域内调剂价格低于县（市、区）政府公布的节余指标最低保护价时，节余指标可由当地县级政府按最低保护价收购”。

当然，我们的调查也发现M市的“一元房”农村老年公寓和“宅基地换老年公寓”模式依然存在照护和医疗服务缺失、难以满足失能半失能老人需求等问题。尽管如此，M市的“一元房”农村老年公寓和“宅基地换老年公寓”仍然不失为发展农村互助式老年公寓的宝贵探索。

值得特别指出的是，“宅基地换老年公寓”项目一定要坚持农民自愿参与的原则，严禁出现“逼农民上楼”的现象。近年来，在我国的一些地方出现过违背农民意愿搞拆村并居、强迫农民上楼的做法，严重损害了农民的合法利益。“宅基地换老年公寓”模式作为农民、村集体和地方政府之间的一种合作方式，只有坚持自愿参与的原则，才能从根本上保障农民和村集体的基本权益。

第三节　浙江省民办养老机构的经营模式创新

除了养老服务补贴政策、养老机构服务价格管理政策和公建民营与政府购买服务政策以外，浙江省在支持连锁型民办养老机构发展、民办非单位制养老机构投资权益保护、税费减免和优惠、土地保障等方面的相关政策出台早，措施具体得当，支持力度大。

在支持连锁型民办养老机构方面，2011年12月16日发布的《国务院办公厅关于印发社会养老服务体系建设规划（2011—2015年）的通知》（国办发〔2011〕60号）第一次提到：“引导养老机构向规模化、专业化、连锁化方向发展。”而在此前一天，即2011年12月15日，浙江省政府发布的《关于深化完善社会养老服务体系建设的意见》（浙政发〔2011〕101号）提出：“积极探索养老服务机构收费管理新机制，鼓励实行养老服务机构公办民营模式和非营利性养老服务机构连锁运营模式，降低运营成本，提高服务水平”。

2014年4月23日发布的《浙江省人民政府关于加快发展养老服务业的实施意见》（浙政发〔2014〕13号）提出：“培育若干规模较大的养老服务集团和连锁服务机构，形成一批富有活力的中小型养老服务机构……鼓励个人举办家庭化、小型化的养老机构，社会力量举办规模化、连锁化的养老机构。”

2014年4月25日发布的《浙江省人民政府关于发展民办养老产业的若干意见》（浙政发〔2014〕16号）提出：“加快培育连锁化、规模化、集团化的养老服务机构。对其中的示范性机构，地方政府根据财力，可给予一次性奖励。”

2016年12月16日发布的《浙江省民政厅 浙江省发展和改革委员会关于印发浙江省社会福利事业发展 “十三五”规划的通知》提出：“创新养老服务供给模式，全面放开养老服务市场，推进社会化运营。进一步完善、细化政策体系，支持社会资本进入养老服务业，推进养老服务机构运营连锁化、规模化、集团化，培育一批带动力强的龙头企业和知名度高的养老服务业品牌。”

民非制养老机构的投资权益保护是民办养老机构发展中的焦点问题。由于工商登记的企业性质民办养老机构和民政登记的民非性质养老机构在用地、补贴、税收和水电燃气优惠政策方面都存在显著的差别，无论从全国还是从浙江情况看，目前大多数民办养老机构是民政登记的民非性质养老机构[①]。

1998 年 10 月 25 日国务院颁布实施的《民办非企业单位登记管理暂行条例》规定：“本条例所称民办非企业单位，是指企业事业单位、社会团体和其他社会力量以及公民个人利用非国有资产举办的，从事非营利性社会服务活动的社会组织……民办非企业单位不得从事营利性经营活动……民办非企业单位的资产来源必须合法，任何单位和个人不得侵占、私分或者挪用民办非企业单位的资产。民办非企业单位开展章程规定的活动，按照国家有关规定取得的合法收入，必须用于章程规定的业务活动。民办非企业单位接受捐赠、资助，必须符合章程规定的宗旨和业务范围，必须根据与捐赠人、资助人约定的期限、方式和合法用途使用……民办非企业单位必须执行国家规定的财务管理制度，接受财政部门的监督；资产来源属于国家资助或者社会捐赠、资助的，还应当接受审计机关的监督……”

2004 年 4 月 22 日浙江省政府发布并于 2004 年 7 月 1 日起施行的《浙江省民办非企业单位管理暂行办法》进一步细化了相关规定：“本办法所称民办非企业单位，是指企业事业单位、社会团体和其他社会力量以及公民个人利用非国有资产举办的，从事非营利性社会服务活动的社会组织。本办法所称非营利性社会组织，是指提供公益性社会服务，不以营利为目的，且盈余不在举办者及成员中分配的社会实体……举办者投入民办非企业单位的资产、民办非企业单位接受捐赠资助的资产、民办非企业单位的收益和积累资金属于民办非企业单位所有，由民办非企业单位用于章程规定的事业，不得在出资人中分红。任何单位和个人对民办非企业单位投入和捐赠资助的资产不得抽回。民办非企业单位存续期间，所有资产由民办非企业单位依法管理和使用，任何单位和个人不得侵占。民办非企业单位不得为任何单位和个人提供担保……民办非企业单位申请注销登记的，应当于办理注销登记前，在业务主管单位和其他有关机关的指导下，成立清算组织，按照清算程序完成清算工作。清算期间，民办非企业单位不得开展清算以外的活动。民办非企业单位的剩余财产按照章程规定用于资助非营利性公益组织，任何

---

① 根据《中国社会统计年鉴（2019）》的统计数据，截至 2018 年底，全国共有 28 671 家养老机构，其中在编制部门登记的事业单位制养老机构 13 555 家，占养老机构总数的 47.28%；在民政部门登记的民非性质养老机构 14 109 家，占养老机构总数的 49.21%；在工商部门登记的企业制养老机构 831 家，仅占养老机构总数的 2.90%，另有 176 家养老机构属于“一个机构多个牌子”，占养老机构总数的 0.61%。截至 2018 年底，浙江省共有 1464 家养老机构，其中在编制部门登记的事业单位制养老机构 580 家，占养老机构总数的 39.62%；在民政部门登记的民非制养老机构 803 家，占养老机构总数的 54.85%；在工商部门登记的企业制养老机构 81 家，占养老机构总数的 5.53%。

单位和个人不得侵占、私分、挪用。剩余财产的处理，应当接受业务主管单位、登记管理机关和其他有关机关的监督。”

按照上述规定，民非性质养老机构的投资人投入该机构的资产、收益和积累资金及接受的捐赠都属于养老机构的法人财产，既不能分红，也不能抽回、转让、继承或赠与。虽然目前大多数民办养老机构登记为民非性质，但不可否认，并不是所有的民非制养老机构的投资人都是为了捐资举办慈善事业，很多人是将养老机构的工作作为自己的职业，还有部分投资人实际上是想从中营利的，这也给这些养老机构投资人带来了潜在的政策风险。

2013 年 1 月 17 日，民政部与浙江省政府在杭州签署合作协议，共建温州市民政综合改革试验区。根据合作协议，部省双方将以共同推进温州市城乡基层社会管理服务体制机制改革、深化社会组织管理体制改革、建立适度普惠型社会福利制度、推进绿色生态殡葬改革为重点，从政策制定、规划编制、项目扶持、资金支持、经验推广等方面，进一步加强对温州市民政工作的指导支持。

2013 年 5 月 14 日，浙江温州市委、市政府出台的《关于鼓励社会力量兴办养老机构的若干意见》提出：“依法登记的非营利性民办养老机构，明确出资财产属于出资人所有；在扣除举办成本、预留单位发展基金以及提取其他有关费用后，如当年仍有收支结余，经养老机构决策机构同意并经审计符合规定的，可以从收支结余中提取一定比例用于奖励举办人，年奖励总额不超过以举办人累积出资额为基数的同期银行一年期贷款基准利率 2 倍利息额；投入满五年后，在保证不撤资、不影响法人财产稳定的前提下，出资人产（股）权份额经单位决策机构同意，可以转让、继承、赠与。非营利性民办养老机构经依法清算后，其资产增值部分主要以捐赠形式纳入当地政府养老发展专项基金，并可对举办人给予一次性奖励，奖励总额不超过资产增值部分的 10%。营利性养老机构依法享有相关产权与经济效益，按市场机制获取利润。”

2014 年 4 月 23 日发布的《浙江省人民政府关于加快发展养老服务业的实施意见》（浙政发〔2014〕13 号）吸收了温州关于民办养老机构权益保护的相关做法，提出：“完善投资权益政策。依法登记的民办非营利性养老服务机构，明确出资财产属于出资人所有。经营管理较好的，可以从收支结余中提取一定比例用于奖励举办人。投入满 5 年后，可以转让、继承、赠与。民办非营利性养老服务机构经依法清算后，有资产增值的，经养老服务机构决策机构同意并经审计符合规定的，可对举办人给予一次性奖励，奖励总额不超过资产增值部分的 10%。”

2014 年 4 月 25 日发布的《浙江省人民政府关于发展民办养老产业的若干意见》（浙政发〔2014〕16 号）进一步明确了浙政发〔2014〕13 号文件提出的民办养老机构的投资权益保护政策：“六、确保投资者权益。（二十）凡捐资举办的非营利性养老机构，所有净资产归社会所有，机构停办后，由行政许可部门负责统筹，继续用于养老服务事业；其余民办非营利性养老机构、居家养老服务组织，出资者拥有实际出资额（含存续期间追加投资额）的财产所有权。（二十一）对民办非营利性养老机构、居家养老服务组织，在扣除举办成本、预留单位发展基金以及提取其他有关费用后，如当年仍有收支结余，经养老服务机构决策机构同意并经审计符合规定的，可以从收支结余中提取一定比例用于奖励举办人，年奖励总额不超过以举办人累积出资额为基数的同期银行一年期贷款基准利率 2 倍利息额；投入满 5 年后，在保证不撤资、不影响法人财产稳定的前提下，经单位决策机构同意，出资人产（股）权份额可以转让、继承、赠与。（二十二）民办非营利性养老机构、居家养老服务组织经依法清算后，其资产增值部分主要以捐赠形式纳入当地政府养老发展专项基金，经养老服务机构决策机构同意并经审计符合规定的，可对举办人给予一次性奖励，奖励总额不超过资产增值部分的 10%。”

2015 年 2 月 16 日浙江省民政厅和浙江省发改委联合发布的《关于开展养老服务业综合改革试点的通知》（浙民福〔2015〕28 号）规定：“完善非营利性养老服务机构（组织）奖励制度。根据省政府浙政发〔2014〕13 号文件规定，细化对民办非营利性养老机构、居家养老服务组织从收支结余中提取一定比例用于奖励举办人的具体办法。完善民办非营利性养老服务机构的清算、注销办法。规范民办非营利性养老机构、居家养老服务组织解散、分立、合并的程序及老年人安置方案、资产处置办法等。”

浙江省在出台鼓励社会力量兴办养老服务业的税费减免等政策时，不仅比中央政府的政策力度更大，而且越来越注重对公办养老机构、民办非企业制养老机构和企业制养老机构一视同仁。

在养老机构税费减免方面，2005 年民政部发布的民发〔2005〕170 号文件要求：“当前要抓好财政部、税务总局《关于对老年服务机构有关税收政策问题的通知》（财税〔2000〕97 号）中关于‘社会力量投资兴办的福利性、非营利性的老年服务机构，暂免征收企业所得税，以及老年服务机构自用房产、土地、车船的房产税、城镇土地使用税、车船使用税’规定的落实工作。”

2006 年 5 月 23 日浙江省政府办公厅发布的《关于促进养老服务业发展的通知》（浙政办发〔2006〕84 号）规定：“鼓励各地重点兴办非营利性的养老机构……认真落实国家对福利性、非营利性老年服务机构的税费扶持政策，暂免征收社会福利院、敬老院、养老院、老年公寓等养老机构企业所得税、养老服务收入营业税，以及老年服务机构自用房产、土地、车船的房产税、城镇土地使用税和车船使用税；营利性养老机构要照章纳税，如纳税确有困难的，按税法管理权限，报经税务部门批准，可给予减免照顾；减免养老机构行政事业性收费（国家法律法规另有规定的除外）；养老机构缴纳水利建设专项资金确有困难的，可报经税务部门批准，予以减免照顾。政府主办和特许经营的供水、供电、供气、通信、有线（数字）电视等经营单位，应为养老机构提供优质服务和优惠收费。其中：用水、用电、用气（燃料）等价格与居民用户实行同价，并免收相应的配套费；免收养老机构电话、有线（数字）电视、宽带互联网一次性接入费，并减半收取通信费、听视费。”

浙政办发〔2006〕84号文件不仅将企业所得税、房产税、城镇土地使用税和车船使用税暂免征收的范围从民政部规定的非营利性养老机构扩大到所有养老机构，而且将养老服务收入的营业税、行政事业线收费、水利建设专项资金等地方税费项目也纳入减免范围，水、电、燃气、电话、有线（数字）电视、宽带互联网等相关费用也给予优惠，部分税费优惠政策的力度甚至超过了2013年发布的《国务院关于加快发展养老服务业的若干意见》（国发〔2013〕35号）①。

2014年4月23日浙江省政府发布的《关于加快发展养老服务业的实施意见》（浙政发〔2014〕13号）进一步提出：“经批准设立的养老机构内专门为老年人提供生活照顾的场所免征耕地占用税……对养老机构免征水利建设基金，接纳残疾老年人达到一定比例的免征残疾人就业保障金……各类养老机构免缴城市基础设施配套费……使用固定电话、宽带互联网费用执行家庭住宅价格；向城市污水集中处理设施排放达标污水、按规定缴纳污水处理费的，不再征收污水排污费。新建养老机构，适当降低车位配置标准。”

2014年4月25日发布的《浙江省人民政府关于发展民办养老产业的若干意见》（浙政发〔2014〕16号）规定：“民办非营利性养老机构依法享有与公办养老机构同等的税费优惠政策……营利性养老机构取得的养老服务收入直接用于改善养老条件的，其后5年缴纳的税收地方留成部分由同级财政给予减半补助……除法律法规明确的收费项目外，不得对民办养老机构另行收费。凡收费标准设置上、下限的，按有利于民办养老机构发展收取。”

在养老机构建设的土地保障政策方面，2011年12月15日颁布的《浙江省人民政府关于深化完善社会养老服务体系建设的意见》（浙政发〔2011〕101号）规定：“加强养老服务机构用地保障。以市、县（市）为单位，按照到2015年养老床位占老年人口总数5%以上的要求，合理规划布局养老服务机构，确保满足养老服务机构建设用地需求。对福利性和非营利性养老服务机构项目建设用地，采用政府划拨方式供地；对营利性养老服务机构项目建设用地，可根据土地用途，依据养老服务机构具体类型，参照成本逼近法等方法进行地价评估后，采取招标拍卖挂牌出让方式供地。鼓励用地单位在符合城市规划的前提下，充分利用工业

① 国发〔2013〕35号文件规定：“对养老机构提供的养护服务免征营业税，对非营利性养老机构自用房产、土地免征房产税、城镇土地使用税，对符合条件的非营利性养老机构按规定免征企业所得税……各地对非营利性养老机构建设要免征有关行政事业性收费，对营利性养老机构建设要减半征收有关行政事业性收费，对养老机构提供养老服务也要适当减免行政事业性收费，养老机构用电、用水、用气、用热按居民生活类价格执行。”

厂房、仓储用房、学校、办公楼等存量房产和土地兴办养老服务机构，支持农村集体经济组织使用村级建设留用地兴办养老服务机构，相关部门要积极支持协助并依法办理相关手续……各级政府及有关部门要加强调查研究，依据当地经济社会发展规划、城乡规划和土地利用总体规划，深入分析研究当地老年人口数量、结构及发展趋势和养老服务需求，着眼统筹城乡、统筹居家和机构养老服务，科学制订社会养老服务体系建设中长期规划和年度工作计划。年度养老服务建设项目应及时纳入当地的年度用地计划”。

2014 年 4 月 23 日发布的《浙江省人民政府关于加快发展养老服务业的实施意见》（浙政发〔2014〕13 号）规定：“完善土地供应政策。养老服务设施建设用地纳入经济社会发展规划、城乡规划、土地利用总体规划和年度用地计划。以市、县（市、区）为单位，在充分考虑当地老年人口增长速度和机构建设周期性特点的基础上，按照到 2020 年养老床位占老年人口总数 5%以上的要求和养老机构床位年增长 10%的基数，规划养老机构设置，预留和落实年度建设用地指标。各市、县（市、区）要单列养老机构（含老年活动设施）用地指标，纳入年度用地计划。对省政府确定的以划拨方式供地的非营利性养老服务设施示范项目，确需新增用地的，省在年度用地计划中重点予以保障。对民间资本参与投资并列入省重大产业项目库的示范项目，按规定给予计划指标奖励。公办福利性机构和社会力量举办的非营利性养老机构，可以依法使用国有划拨土地或者农民集体所有的土地。对营利性养老机构建设用地，参照成本逼近法或收益还原法进行地价评估后，采取招标拍卖挂牌出让方式供地。闲置的公益性用地可调整为养老服务用地。”

2014 年 4 月 25 日发布的《浙江省人民政府关于发展民办养老产业的若干意见》（浙政发〔2014〕16 号）规定：“民间资本举办的非营利性养老机构与政府举办的养老机构享有相同的土地使用政策，可以依法使用国有划拨土地或者农民集体所有的土地。对营利性养老机构建设用地，参照成本逼近法或收益还原法进行地价评估后，采取租赁、招标拍卖挂牌出让方式供地。通过招拍挂出让有偿方式取得的民办养老机构用地，可确定为商服用地——其他商服用地（养老机构用地）。原以行政划拨方式供地的，可依法办理土地出让手续，经评估确定后，以补缴土地出让金或以租赁、作价出资（入股）等方式处置。核发划拨决定书、签订租赁合同或出让合同时，应当规定或者约定建设用地使用权不得分割转让（转租），不得改变土地用途。对擅自改变养老设施用地用途、容积率等土地使用条件搞房地产开发的，由市县国土资源部门依法依约收回建设用地使用权。鼓励社会力量对闲置的医院、学校、企业厂房、商业设施、农村集体房屋及其他可利用的社会资源，进行整合改造后用于养老服务。在符合土地利用总体规划和相关城乡规划前提下，允许利用村集体建设用地建设农村养老机构。对利用集体所有的山坡荒地或其他不影响城乡规划的建设用地建设并用于民办非营利性养老机构的，应当优先办理土地审批手续。民办非营利性养老机构停办后，其通过行政划拨方式取得的土地使用权由政府收回或经批准后转由其他民办非营利性养老机构使用……允许养老机构利用有偿取得的土地使用权、产权明晰的房产等固定资产办理抵押贷款，国土资源、房产管理部门应予办理抵押登记手续。”

2015 年 3 月 1 日起施行的《浙江省社会养老服务促进条例》第四十一条规定：“县级以上人民政府和有关部门应当将社会养老服务设施建设用地纳入城乡规划、土地利用总体规划和年度用地计划，优先保障社会养老服务设施建设用地。”第四十二条规定：“民间资本设立的非营利性养老机构与政府投资设立的养老机构执行相同的土地使用政策，可以依法使用国有划拨土地或者农民集体所有的建设用地。民间资本利用城镇空闲的厂房、学校、社区用房，设立非营利性养老机构，经规划、国土资源部门批准临时改变建筑用途的，按照有关规定免交土地收益金。”第四十三条规定：“营利性养老机构建设用地，按照省有关规定确定其使用性质并进行地价评估后，依法办理国有建设用地有偿使用手续。养老机构可以利用有偿取得的土地使用权、产权明晰的房产等固定资产办理抵押贷款，不动产登记机构应当予以办理抵押登记。养老机构建设用地和建筑物，未经法定程序不得改变用途，不得分割转让。”

2016 年 10 月 9 日民政部等 11 个部门发布的《关于支持整合改造闲置社会资源发展养老服务的通知》（民发〔2016〕179 号）提出：“农村集体经济组织可依法盘活本集体建设用地存量，为本集体经济组织内部成员兴办非营利性养老服务设施；民间资本举办的非营利性养老机构可以依法使用农民集体建设用地。鼓励村三产留地优先用于发展养老服务……鼓励党政机关和国有企事业单位举办的培训中心、疗养院及其他具有教育培训或疗养休养功能的各类机构，在具备条件的情况下，通过规范方式转向养老服务业。可探索采用政府和社会资本合作（PPP）等方式组建社会化养老服务企业或非营利性机构。支持各地利用现有培训疗养服务设施场地，以多种方式提供养老服务。”

除了土地保障政策以外，浙江省政府还多次对养老机构，特别是民办养老机构的发展提出阶段性目标并列入对地方政府的年度考核指标中，极大地推动了地方政府促进养老服务事业发展的积极性。

2008 年 11 月 14 日发布的《浙江省人民政府关于加快推进养老服务体系建设的意见》（浙政发〔2008〕72 号）提出：“加大扶持力度，大力推进民办养老服务机构发展。通过建设资金补贴、公建民营、税费优惠、政府购买服务等优惠扶持措施，促进非营利性民办养老服务机构的发展。到 2012 年，全省非营利性民办养老服务机构床位数占全部床位数的比重力争达到 50%。积极扶持鼓励社会兴办养老服务企业，培育多种服务方式和不同收费水平的服务行业供给主体，满足不同层次、不同类型的养老服务需求。”

2011年11月14日浙江省政府发布的《浙江省民政事业发展“十二五”规划》提出：“加快养老机构建设，养老机构床位‘十二五’期间年均增长10%以上；优化床位布局，国办养老机构新增床位优先满足失能（智）、半失能（智）老人所需。积极扶持鼓励社会力量兴办养老服务业。到2015年，力争实现每百名老人平均拥有床位数3张，其中民办养老服务机构床位数占全部床位数的50%。”

2011年12月15日发布的《浙江省人民政府关于深化完善社会养老服务体系建设的意见》（浙政发〔2011〕101号）提出工作目标：“到2015年，全省城乡社区居家养老服务实现全覆盖，养老服务设施合理布局基本形成；基本建立以护理型为重点、助养型为辅助、居养型为补充的机构养老服务模式，培育一批规模较大的养老服务集团或连锁服务机构，每百名老年人拥有养老服务床位数达到3张以上，其中护理型床位占比不低于40%，民办养老机构床位占比达到50%以上；省、市、县（市、区）养老服务指导中心、乡镇（街道）养老服务中心、城乡社区居家养老服务照料中心（站）三级组织管理系统和服务网络不断健全，养老服务管理实现标准化、规范化。”

2014年4月23日发布的《浙江省人民政府关于加快发展养老服务业的实施意见》（浙政发〔2014〕13号）提出：“到2020年，全面建成以居家为基础、社区为依托、机构为支撑，功能完善、布局合理、规模适度、覆盖城乡的养老服务体系；基本形成‘9643’的养老服务总体格局，即96%的老年人居家接受服务，4%的老年人在养老机构接受服务；不少于3%的老年人享有养老服务补贴……全省城乡社区形成20分钟左右的居家养老服务圈，各类养老服务覆盖所有居家老年人。全面确立以护理型为重点、助养型为辅助、居养型为补充的养老机构发展模式，每千名老年人拥有社会养老床位达到50张，其中机构床位数不少于40张，护理型床位占机构床位比例不低于50%，民办（民营）机构床位占机构床位比例力争达到70%。省、市、县（市、区）养老服务指导中心、乡镇（街道）养老服务中心、城乡社区居家养老服务照料中心三级管理服务网络进一步健全。高龄津贴制度和护理补贴制度进一步完善。”

2016年7月26日浙江省政府发布的《浙江省民政事业发展“十三五”规划》提出：“到2017年，全省城乡社区居家养老服务照料中心不少于2.3万家。到2020年，全省再增加12万张以上的社会养老床位，每千名老人拥有社会养老床位50张，其中机构床位不少于40张，护理型床位占机构床位比例不低于50%，民办（民营）机构床位占比达到 70%。”①

浙江省政府对民办养老机构的各项支持政策取得了良好的政策效果。从表 5.15 可以看出，自“十二五”以来，不仅浙江省民办养老机构数和民办养老机构床位数基本呈持续上升趋势，而且民办养老机构数占比和民办养老机构床位数占比也基本呈持续上升趋势。2015 年末，浙江省民办养老机构床位数 190 440 张，占当年全部养老机构床位数 54.74%，超额完成《浙江省民政事业发展“十二五”规划》提出的 2015 年实现民办养老服务机构床位数占比达到 50%的目标。

表 5.15　浙江省 2011～2019 年民办养老机构发展基本情况

项目	2011 年	2012 年	2013 年	2014 年	2015 年	2016 年	2017 年	2018 年	2019 年
养老机构数/个	1 869	1 969	2 092	2 236	2 240	2 365	2 183	2 207	2 382
民办养老机构数/个	799	878	1 072	1 192	1 208	1 271	1 164	1 345	1 487
民办养老机构数占比	42.75%	44.59%	51.24%	53.31%	53.93%	53.74%	53.32%	60.94%	62.43%
养老机构床位数/张	210 172	247 773	275 098	312 327	347 879	384 226	395 580	422 158	443 468
民办养老机构床位数/张	90 009	115 865	135 306	159 991	190 440	237 631	227 876	272 169	303 284
民办养老机构床位占比	42.83%	46.76%	49.18%	51.23%	54.74%	61.85%	57.61%	64.47%	68.39%

资料来源：2011 年养老机构数和床位数来自浙江省民政厅，其他数据均来自浙江省老龄工作委员会办公室发布的相关年份《浙江省老年人口和老龄事业统计公报》

到 2019 年末，浙江省共有养老机构 2382 家，养老机构床位数 443 468 张；其中民办养老机构 1487 家，占全部养老机构数的 62.43%；民办养老机构床位数 303 284 张，占全部养老机构床位数的 68.39%，基本达到了《浙江省民政事业发展“十三五”规划》提出的 2020 年民办（民营）机构床位占比争取达到 70%的预期性目标。

① 2013 年 9 月 6 日发布的《国务院关于加快发展养老服务业的若干意见》（国发〔2013〕35 号）提出：“到 2020 年，全面建成以居家为基础、社区为依托、机构为支撑的，功能完善、规模适度、覆盖城乡的养老服务体系。养老服务产品更加丰富，市场机制不断完善，养老服务业持续健康发展……生活照料、医疗护理、精神慰藉、紧急救援等养老服务覆盖所有居家老年人。符合标准的日间照料中心、老年人活动中心等服务设施覆盖所有城市社区，90%以上的乡镇和 60%以上的农村社区建立包括养老服务在内的社区综合服务设施和站点。全国社会养老床位数达到每千名老年人 35～40 张，服务能力大幅增强。”

第六章　结　　语

浙江省是我国最早进入老龄化社会的省份之一。多年来，浙江省委、省政府高度重视养老服务体系建设，大力支持养老服务机构特别是民办养老机构的发展。浙江省民政厅、财政厅、物价局等相关部门及地方政府锐意进取，勇于担当，在建立养老服务补贴制度、养老机构价格管理制度和公建民营与政府购买服务改革等方面都出台了许多创新性的政策和改革措施。

浙江省是全国最早针对低收入失能（失智）老年人实行养老服务补贴政策的省份之一，制定了全国第一个由省级价格管理部门出台的关于养老机构养老服务收费管理的暂行办法。浙江省也是全国最早实行公办养老机构公建民营改革的省份之一，在全国率先提出民非性质养老机构的投资权益保护措施。2015 年 3 月 1 日起正式施行的《浙江省社会养老服务促进条例》是全国首部关于养老服务的综合性地方法规。

这些政策、法规和改革举措都生动地体现了民政部等 13 部门在《关于加快推进养老服务业放管服改革的通知》（民发〔2017〕25 号）中所提倡的“放管服”改革基本精神，为浙江省养老机构的发展创造了良好的外部环境，养老服务体系建设取得了显著的进展。2017 年、2018 年和 2021 年，浙江省的养老服务体系建设三次获得国务院的督查激励。

根据《中国社会统计年鉴（2019）》的统计数据，2018 年浙江省每千名老年人口养老床位数（含居家养老机构）达 54.17 张，排名全国第二，仅次于内蒙古自治区（54.75 张），远远超过排名第三的江苏省（39.45 张）及其他省份。

浙江省不仅重视养老机构和床位建设，而且多次提出护理型床位和民办养老机构床位的建设目标和支持政策。截至 2020 年底，浙江省共有养老机构 2485 家，床位 45.46 万张，其中护理型床位占比超过 53%。浙江省每千名老年人拥有养老机构床位数 40 张。民办养老机构 1580 家，占养老机构总数的 63.58%。2019 年末，浙江省民办养老机构床位占养老机构床位总数的比率达 68.39%。

浙江省是全国最早进入老龄化社会的省份之一，因此比许多省份更早地遇到养老服务机构建设的问题，也因此更早地进行各类养老服务机构的相关改革和探索，其中既有成功的经验，也不乏失败的教训，都值得我们仔细收集事实，整理案例，总结经验，反思不足，以期为其他地区提供借鉴。

因缘际会，笔者亲身参与了浙江省养老服务补贴制度和《浙江省养老服务收费管理暂行办法》（浙价费〔2014〕235 号）出台的全过程。

2010 年秋，笔者参与了陈加元副省长领衔的浙江省政府委托课题《浙江省养老服务财政补贴政策与政府购买制度研究》，为 2011 年浙江省政府即将出台的《关于深化完善社会养老服务体系建设的意见》（浙政发〔2011〕101 号）做前期研究。期间笔者跟随课题组成员走访了浙江省十来家养老机构，边调研边学习边讨论，2011 年终于将"补需方"的养老服务补贴制度写入了浙政发〔2011〕101 号文件。略有遗憾的是，浙政发〔2011〕101 号采纳了浙江省发展和改革委员会同志提出的"供方需方一起补"的意见，而不是我们主张的"以需方补贴代替供方补贴"。但养老服务补贴制度能够从无到有，成为一项正式制度，让浙江省将近两万名低保失能（失智）老人能有机会直接享受养老服务补贴并自行选择服务方式和服务机构，仍然让我们非常开心。

2011 年，在《浙江省养老服务财政补贴政策与政府购买制度研究》课题的结题讨论会上，浙江省物价局黄彩凤副处长邀请笔者主持《浙江省养老服务收费管理研究》课题。2012 年的夏天，笔者跟随浙江省物价局副局长韩亚明领衔的课题组成员走访了浙江省十来家养老机构，边调研边讨论，大家一起目睹了价格管制对养老机构发展带来的种种弊端，逐步达成了进行养老机构价格管理改革的共识。

因为浙江省物价局将公办养老机构改革的试点任务交给了杭州市，于是笔者又带领学生跟踪调查杭州市三福院服务价格综合改革的案例。2014 年 4 月 8 日，三福院汪松林院长邀请笔者参加杭州电视台《我们圆桌会》关于"公办养老院定价能否改一改？"的主题讨论，笔者觉得作为此项改革的倡导者，利用大众媒体向广大市民解释改革的初衷，义不容辞。后来笔者和学生徐秋涵一起把三福院改革案例整理成文，介绍了三福院改革的起因、经过、绩效和不足，这一论文 2018 年获得了民政部 2018 年民政政策理论研究二等奖。

笔者身在高校，每年指导本科生和硕士生写毕业论文。十余年下来，粗粗数来，选题是关于养老机构发展的学生论文已经有二十多篇，大部分的案例都是笔者和学生一起调查整理的，不能一起调研的案例笔者也和学生仔细讨论，设计研究框架，整理调研笔记。虽然这些案例都是关于机构养老服务发展和改革中的某一特定问题，部分调查在整理本书再看时也发现当初存在考虑不足、调研不够深入仔细的缺憾。但仔细耙梳下来，其中部分案例能够以小见大，颇具典型性，值得整理出来与诸位读者分享①。

① 王佳丽、郑芝、徐秋涵同学的案例相对贡献较大，故列为本书共同作者，其他同学的案例我们在引用时也都已一一注明。

一、案例小结

本书第二章到第四章的章节安排遵循了笔者向来主张的公办养老机构“三步走”改革的逻辑脉络，其主题涉及养老机构补贴制度改革、养老机构价格管理制度改革和养老机构公建民营与政府购买服务改革，第五章则关注浙江省民办养老机构发展中经营模式创新的典型案例。

第二章重点关注养老服务补贴应该“补砖头、补床头还是补人头”①。“补砖头”指对公办养老机构的建设补贴，“补床头”指《浙江省人民政府关于加快推进养老服务体系建设的意见》（浙政发〔2008〕72号）提出的省财政对民办养老机构按床位数进行补贴的政策。“补人头”指笔者倡导的直接针对低收入失能（失智）老人的养老服务补贴和政府购买服务制度。

我们对公办养老机构庆春福利院（案例一）的调研发现，政府通过固定资产投资、人工补贴、运营补贴等各种方式对庆春福利院的建设和经营给予补贴，每年的各类补贴金额甚至超过了入住老年人实际缴纳的金额，其经营收入无法覆盖其运营成本，更不必说覆盖包含固定资产折旧等在内的完全成本。但入住庆春福利院的老年人却基本是家庭经济、社会条件较好的健康老人，低收入的失能、半失能老人却面临“民办机构住不起，公办机构住不进”的困境。

我们对另一家大型公办养老机构春晖福利院（案例二）的分析则发现，“高补贴-低价格”政策下的春晖福利院提供的养老服务物美价廉，数千名老人在对春晖福利院床位的激烈竞争中出现了“走后门”提前入住的现象。通过比对入住老人和排队老人的申请入住时间，我们发现春晖福利院2007年后入住的被调查老人中，至少有 77.5%的老人不同程度地“走后门”提前入住。部分老人甚至在大量老人排队等待入住的情况下，提前包间入住。入住老人的经济社会条件远高于社会平均水平，最需要得到政府保障的低收入失能老人反而在竞争中更容易被排斥在外。春晖福利院案例的发现支持了我们在庆春福利院的发现：“补砖头”政策出现了决策者不愿意看到的意外后果。

时代养老院（案例三）则为我们展现了民办养老机构“补床头”政策的意外后果。我们发现，浙江省2008年推出的民办养老机构床位补贴政策的确提高了民间资本投资创办养老机构的热情，大大增加了民办养老机构的床位数，大大降低

① 笔者2010年参与浙江省政府委托课题《浙江省养老服务财政补贴政策与政府购买制度研究》在温州调研时，第一次从陈加元副省长口中听到“补砖头、补床头还是补人头”这一提法，感觉非常贴切。后来笔者和学生林腾合作发表论文（张翔和林腾，2012）时题目借用了这一提法。2017年4月28日民政部等13部门发布的《关于加快推进养老服务业放管服改革的通知》（民发〔2017〕25号）中提出：“转变运营补贴发放方式。各地养老服务机构运营补贴发放方式应逐步由‘补砖头’‘补床头’向‘补人头’转变，依据实际服务老年人数量发放补贴。对服务失能老年人的补贴标准应予以适当倾斜，对提供相同服务的经营性养老机构应享受与公益性养老机构同等补贴政策。”

了民办养老机构的投资门槛，降低了创办初期的经营风险，增加了当地五保老人享受集中供养服务的机会。但民办养老机构床位补贴政策也诱导了部分新建民办养老机构为了床位补贴而盲目增设低建设标准床位，导致床位空置率较高、民办机构的经营者继续经营困难等问题。

案例四试图通过对E区一家公办养老机构和四家公建民营民办养老机构的比较案例分析，解释“为什么得到大量政府补贴且不计提固定资产折旧的公办养老机构只能勉强维持收支平衡；几乎没得到政府补贴且成本包括固定资产折旧的民办养老机构却能够维持收支平衡甚至实现盈利。”

我们的分析发现公办养老机构和民办养老机构的收支结构存在很大差异。公办养老机构的成本项目中没有场地租金和固定资产折旧，但公办养老机构的人工费用和其他费用支出远高于民办养老机构。民办养老机构通过相对更低的人工成本和其他成本及努力控制固定资产投资规模，降低营业成本，弥补了其与公办养老机构在场地租金和固定资产折旧方面天然的劣势。民办养老机构的运营补贴金额非常有限，对其营业盈亏情况几乎没有影响。

在本书的第三章，我们围绕“为什么同样面临护工招聘难，公办养老机构不愿意收住失能老人，而民办养老机构却欢迎失能老人入住”这一问题，安排了四个与养老机构服务价格相关的案例。

案例五通过对F市民办养老机构夕阳红托老院和公办养老机构F市福利院的比较案例分析，发现与收住自理老人相比，收住失能、半失能老人能够提高民办夕阳红托老院的营业利润率，却会降低公办F市福利院的营业利润率。两类机构对于招收失能老人入住截然不同的态度，其最主要的原因在于政府对公办养老机构严格的价格管制政策和公办养老机构僵化的薪酬管理体制让公办养老机构及其员工都缺乏收住失能老人的激励。

那么，案例五的发现是否有代表性呢？我们在案例六中，对浙江省G县全部58家养老机构进行了全景式的比较案例分析，比较不同类型养老机构对收住失能、半失能老人的行为差异，探讨其背后的相关影响因素。我们的案例分析发现，物价管理部门对公办养老机构收费标准僵化的管制政策导致在市场工资水平逐年上升的情况下，公办养老机构护理费标准的调整远远滞后。为了节约劳动力成本，公办养老机构的应对措施就是减少老人特别是失能老人入住，默认已入住老人的包房和自雇保姆行为。公办敬老院僵化的工资制度无法有效激励护工为失能老人提供服务，导致了敬老院不太愿意收住失能老人。公办的G县老年公寓合理的收费标准及梅园乡敬老院绩效工资改革对其收住失能老人行为的积极影响从另一方面验证了我们的上述发现。

我们的调查还发现，虽然照顾失能老人的人工成本更高，但对民办养老机构而言，招收失能老人入住增加的收入比增加的成本更多，因此民办养老机构尤其是公建民营养老机构和家庭式养老机构欢迎失能老人入住。宗教类养老机构也收住了不少的失能老人。村办的养老机构因为是非个人产权，主办方缺乏收住失能老人激励，在民办养老机构中收住失能老人的意愿最低。

我们在案例七中，通过对护理型民办养老机构康薇益智公寓财务数据的模拟分析，发现如果其 90 位入住老人均为自理老人，其营业利润比现有实际入住结构下减少 22.39 万元，如果 90 位入住老人均为失能老人，营业利润会比现有实际入住结构下增加 27.41 万元。这一微观财务分析进一步印证了案例五和案例六的发现。

在案例八中，我们详细记录了杭州市三福院服务价格综合改革的起因、经过、效果和不足。三福院改革是多重约束条件下的“夹缝中的改革”，作为一家政府投资的新建大型高建设标准公办养老机构，进行价格改革时需要兼顾成本定价原则、机构公益性和社会承受能力。三福院的改革方案三易其稿，将一半固定资产折旧进入成本核算并进行不同房型床位费交叉补贴的最终改革方案反映了决策者的多重考量。

三福院的改革第一次对公办养老机构提供的基本养老服务作出了具体界定，大大缩小了政府对公办养老机构服务价格管制的范围，赋予了公办养老机构一定的自主定价空间，也第一次将公办养老机构的部分固定资产折旧纳入成本核算，使公办养老机构成本核算结构更加合理，在全国范围内都具有改革方向标意义。

三福院改革也存在一些遗憾之处，特别是没能建立护理费收费标准的动态调整机制，也没能建立价格改革推广的时间表，影响了价格改革的效果。三福院下一步的改革应将价格管理制度改革和公办养老机构补贴制度、公建民营改革结合起来。

第四章我们聚焦养老机构公建民营和政府购买服务改革，重点关注公建民营和政府购买服务改革前后政府开支、养老机构运行绩效和入住老人享受到的服务质量的变化情况，并对什么样的公办养老机构建设标准超过了“保基本”的要求，从而应该实行公建民营改革进行了初步的探讨。

对康薇养生公寓（案例九）的分析发现，公建民营模式解决了民办养老机构“立项难”“落地难”问题，有效降低了民办养老机构的投资门槛，减轻了民办养老机构的运营压力和风险，也有利于民办养老机构赢得老人信任，尽快降低床位空置率，实现收支平衡。对政府而言，公建民营模式减少了政府投资金额，不需要再配备包括事业编制管理人员在内的运营团队，大幅度减少甚至取消了后期运营补贴和固定资产更新补贴并且还能收取场地租金。而老人们则是公建民营模式的最终受益者。

案例十记录了为五保老人提供集中供养服务的公办四平镇敬老院进行公建民营改革的案例。我们发现在保持五保户供养标准不变，且每年增加五保户零花钱的情况下，四平镇政府每年支出下降了 10.77%，而镇政府支出的减少并没有降低五保老人集中供养服务的质量，五保老人在伙食条件、起居条件、医疗条件方面都较承包前有一定程度的改善。四平镇敬老院管理服务中心在改革后，通过更高的入住率和更好的伙食成本与人工成本控制，大大降低了其服务成本，成功地实现了扭亏为盈。

可见，将长期亏损的乡村敬老院通过承包等方式进行公建民营改革，政府通过向民办养老机构购买五保老人集中供养服务，能够实现老人、政府和养老机构三方的共赢。托底的五保集中供养服务也同样可以由民办养老机构提供。

案例十一记录了政府直接向民办养老机构伏骥养老院购买五保老人集中供养服务的案例。我们发现，从原先的政府自己办敬老院到向民办的伏骥养老院购买集中供养服务，五保老人的供养标准略有提高，而实际享受的供养服务质量有了较大的提升，街道支出大幅度减少了约 30%，村委会支出略有增加（但可以通过服务价格再谈判做到村委会支出维持不变），街道和村委会的总开支是减少的。提供集中供养服务的伏骥养老院也获得了稳定的客源和盈利来源。

可见，在部分因为建筑年代久远、防护等级低、难以消防达标的农村地区，政府不一定要投资新建公办敬老院。通过向民办养老机构购买五保老人集中供养服务，能够实现老人、政府和养老机构三方的共赢。民办养老机构同样可以高效优质地提供托底的五保老人集中供养服务。

案例十二试图通过两组四家公办养老机构和民办养老机构建设标准的比较，讨论什么样的公办养老机构建设标准超过“保基本”的水平，从而应该实行公建民营改革这一问题。

通过两组案例比较我们发现，公办养老机构单床位建筑面积更大，单床位投资金额更高。杭州市最大的公办养老机构三福院的平均单床位投资金额是最大的民办养老机构白鹿温馨家园的 4.67 倍。两家机构平均单床位投资金额差距为 14.9862 万元，投资金额差距的 31.60%归咎于两者单位建筑面积的差别，其余 68.40%的投资金额差距则归咎于两家机构单位建筑面积投资金额的差异。另一组比较案例中，金菊老年公寓的二期公建民营项目梅花老年公寓的单床位投资金额仅为公办的金菊老年公寓的 58.37%，即使两家养老机构的历史土建成本完全相同。

部分公办养老机构建设标准偏高并不是偶然的现象，这和公办养老机构的性质有关。低价甚至免费提供的土地、充足的资金保障加上不计提固定资产折旧免除了高建设成本带来的高运营成本压力，公办养老机构对于高建设标准给运营带来的成本负担并不敏感。民办养老机构需要计提固定资产折旧，每一分钱的固定资产投资最终都有待通过对入住老人的服务收费得到补偿。不必要的高建设标准可能会给将来的机构运营绩效带来沉重的成本负担，降低入住率，拉长投资回报期，增加运营风险。因此，民办养老机构在固定资产投入方面会精打细算，不必要的投入会尽量避免。

杭州市三福院是公办养老机构基本养老服务价格改革试点单位，最后确定的改革方案中，一位自理老人每年入住费用为31 560元。这大大超过了杭州市各区当时的“三无”、五保老人每年不到20 000元的供养标准。各区因为无法补足差额，导致三福院的200张托底床位很长一段时间内没有托底对象入住。这一事实反映出杭州市三福院建设标准过高带来的深层次矛盾，也为公办养老机构的建设标准提供了一个可供参考的答案：公办养老机构的建设标准应该以按照全成本核算的基本养老服务成本与当地“三无”、五保老人的供养标准相匹配为基本原则。

第五章报告了浙江省民办养老机构经营模式创新的三个典型案例。

天行健连锁老年公寓（案例十三）是民办养老机构探索连锁品牌经营模式的一个成功范例。通过连锁经营模式，天行健老年公寓具备了集中规模采购和统一配送、人力资源内部共享和内部晋升、客户资源的跨店流动等连锁经营独有的优势，有效降低了采购成本、管理成本，稳定了员工队伍，迅速提高了新建机构的入住率，尽快度过盈亏平衡点。我们的调查也发现天行健连锁老年公寓的长远发展仍然面临长期场地租赁难、优惠政策落实难、公办养老机构不公平竞争、机构责任风险大及民非性质制约连锁化规模化经营等问题，有待政府和社会各界继续关注和探索。

吉安桥村“一元房”农村老年公寓模式（案例十四）是农村互助式老年公寓的宝贵探索。吉安桥村提供老年公寓所需的集体建设用地，并承担了吉安桥村老年公寓主要的建设费用，然后将老年公寓以象征性的每天一元租金租赁给本村老年居民居住。

由于只需要承担物业维护和保洁服务，仅仅每天一元的租金收入就足以实现老年公寓财务上的可持续运营，每年结余的资金还可以用于入住老年人的集体旅游。民主管理的老年协会在老年公寓建成后承担了物业管理职能，形成了老年公寓自我管理和自我服务的良性机制。

吉安桥村的“一元房”互助式农村老年公寓具有乡土性和福利性的特点，很好地顺应了农村老人重土安迁的心理特点和居家养老的偏好，既集中居住，又独立生活，以十分低廉的成本迅速地改善了老年人的人居环境，增进了老年人的人际交往和互动，提高了农村老年人的生活质量，因此受到了当地老人们的热烈欢迎。

如果说吉安桥村的“一元房”农村老年公寓代表了村集体经济较为发达的农村发展互助式老年公寓的典型模式的话，那么M市碧山村“宅基地换老年公寓”模式（案例十五）对于村集体经济不那么发达的农村发展互助式老年公寓有重要的启示意义。

通过“宅基地换老年公寓”项目的实施，自愿选择入住老年公寓的老人将其宅基地交还给村集体，不仅可以通过复垦宅基地增加了耕地面积和新增耕地承包费收入，而且可以通过城乡建设用地指标增减挂钩机制，利用获得的政府补助和奖励修建互助式老年公寓，实现了农村老年人、村集体和地方政府的多方共赢。

老年人盘活了交易受到严格限制的农房资源，用很低的经济成本迅速实现了住房质量和人居环境的改善；村集体利用宅基地复垦的政府补助和奖励款修建了互助式老年公寓，保障了村民的住房安全，改善了村容村貌，剩余资金还可以用来改善本村老年人的福利；地方政府利用城乡建设用地指标增减挂钩机制，获得了宝贵的城镇建设用地指标，既有力地推进了城镇化建设，也让参与挂钩项目的农村地区分享到城镇化带来的红利。

我们的调查也发现M市的“一元房”农村老年公寓和“宅基地换老年公寓”模式依然存在照护和医疗服务缺失、难以满足失能半失能老人需求的问题。尽管如此，M市的“一元房”农村老年公寓和“宅基地换老年公寓”仍然不失为发展农村互助式老年公寓的宝贵探索。

二、“高补贴-高建设标准-低价格”政策下的公办养老机构①

综上所述，从第二章到第四章的12个案例研究发现，公办养老机构不仅可以得到政府低价甚至免费的土地，而且其建设和运营获得了大量的财政补贴，其建设标准也常常超过“保基本”的水平。事业单位性质的公办养老机构不需要计提固定资产折旧。公办养老机构的服务收费标准受到政府严格的价格管理，价格调整长期滞后于市场成本的变动，其定价常常不仅低于包括固定资产折旧在内的完全成本价，有的机构甚至低于不包括固定资产折旧的运营成本。

正是由于这些得天独厚的优势，与民办养老机构相比，“高补贴-高建设标准-低价格”政策下的公办养老机构地理位置往往较好，建设标准相对较高，配套设施较为齐全，其提供的养老服务显得“价廉物美”。

然而，我们的调查发现“高补贴-高建设标准-低价格”的政策不仅损害了公办养老机构床位配置的公平性，同时也影响了民间资金创办养老机构的热情，而且从长期看不利于公办养老机构保证和提高服务质量。

（一）养老机构资源配置不合理

低价管制加剧了公办养老机构“一床难求”的状况。价廉物美的公办机构养老服务引发了旺盛的需求，很多老人宁愿在公办养老机构长期排队等候也不愿入住价格相对较高的民办养老机构。对公共养老服务资源的激烈竞争催生了许多分配潜规则的出现，如托关系、“走后门”等。

① 本节主要内容曾以《公办养老机构“三步走”改革构想》为题，发表在《中国社会保障》2021年第5期中。

公办养老机构在有较大挑选余地的情况下，出于降低护理成本、减少风险事故的考虑，也更倾向选择个人健康状况、经济社会条件较好的老人入住，而最需要得到政府保障的低收入失能老人反而在竞争中被排斥在公办养老机构之外。

已入住公办养老机构的老人在入住后往往不会主动离开，公办养老机构以自理老人为主的入住结构降低了床位周转率，有限的公共养老资源没有得到充分的利用，公共养老资源的配置效率十分低下。

公办养老机构的低价管制政策加剧了公办养老机构“一床难求”的状况，并引发了低收入失能老人难以入住、中高收入自理老人享受大量政府隐性补贴、养老机构“挑人”、床位周转率低下等一系列养老资源配置不合理问题。

（二）养老服务总供给增长受到制约

物美价廉的公办养老机构凭借其优越的地理位置、优质的硬件、软件及低廉的价格吸引了大量有机构养老服务需求的老年人。经济状况较好的老年人本应自费入住民办养老机构，却凭借其较高的经济社会地位在入住公办养老机构的竞争中占优；而最需要入住公办养老机构的低收入失能老人住不进公办养老机构，又住不起民办养老机构。

民办养老机构的市场被公办养老机构挤占，部分民办养老机构的床位空置，公办与民办养老机构职能错位。受公办养老机构低收费标准的制约，民办养老机构无法大幅度提价，不得不自己消化全部成本，民办养老机构所获补贴也十分有限，经营困难。在这种情况下，社会力量对养老服务市场望而却步，民办养老服务的供给难以迅速增加。公办养老机构受到政府财力限制也难以迅速增加床位，养老服务总供给的增长受到明显制约。

（三）价格调整不灵活导致养老服务质量的下降

在现行养老机构价格管理中，养老服务机构价格调整不够灵活。人工成本、伙食成本等都随市场物价水平发生变动，但很多地方的养老服务价格却长期保持不变，就容易导致养老机构为压缩成本而降低养老服务的质量，使得养老服务质量难以得到保证和提高。

即使是得天独厚的公办养老机构，为了在相对较低的收费水平上维持经营也要严格控制成本、节约开支。在社会平均工资日益增长的背景下，如果不能非常灵活地及时调整护理服务收费标准，老年护理人员以四五十岁的非专业人员为主的现状也就无法改变，保证和提高养老服务质量更无从谈起。

三、公办养老机构的“三步走”改革构想和民办养老机构“一视同仁”原则

综上，现行的养老服务“高补贴-高建设标准-低价格”政策并不能保证公办

养老机构的公益性，反而产生了诸多弊端。因此，有必要对其进行深入反思和切实改进。对此，笔者提出公办养老机构的“三步走”的改革构想和民办养老机构“一视同仁”原则。

第一步：对低收入失能老人实行养老服务补贴政策。

笔者建议，直接对经过身体状况检查和经济情况调查的低收入失能老人提供养老服务补贴，即需方补贴，提高弱势老年群体的支付能力，提高政府财政资金的使用效率，保证老年群体自主选择公办和民办养老服务机构的权利，促进养老机构之间的有益竞争，推动机构养老服务市场的健康发展。

为配合养老服务补贴制度的实施，要抓紧完善失能老人的身体条件评估机制①。探索建立老年人、政府和养老机构等各方都可以信任的第三方评估机制和机构。还应建立公办养老机构入住对象审核制度和公开轮候制度，公办养老机构主要面向低收入失能（失智）老年人。公办养老机构只有在满足了享受政府需方补贴的弱势老年人群体的入住需求后，才能对社会自费老年人开放。

第二步：配合养老服务补贴政策的实施，逐步减少供方补贴，逐步提高收费标准，分步实现运营成本定价和完全成本定价。

养老服务需方补贴制度的逐步建立、补贴水平的逐步提高和补贴范围的逐步扩大使得低收入老年群体的支付能力得到了逐步提升。公办养老机构的低价管制政策应该随着需方补贴制度的实施而逐渐放松，逐步提高收费标准。政府应逐步减少对养老机构的供方补贴，将节约下来的资金用于需方补贴。

收费标准的提高可分为两步。第一步是逐步将收费标准提高到足以弥补公办养老机构的运营成本，同时逐步取消运营补贴。第二步是逐步将收费标准逐步提高到足以弥补公办养老机构的完全成本，同时逐步取消固定资产大修补贴和建设补贴，实现公办养老机构的独立可持续运营。

在养老机构收费标准方面笔者的建议有以下几点。

住宿费：对公办养老机构的多人间和标准间床位实行政府定价或政府指导价。同时配合事业单位用人制度改革，压缩事业编制人员人工成本，探索建立固定资产更新基金，适当体现不同养老机构的区位差价。在床位紧张、排队现象突出的地区，为鼓励老年人合住，多人间和标准间的床位费在成本价基础上适当下浮，单人间和套间的床位费在成本价基础上适当上浮，实行不同户型床位费的交叉补贴。随着对需方补贴的逐步增加，逐步减少对公办养老机构的建设和运营补贴，分步实现运营成本定价和完全成本定价。

护理费：护理费直接关系公办养老机构能否通过提高薪酬来留住护理人员。

---

① 2021 年 7 月 16 日，国家医疗保障局办公室和民政部办公厅颁布的《长期护理失能等级评估标准（试行）》（医保办发〔2021〕37 号）是这方面的重大进展。

建议建立护理费标准与社会平均工资调整幅度挂钩的定期自动调整机制。为鼓励提高养老服务专业化水平，物价部门在适当控制自理老人服务价格的同时，对于介护和介助服务的价格要适当扩大调整幅度，增加对专业护理人员的薪酬吸引力。

伙食费：鉴于菜品的非标准性特征，建议不直接对伙食费进行管制。只需规定伙食费应全部用于补偿伙食成本，食堂管理接受老人民主监督，物价管理部门根据食品价格指数定期调整伙食收费标准，接受并处理老年人投诉即可。

第三步：中高档和长期亏损的公办养老机构实行公建民营和购买服务改革。

政府应致力于为养老服务市场制定公平的规则和服务质量的监管，而不是直接参与养老服务的供给。对部分对中高档和长期亏损的公办养老机构应通过多种形式实行公建民营和政府购买服务改革。

对中高档和长期亏损的公办养老机构试行公办民营改革。凡是单床位建设标准明显超过“保基本”水平的高档公办养老机构和长期亏损经营的公办养老机构，可以通过对亏损金额或租金进行公开竞标，以租赁或者承包的方式转让给亏损金额低或支付租金高的社会组织或个人开办。

严格限制公办养老机构的建设规模和建设标准。在民办养老机构愿意进入的情况下，一律由民办机构办；只有在民办养老机构不愿意进入的情况下，由公办养老机构发挥“兜底”作用。公办养老机构的建设标准要参照政府对“三无”老人、五保老人的供养标准，以完全成本价与政府对“三无”老人、五保老人的供养标准相匹配为原则，坚持实用适用，不铺张浪费。

通过上述公办养老机构的“三步走”改革，最终实现以“需方补贴-保基本建设标准-成本定价”政策替代现行的“高补贴-高建设标准-低价格”政策，重新定义公办养老机构服务的公益性。

包括工商登记的民办养老机构在内的所有民办养老机构，应该享受与公办养老机构一样的业务准入、财政补贴、土地保障、收费减免等优惠政策。工商登记的企业制民办养老机构在履行相关缴税义务之外，同等享受其他公办养老机构和民非制养老机构能够享受的所有优惠政策。这样才能让真正的民非性质的养老机构坚持非营利性质，以营利为目的的企业制民办养老机构在履行纳税任务后，也能光明正大地通过市场发展壮大。

通过需方补贴代替供方补贴、公办养老机构成本定价、中高档和长期亏损公办养老机构公建民营和政府购买服务的公办养老机构“三步走”改革，同时保护民办养老机构投资权益，积极鼓励民办养老机构经营模式创新，实现公办养老机构、民非登记的养老机构和工商登记的养老机构共同竞争，相互促进，共同构建一个兼顾公平和效率的养老服务体系。

参考文献

毕素华, 陈如勇. 2005. 发展民办养老机构的若干思考. 苏州大学学报(哲学社会科学版), 26(5): 125-128.

陈雪萍, 许虹, 王先益, 等. 2010. 浙江省养老机构老年护理管理现状与对策. 健康研究, 30(1): 35-38, 45.

陈雪萍, 章冬瑛, 倪荣, 等. 2008. 杭州市养老机构为老服务现状调查与对策. 护理学杂志, 23(21): 13-15.

董红亚. 2010. 养老服务社会化: 嵊州模式研究. 北京: 中国社会出版社.

董红亚. 2014. 浙江养老服务补贴制度实践与发展. 杭州: 浙江大学社会保障与深化改革研讨会.

董红亚. 2019. 中国养老进入服务新时代. 北京: 中国社会科学出版社.

方嘉珂. 2009. 建议养老机构进行公司登记. 社会福利, (10): 29.

傅亚丽. 2009. 国内城市机构养老服务研究综述. 南京人口管理干部学院学报, 25(1): 33-36, 74.

何文炯, 杨翠迎, 刘晓婷. 2008. 优化配置 加快发展——浙江省机构养老资源配置状况调查分析. 当代社科视野, (1): 29-33.

何文炯, 杨一心, 姚引妹, 等. 2013. 浙江省老龄事业发展战略研究总报告//本研究课题组. 发展中的老年保障事业: 制度与政策——浙江省老龄事业发展战略研究报告.杭州: 浙江大学出版社: 1-21.

胡丹丹. 2014. 公办与民办养老服务机构建设标准的分析对比. 浙江大学本科学位论文.

胡悦. 2012. 浙江民办养老机构盈亏状况影响因素分析——基于浙江省 2008 年民办养老服务机构基本状况调查数据. 浙江大学本科学位论文.

姜向群, 丁志宏, 秦艳艳. 2011. 影响我国养老机构发展的多因素分析. 人口与经济, (4): 58-63, 69.

李志宏. 2020. 积极应对人口老龄化中国特色道路的基本内涵和总体布局. 老龄科学研究, 8(7): 3-16.

楼华好. 2013. 自有房产资助机构养老影响因素分析. 浙江大学本科学位论文.

穆光宗. 2010. 政府责任与养老机构发展. 中国社会工作, (8): 63.

穆光宗. 2012. 我国机构养老发展的困境与对策. 华中师范大学学报(人文社会科学版), 51(2): 31-38.

潘羽佳. 2013. 公建民营养老机构经营模式研究——以康薇养生老年公寓为例. 浙江大学本科学位论文.

阮涵淇. 2019. 政府购买五保老人集中供养服务的效果研究. 浙江大学硕士学位论文.

邵胜, 邵德兴, 陈娜. 2012. 养老服务定价机制研究. 社会福利(理论版), (4): 60-63.

孙树菡, 葛英. 2004. 我国社会机构养老发展探讨. 中华女子学院学报, 16(4): 28-31.

孙艳艳, 王炜. 2004. 对山东两个民办养老机构的比较研究. 社会, 24(1): 23-27.

唐钧, 王婴. 1999. 中国老年福利服务改革: 调查与思考. 中国人口科学,(3): 26-31 .

王保国. 2009. 事业单位固定资产核算中存在的问题及改进建议. 商业会计, (3): 45-46.

王佳丽. 2012. 公办民营养老机构的成本结构. 浙江大学本科学位论文.
王佳丽. 2014. 公办养老机构低价管制政策实施效果研究: 以柏舟福利中心为例. 浙江大学硕士学位论文.
王旻楠. 2014. 社会自费老人的机构养老困境——以浙江省F市为例. 浙江大学本科学位论文.
王先益, 马庆堃, 戴晓青. 2013. 2010年浙江省城乡老年人口生活状况调查报告// 本研究课题组. 发展中的老年保障事业: 制度与政策——浙江省老龄事业发展战略研究报告. 杭州: 浙江大学出版社.
许可. 2011. 民营养老机构连锁模式之探索——以天行健老年公寓为例. 浙江大学本科学位论文.
严浩. 2004. 中国民办养老机构发展的趋势与展望. 社会福利, (4): 10-11.
阎青春. 2007. 养老机构存在的矛盾及决策. 社会福利, (8): 9-11.
杨莉. 2011. 武汉市民办养老院发展现状调查及对策建议. 社会保障研究, (3): 24-30.
杨团. 2011. 公办民营与民办公助: 加速老年人服务机构建设的政策分析. 人文杂志, (6): 124-135.
杨一心, 张翔. 2013a. 浙江省社会养老服务体系建设研究//本研究课题组. 发展中的老年保障事业: 制度与政策——浙江省老龄事业发展战略研究报告.杭州: 浙江大学出版社: 123-134.
杨一心, 张翔. 2013b. 浙江省社会养老服务补贴制度研究//本研究课题组. 发展中的老年保障事业: 制度与政策——浙江省老龄事业发展战略研究报告. 杭州: 浙江大学出版社: 135-146.
于潇. 2001. 公共机构养老发展分析. 人口学刊, 23(6): 28-31.
张海彤. 2012. 公办养老机构低价政策及其实际效果分析——以杭州市某公办养老机构为例. 浙江大学本科学位论文.
张璐璐. 2014. 农村老年公寓的个案研究——以M市"一元房"模式为例. 浙江大学本科学位论文.
张荣燕. 2011. 机构养老需方补贴机制研究. 浙江大学硕士学位论文.
张翔, 林腾. 2012. 补"砖头"、补"床头"还是补"人头"——基于浙江省某县养老机构的个案调查. 社会保障研究, (4): 39-48.
张翔, 王佳丽. 2015. 浙江省公办养老机构养老服务价格管理问题研究. 中国民政, (15): 46-47, 57.
张翔, 王佳丽, 张海彤, 等. 2017. 排队还是"走后门"——"高补贴—低价格"政策下公办养老机构的入住规则. 社会发展研究, 4(1): 162-181, 245.
张翔, 徐秋涵. 2018. 公办养老机构价格管理改革个案研究——以杭州市第三社会福利院为例. 社会政策研究, (4): 15-29.
章国平, 王兴梅, 俞国泰. 2011. 完善养老机构收费管理政策研究. 浙江价格, (12): 22-25.
赵凡. 2012. 民营护理型养老机构的个案研究——以康薇养生公寓老人公寓为例. 浙江大学本科学位论文.
Barzel Y. 1974. A Theory of Rationing by Waiting. Journal of Law and Economics, 17(1): 73-95.
Cheung N S. 1974. A Theory of Price Control. Journal of Law and Economics, 7(1): 53-71.
Preston S H. 1975. The changing relation between mortality and level of economic development. Population Studies, 29(2): 231-248.

附录：浙江省近年来促进养老服务体系建设重要文件

1. 《浙江省人民政府办公厅关于促进养老服务业发展的通知》（浙政办发〔2006〕84 号）

2.《浙江省人民政府关于加快推进养老服务体系建设的意见》（浙政发〔2008〕72 号）

3. 《浙江省人民政府关于深化完善社会养老服务体系建设的意见》（浙政发〔2011〕101 号）

4. 《浙江省民政事业发展“十二五”规划》

5. 《浙江省养老服务补贴制度实施意见》

6. 《浙江省养老服务需求评估工作实施意见（试行）》

7.《浙江省人民政府关于加快发展养老服务业的实施意见》（浙政发〔2014〕13 号）

8.《浙江省人民政府关于发展民办养老产业的若干意见》（浙政发〔2014〕16 号）

9. 《浙江省养老服务收费管理暂行办法》（浙价费〔2014〕235 号）

10. 《浙江省社会养老服务促进条例》（2015 年 1 月 25 日浙江省第十二届人民代表大会第三次会议上通过）

11. 《浙江省财政厅 浙江省发展和改革委员会 浙江省民政厅关于加快推进政府购买养老服务的意见》（浙财社〔2015〕193 号）

12. 《浙江省民政厅关于推进养老机构公建民营规范化的指导意见》（浙民福〔2016〕26 号）

13. 《浙江省民政事业发展“十三五”规划》

14. 《浙江省人民政府办公厅转发省卫生计生委等部门关于推进医疗卫生与养老服务相结合实施意见的通知》（浙政办发〔2016〕148 号）

15. 《浙江省老龄事业发展“十三五”规划》

16. 《浙江省民政厅 浙江省公安厅 浙江省卫生计生委 浙江省质量技术监督局 浙江省食品药品监督管理局 浙江省老龄工作委员会办公室关于做好养老院服务质量整治工作的实施意见》（浙民福〔2017〕174 号）